BAMBERG-LEXIKON

von ... Apfelweib bis ... Zwiebeltreter

Ein Nachschlagewerk mit weit über 1000 Begriffen und Namen,
die für Bamberg von Bedeutung sind

von

Wolfgang Wußmann

„Das ist eine Stadt, die steckt voller Raritäten wie die Kommode einer alten Großmama, die viel zusammenscharrte."
K.L. Immermann

radio Bamberg
... geht ohrentief rein!
Das Lokalradio für Bamberg und Forchheim

erich weiß verlag

Meiner Frau Helga danke ich für ihre Geduld und ihr Verständnis für mich und meine Arbeit.

Für die Durchsicht des Manuskripts danke ich Frau Dr. Karin Dengler-Schreiber, Herrn Rudolf Sünkel, Herrn Heinz F. Fränkel und Frau Eva Bauer. Herrn Dr. Robert Zink, Leiter des Stadtarchivs Bamberg, und seinen Mitarbeitern danke ich für die aufgeschlossene Hilfsbereitschaft.

Die Deutsche Bibliothek - CIP-Einheitsaufnahme

Wußmann, Wolfgang:
Bamberg-Lexikon : von … Apfelweib bis … Zwiebeltreter ; ein Nachschlagewerk mit weit über 1000 Begriffen und Namen, die für Bamberg von Bedeutung sind / zsgest. von Wolfgang Wußmann. - Bamberg : Weiß, 1996
ISBN 3-928591-38-x
NE: HST

Gestaltung: Erich Weiß Verlag
Druck: Druckhaus Thomas Müntzer, Bad Langensalza
Printed in Germany
ISBN 3-928591-38-x

Vorwort

Warum erhielt Bamberg den wohlklingenden Beinamen »Fränkisches Rom«?
Wohin zog wohl der Bamberger am Wochenende, wenn es mit Kind und Kegel »naus die Affn ganga is«?
Hätten Sie gedacht, daß es im »Café Sandbad« weder Kaffee noch Kuchen zu kaufen gibt?

Die Stadt Bamberg mit ihrer über 1000 Jahre alten Geschichte liefert mehr als genug Stoff für ein Lexikon. Auf über 150 Seiten und anhand von über 1000 Begriffen und Namen erfährt der Leser Wissenswertes aus der Kultur-, Kunst-, Wirtschafts- und Sozialgeschichte Bambergs. Bamberger Alltag und Bamberger Brauchtum, Spezialitäten und Kuriositäten, aber auch Zahlen und Fakten – Bamberg zum Nachschlagen von A - Z ermöglicht es dem Benutzer, auch einmal auf die Schnelle und ohne große Mühe Detailliertes über die Stadt in Erfahrung zu bringen. So wurde bei der Konzeption des Lexikons größtmöglicher Wert darauf gelegt, nicht nur Begriffe nacheinander aufzulisten, sondern auch Querverbindungen und Zusammenhänge aufzuzeigen.
Der ortskundige und alteingesessene Bamberger wird beim Lesen so manches Ach-ja- oder Aha-Erlebnis haben. Die immens reiche Geschichte der Stadt vermag gewiß aber auch den ortsunkundigen Leser und Touristen in ihren Bann zu ziehen.
Der Autor und der Verlag stehen Anregungen und Hinweisen bezüglich weiterer Auflagen des Bamberg Lexikons aufgeschlossen gegenüber.
Der Herausgeber freut sich, wenn dieses Buch viele Leser findet. In seiner relativen Zeitlosigkeit kann das vorliegende Lexikon auch ein guter Wegbegleiter für die junge Generation und nachfolgende Generationen sein.

Wolfgang Wußmann

Abkürzungen und Zeichenerklärungen:

BA	=	Bamberg
bayer.	=	bayerisch
begr.	=	begründet
ca.	=	circa
dt.	=	deutsch
ehem.	=	ehemalig
evang.	=	evangelisch
FB	=	Fürstbischof
fblich	=	fürstbischöflich
franz.	=	französisch
gegr.	=	gegründet
geistl.	=	geistlich
gen.	=	genannt
got.	=	gotisch
griech.	=	griechisch
heut.	=	heutig, heutige, heutiger
histor.	=	historisch
ital.	=	italienisch
JH	=	Jahrhundert
kath.	=	katholisch
kgl.	=	königlich
lat.	=	lateinisch
li.	=	links
MA	=	Mittelalter
ma.	=	mittelalterlich
OT	=	Ortsteil
re.	=	rechts
rd.	=	rund
rom.	=	romanisch
romant.	=	romantisch
s.	=	siehe
sogen.	=	sogenannt
städt.	=	städtisch
urkundl.	=	urkundlich
wiss.	=	wissenschaftlich
WK	=	Weltkrieg
O	=	Osten
S	=	Süden
W	=	Westen
N	=	Norden
östl.	=	östlich
südl.	=	südlich
westl.	=	westlich
nördl.	=	nördlich
*	=	geboren
†	=	verstorben
~	=	um
→	=	Begriff wird separat erklärt – bzw. Hinweis auf Zusammenhang

A

Abtissensee, der A. war vom 12. bis 14. JH Eigentum der Nonnen von St. Maria und Theodor (damals Zisterzienserinnenkloster, heut. →Karmelitenkloster). Als Karpfenweiher kam er später in fblichen Besitz. 1860 wurde er entwässert, später war er bis zum Autobahnbau (Ende der 80er Jahre) wieder ein Weiher; er gehörte zum Stadtteil →Kramersfeld.

Abtswörth, ab dem 12. JH so gen. Gebiet im Bereich der heut. nördl. Kapuzinerstr. und des Weidendammes, er lag außerhalb der →Stadtmauer und gehörte dem Kloster Michelsberg. Den A. bewohnten überwiegend die Tuchmacher. Bezeichnung nicht mehr üblich.

Abtsberg, einer der 7 Hügel BAs, als einziger bislang ohne Kirche, im Nordwesten der Stadt gelegen, alter und neuer A. (vom Baubestand her); gehörte dem Abt vom Kloster Michelsberg. Der A. erhebt sich zwischen →Maienbrunnen und Frutolfstraße.

Academia Ottoniana, →Jesuiten.

Adam und Eva, Skulpturen, wohl eine der ersten Aktdarstellungen aus dem 13. JH, heute im →Diözesanmuseum, vorher seitlich an der →Adamspforte des Doms.

Adamspforte oder -portal, wohl ältester Zugang zum Dom, vom Domplatz her li. am O-Chor, einst Haupteingang, auch über das MA hinaus als Büßerportal bezeichnet, mit normannischem Zickzackfries. Einst von sechs Figuren gesäumt: Heinrich, Kunigunde, Adam, Eva, Stephanus, Petrus; die Figuren befinden sich heute im →Diözesanmuseum. Über der A. das päpstliche Wappen.

Aegidienspital, -kirche, Gründung des Hl. Otto im 12. JH an der Stelle des heut. →Aufseesianums; 1740 legte man das Ae. mit dem Spital der Hl. Katharina am heut. Maxplatz zusammen. Die St.-Aegidien-Kirche wurde erst Anfang des 19. JHs abgebrochen. →Spital, →Siechenhöfe.

Aero-Club, BA e.V., Zeppelinstr. 18, Tel. 0951/45145 oder 48718; Rundflüge.

Affen, „wenn mer naus die Affn ganga is", dann führte der Sonntagsspaziergang in den Hain (Nähe Bayerleinswiese); dort konnten die BAer und ihre Kinder bis in die 60er Jahre Affen in einem Käfig bestaunen und im Haincafé Kaffee trinken.

Affenfelsen, scherzhafter Ausdruck für die Steine vor dem →Gabelmann, als Sitzgelegenheit und Treffpunkt vor allem bei Jugendlichen beliebt; mit der →Fußgängerzone entstanden.

Albinger, Franz († 1974), Malermeister, Beiname »Sandbürgermeister« wegen seiner schon zu Lebzeiten geschätzten Verdienste um den →Sand (z.B. Restaurierung der Elisabethenkirche, Idee und Durchführung der Sandkirchweih).

Albrecht von Eyb, s. Eyb.

Alcibiades, Albrecht, Markgraf von Brandenburg-Kulmbach (1541 - 1557), erpreßt durch Kriege die Abtretung eines Drittels des Hochstifts und führt dort den evang. Gottesdienst ein. Im Mai 1552 überfällt er während des 2. Markgrafenkrieges Bamberg, verlangt hohe Schutzzahlungen, die die Stadt nicht zahlen kann. Er nimmt deshalb ca. 80 honorige Bürger etwa 9 Monate als Geiseln, plündert →Domherrenhöfe, beschädigt St. Jakob und verwüstet und plündert die →Altenburg. Auch gegen das Hochstift Würzburg und die Reichsstadt Nürnberg ging A. erpresserisch vor. Sein Motiv: er wollte als Lutheraner gegen die fbliche Machtausdehnung kämpfen und ein fränkisches Herzogtum errichten.

Allgemeines Krankenhaus, Name für das 1789 von FB Franz Ludwig von →Erthal auf dem Gelände des →Grafen von Stadion (Untere Sandstr.) gegründete Krankenhaus, galt damals als eines der modernsten in Europa. Medizinischer Berater war Dr. Adalbert Friedrich→Marcus, Baumeister waren Joh. Lorenz →Finck und Joh. Phil. Geigel. Die seit 1819 städt. Anstalt erweiterte →Erlwein 1899 und 1901 um die Chirurgische Abteilung (heute →Stadtarchiv). Von 1929 bis 1970 kamen 8 weitere Neubauten hinzu. Bis 1984 BAer Krankenhaus, Ablösung durch das →Klinikum; seit 1990 nach Umbau und Sanierung »Hotel Residenzschloß«.

Altane, (ital. = Söller, offene Plattform im Obergeschoß eines Gebäudes auf einem Unterbau ruhend), oder auch Städt. Altane am Roppeltschen Haus, anstelle des 1. Stockes des Hauses (Eckhaus Keßlerstr., Grüner Markt und Lange Str.). 1726 in der Schönbornzeit als Verkündkanzel geschaffen; früher hölzerne Trödelbuden als Unterbau, dann Kaufläden aus Stein, nach Beschädigung im 2. WK nicht mehr rekonstruiert.

Altane

Altdeutsche Galerie, 1968 neueröffnete Staatsgalerie der Bayer. Staatsgemäldesammlung im 1. Stock des→Gebsattel(-flügels) der→Neuen Residenz mit Werken der altdt., kölnischen und fränkischen Schule sowie des flämischen, holländischen und dt. Barock. In 11 Räumen sind insgesamt 104 altdt. Bilder ausgestellt, darunter sind 38 Werke, die sich früher in der Alten Pinakothek in München befanden. Die fränkische Abteilung präsentiert Arbeiten von Lucas Cranach d. Ä. (»Lucretia«), Hans Baldung Grien (»Sintflut«), H. Kroll, Hans von Kulmbach, P. Lautensack und H. Wolff. Die 8 Barockräume zeigen hervorragende Bilder von Ruisdael über F. Francken, van Dyck bis zu Tischbein und von Kobell.

Alte Hauptwache, Hauptwachstr. 16, vom Architekten Joh. Georg →Roppelt 1774 geplant, von Maurermeister J.J. Vogel ausgeführt, 2geschossiges zum →Klassizismus tendierendes Barockhaus, Figurenschmuck von Joh. Bernhard →Kamm, im Giebelfeld das Wappen des FBs Adam Friedr. von Seinsheim. Stadtwache am →Riegeltor, von der Infanterie bezogen, bei Abwesenheit des Militärs übernahm die Landwehr den Dienst in der A.H.. Jeden Abend blies man vor der A.H. den Zapfenstreich. Verwendung: Hauptwache – Städt. Fremdenverkehrsamt – heute Bäckerladen.

Alte Hofhaltung, am Domplatz, ehem. Pfalz Heinrichs II., Keimzelle BAs, bereits im 10. JH als Ort einer Babenberger Burg gen., einst mit dem Dom verbundenes Geviert, Gebäudeteile aus verschiedenen JHen, Ort für Reichstage im 12. JH, ehemalige Wohn- und Wirtschaftsgebäude der bischöfl. Hofhaltung des 15. JHs, spätgot. steile Dächer zur Vorratshaltung und mit →Zwerchhäusern zum Beladen, Wohnungen mit Laubengängen, die bis in die 60er Jahre bewohnt waren – heute teilweise vom →Historischen Museum genutzt. 3 historische Zeugnisse im Innenhof: Schmiede, Brunnen und einstige Gerichtslinde; für →Calderón-Festspiele (Juni/Juli) seit 1973 genutzt. Bestimmende Gebäudeteile der A.H.: →Ratsstube, →Reiches Tor (vom Steinmetz Pankraz Wagner), Eckkapellen: St. →Andreas- (Domnähe), St. →Thomas- und Katharinenkapelle. →Dombauhütte und barocker Pferdestall in Gebäudeteilen der A.H. (s. Abb. auf Farbtafel I, m.r.)

Alte Mauth, am Ort des heut. Hauses Grüner Markt 5, (16. JH) im Renaissancestil (davor an gleicher Stelle schon ein Verwaltungsgebäude und „1. Rathaus" aus dem 13. JH). Diente im 14. JH als Fest- und Kaufhalle, als Brothaus (wegen der darin befindlichen Bäckerstände) und Getreidespeicher. 1611/16 wurde der Saal der A.M. in Stockwerke aufgeteilt; die Fenstergewände erhielten Renaissanceprofile, und die Giebel wurden aufgegliedert. Nach Mayer (s. Quellenhinweis 23) hat die Inselstadt mit der A.M. ihren bedeutendsten weltlichen Bau (Profanbau) verloren. 1695 verkaufte sie der Rat an den FB, der es als sein Kauf- und Waaghaus nutzte. 1810 - 1906 bayer. Zoll- und Mautamt; bis zur Zerstörung 1945 Geschäftshaus, Erinnerungsrelief i.d. Mautgasse li. an der Ecke zum Grünen Markt.

Altenburg, wohl einstige Fliehburg, erste Erwähnung eines gleichnamigen Vorgängerbaues 1109, gehörte zum von Bischof Otto wiederhergestellten Stift St. Jakob (Errichtung einer Kapelle), auch bischöfl. Residenz, bis sie 1553 Albrecht →Alcibiades verwüstete. Wiederaufbaupläne verworfen, Keller des Bergfrieds als Staatsgefängnis genutzt (noch erhalten). 1801 Erwerb der Burgreste durch Dr. →Marcus zum Wiederaufbau; nach dessen Tod Übergang in den Besitz des →Altenburgvereins (1818), 1901/02 Errichtung des Wirtschaftsbaues, heut. Burg weitgehend ein Ergebnis der im 18./19. JH anwachsenden romant. Burgensehnsucht, 1835 Errichtung der Kapelle und der Gaststätte, 1902 Vollendung des Palas (Wohnbau einer ma. Burg). Bis 1982 Heimat mehrerer →Burgbären. Beliebtes Ausflugsziel mit Restaurant; Wahrzeichen von BA, begehbarer →Bergfried (gute Aussicht). (s. Abb. auf Farbtafel I, o.)

Altenburgberg, mit 387 m ü. NN höchster Punkt BAs, einer der 7 Hügel im W BAs. Der kegelförmige A. wies wahrscheinlich schon sehr früh eine Fliehburg auf. →Altenburg.

Altenburgkirchweih, (1. Mai), eine jahrhunderte alte Tradition, die bis auf den 1. Mai 1124 zurückgeht.

Altenburgverein, gegr. 1818, er trat das »Erbe« von Dr. →Marcus (Besitzer der Altenburg) an und befaßt sich seither mit dem Erhalt und der Pflege der Burg.

Alter Ebracher Hof, Vorderer Bach 5, wahrscheinlich um 1264 im Besitz der Brüder Esel (Haus zum Esel, →Hausnamen 2./Vorderer Bach), 1560 v. Kloster Ebrach erworben, 1679 Neubau durch Architekt Andreas Kestler (Zeil), imposanter Frühbarockbau mit »Bernhardskreuz« (Hl. Bernhard von Clairvaux = Begründer des Zisterzienser-Ordens) an der Hausecke, vermutlich von Leonhard →Gollwitzer geschaffen; Ergänzung des Kopfes durch Hans

Alte Hofhaltung

Leitherer, Spätrenaissancegiebel zum Vorderen Bach gelegen, ehem. Stadthaus des Klosters Ebrach als Alterssitz für Zisterzienserpatres. Ein erster Ebracher Hof am Kaulberg wird schon um 1200 erwähnt. (s. Abb. auf Farbtafel I, u.l.)

Altes Gymnasium, An der Universität 5, Gründung des FBs Ernst von Mengersdorf (1583 - 1591), BAs ältestes bestehendes altsprachliches Gymnasium, Umbenennung in →Kaiser-Heinrich-Gymnasium, in den 70er Jahren Umzug in den Neubau, Altenburger Str., →Altes Pennal.

Altes Pennal, ehemals landläufiger Name für das Alte Gymnasium, Pennal – Pennäler = Gymnasiasten.

Altes Rathaus, Obere Brücke, auch →Inseloder →Brückenrathaus gen., 1386 erstmals erwähnt, mindestens 4. Bau, vielleicht originellstes Rathaus Deutschlands, mitten im Wasser des →li. Regnitzarmes auf Pfählen und »neutralem« Grund erbaut; erste Brücke zwischen der Bürgersiedlung im Sand und der »neuen Inselstadt« – markanter »Scheidepunkt« zwischen der damaligen geistl. und der bürgerlichen Stadt (s. Wappen am Brückenturm): bischöfl. Wappen zur Stadt hin / bürgerliches Wappen zur Bergstadt hin. →Immunitätenstreit. 1440 Turm und Rathaus durch eine Pulverexplosion zerstört, Städt. Archiv mitzerstört. 1450 - 63 Brücke, Turm und Rathaus wieder aufgebaut. Der Brückenturm zeigt noch das got. Kreuzgewölbe des 15. JHs. 1744 unter →Küchel in der Barockzeit umgestaltet. Außen drei wesentliche Bestandteile: Brückenturm mit Rokokobalkonen von →Mutschele, Langhaus mit →Freskenmalerei von Joh. →Anwander, Fachwerk am →Rottmeisterhäuschen (städt. Teilbehörde). Innen: Rokokosaal (mit Wandmalereien von Anwander, Muschelwerkstuck von J.J. Vogel) für Empfänge. Früher Sitzungssaal und Markthalle im Obergeschoß, Trinkhalle im Erdgeschoß; denkwürdiges Ereignis: Konferenz der dt. Finanzminister 1921, ehem. Ort der →VHS BA, jetzt →Ludwigsammlung. (s. Abb. auf Farbtafel I, u.r.)

Altreußen-Krämen, (Herkunft des Namens ungeklärt, A. = Altmacher, Flickschuster, im Gegensatz zu Schuhmachern durften sie nur Reparaturen an Schuhen ausführen; K. = Geschäftsstände), in den A.K. am heut. Obstmarkt (→Reußenturm) boten sie ausgebessertes altes Schuhwerk zum Kauf an. Die Altreußen waren in BA eine eigene Zunft, die mit der Schuhmachergilde oft in Streit gelegen sein soll. A.K. befanden sich auch in der Nähe des →Riegeltores.

Alt-St.-Martin, auch »Untere Pfarrkirche«, 1194 urkundl. erwähnt, Kirche im got. Stil wohl aus dem 14. JH auf dem Maxplatz; barg auch in sich das Bild →»Apostelabschied« von →Katzheimer. A.S.M. war zusammen mit der Nikolauskapelle von einem Friedhof umgeben. Die Säulenkapitelle mit Vasen (heute noch vorhanden) am S-Ende des Platzes und beiderseitige Vergitterungen bildeten den Abschluß des Friedhofes zur Hauptwachstr. im S und zur Fleischstr. im N. Abbruch von A.S.M. 1804, s. Gedenktafel neben den Säulenkapitellen und das Relief zur Lage von A.S.M. im nördl. Drittel des Platzes. Das Patrozinium (= »Schutzherrschaft« eines Heiligen) ging auf »Neu St. Martin« über. Beim Tiefgaragenbau in den 70er Jahren entdeckte man Totengebeine aus dem ehem. Friedhof.

Am Brand, frühere Straßenbezeichnung für die Dominikanerstraße.

Amerikaner, seit 1945 ist BA US-Garnisonsstadt. Manche amerikan. Soldaten haben BA als zweite Heimat entdeckt und sind geblieben.

Am Kranen, hier befand sich einst der BAer Hafen, schon im MA stand hier ein Kran (errichtet 1441) zum Be- und Entladen der Schiffe. →Kranichhaus.

Amselfang, Jahnstraße, →Schrebergärten.

Andechs-Meranier, zwischen dem 11. und 13. JH bedeutendes Adelsgeschlecht, das es durch Erbschaft, kaiserliche Gnaden und kluge Heiratspolitik verstand, seinen Einfluß europaweit auszudehnen. Sie schenkten ihren Stammsitz in Dießen am Ammersee 1123 dem Hl. Stuhl. In BA haben sich die A.M. mit dem Ekbert-Dom (1237) ein Wahrzeichen gesetzt. Neben Bischof →Ekbert besetzten noch zwei Mitglieder der Andechser Familie (Otto und Poppo) den BAer Bischofsstuhl. Andechser Gründungen in Oberfranken: Giechburg, Lichtenfels, Kulmbach – Plassenburg, Kronach, Bayreuth, Burg Niesten bei Weismain. Der →Königsmord in BA leitete den Untergang der A.M. ein. Die Hll. Hedwig und Elisabeth stammen aus der Familie der A.M.

Andreaskapelle, wurde 1130 erstmals erwähnt, kleiner zweigeschossig-achteckiger Zentralbau nach Aachener Muster (S-Ecke der →Alten Hofhaltung). Teile der A. sind heute im →Historischen Museum zu sehen.

Angsttafel, re. der →Brautpforte an der →Oberen Pfarre; eine Darstellung Christi im Ölgarten um 1420.

Annakirche, 1. St. Annenkapelle, ehem. am →Hauptsmoorwald (Ecke Pödeldorfer Str. - Eichendorffstr.) ~1500 errichtet, 1698 erweitert, 1812 abgebrochen.
2. Teil des ehem. →Franziskanerklosters an der Schranne, siehe Gedenktafel links am Rand des einstigen Klostergebäudes.
3. kath. Pfarrkirche St. Anna, Heinkelmannstraße 1, erbaut 1978/79.

Antenne Franken, →Radio Antenne Franken.

Antonianum, →Franziskanerkloster.

Antoniter, Orden für freiwillige Krankenpfleger, der bis Mitte des 16. JHs im Antonierhof, Lange Str. 33, mit Kapelle angesiedelt war. Die A. hatten das Privileg, ihre Schweine frei in den Gassen der Altstadt herumlaufen zu lassen. Der Hausbesitzer, dem sie zuliefen, fütterte sie.

Antoniuskapelle, sie hieß früher Gertrudenkapelle, jetzt Sakramentskapelle (= Aufbewahrungsort der Hostien) im südl. Seitenschiff des Doms, mit bedeutendem Rosenkranzgemälde von →Cranach.

Antonius-Siechhof, →Laurenzikapelle.

Anwander, Johann (* 1715, † 70), Maler aus Schwaben, schuf 1755 die →Freskenmalereien am →Alten Rathaus. Er malte Allegorien (= Verbildlichung eines abstrakten Begriffes): Sparsamkeit und Überfluß, Klugheit, Pflege der schönen Künste, Gerechtigkeit, vier Jahreszeiten, vier Elemente.

Apfelweib, Türknauf Eisgrube 14, dieses kleine »BA-Symbol« wurde zum Vorbild des Apfelweibs in E.T.A. Hoffmanns Stück »Der Goldene Topf«; heute beliebtes Zierstück.

APO, (= außerparlamentarische Opposition), in BA Vietnam-Demo, Sit-in am Schönleinsplatz, Mitte der 60er Jahre Sturm aufs Landratsamt u.ä. Von einigen kleinen Zirkeln initiiert, Treffpunkte: →Gabelmann, Café Beckstein, Weinstube Pizzini.

Apostel, →Chorschranken.

Apostelabschied, 1. berühmtes Tafelgemälde mit einer Ansicht BAs von 1483 aus der Werkstatt von Wolfgang →Katzheimer, einst in →Alt-St.-Martin, heute im →Historischen Museum.
2. um ca. 1500 von Hans →Nußbaum (nicht sicher) geschnitzter Altar mit dem lebendig geschilderten Abschied der Apostel, steht in der →Nagelkapelle. Er war der einzige Altar, welcher der →Dompurifizierung nicht anheimfiel.

Apotheken, um 1900 gab es sechs A. in BA: Adler-, Einhorn-, Hof-, Löwen-, Luitpold- und Mohren-A. In früheren Zeiten boten die A. auch »Konditoreiwaren« an. Darunter waren allerdings keinerlei Schleckereien zu verstehen, wie sie heute der Konditor liefert. Vielmehr schätzte man in der Pharmazie schon vor und auch nach der Barockzeit den Zucker als Konservierungsmittel. So kam es auch zu einer konfektmäßigen Zubereitung von Arzneimitteln bis Anfang des 19. JHs.

Apsis, (griech.), Chorabschluß in römischen Basiliken und christlichen Kirchenbauten der Romanik und Gotik, meist im Osten, z.T. auch im Westen der Kirche, z.B. O-Apsis im Dom mit »Thronendem Christus«; →O-Chor.

Arbeiterfotografie, widmet sich der fotografischen Dokumentation der BAer Gegenwart, Vorsitzender: Erich Weiß, Amalienstraße 7.

Aron, Willy, Sohn eines jüdischen BAer Justizrates, Mitglied der Sozialistischen Arbeiterjugend, später Referendar am BAer Gericht. Er kämpfte mit den kommunistischen Arbeitern gemeinsam gegen den Nationalsozialismus. Nach der Machtergreifung der Nazis ist er der erste, den man verhaftet und nach Dachau ins KZ bringt. Er stirbt nach Mißhandlungen als eines der ersten BAer Opfer des Nationalsozialismus im KZ am 19.3.1933. Grabstätte im Israelitischen Friedhof an der Hallstadter Str.

Au, letzter Hinweis auf »Au« ist die Austraße Unter »Au« war das Gebiet zwischen den Regnitzarmen zu verstehen; einst von vielen Rinnsalen durchzogen, wurde wohl ab dem 12. JH trockengelegt.

Aub, Ort in Unterfranken, Endpunkt des Kunigundenweges, der in BA beginnt.

Aula, Versammlungssaal im ehem. Jesuitenschulgebäude, An der Universität 5, Grundsteinlegung 1611, heute Universitätsbibliothek.

Auferstehungskirche, evang., in der östl. Talstadt zwischen Berliner Ring und Pestalozzistr., 1954 - 56 von Architekt Max Kälberer geplante Gemeindekirche, Turm 45 m hoch.

Aufseesianum, Aufseßstr. 2, an der Stelle des früheren →Aegidienspitals, von Domkapitular Jodokus Bernhard Freiherr von Aufseß 1741 gegr. Schülerwohnheim für die beiden Hochstifte BA und Würzburg, 1803 säkularisiert, 1829 wiederhergestellt, bis heute Schülerheim. Drehort des Spielfilms »Das fliegende Klassenzimmer« nach dem gleichnamigen Roman von Erich Kästner. (s. Abb. auf Farbtafel II, o.l.)

Aufseßhöflein, oder auch Aufseß-Schlößchen, rechts der Coburger Str. in nördl. Richtung gelegen; Barockbau, wohl von Joh. Dientzenhofer, heute in mehr als bedenklichem Zustand. 1455 wurde der Vorgängerbau erstmals als Gut erwähnt. Bekannte fränkische Adelsgeschlechter waren Besitzer: von Künßberg, von Schaumberg, von Redwitz, von Rieneck, von Dernbach, von Stauffenberg, von Schönborn, von Aufseß (darunter Hans von Aufseß, der Gründer des Germanischen Nationalmuseums in Nürnberg). 1698 kaufte die Familie von Aufseß das »Seehöflein bei Hallstadt«, das von Seen umgeben war. 1723 erbauten sie an derselben Stelle den jetzigen Bau mit Namen A. Seit 1830 ist es bis heute im Besitz der Fam. Leumer.

Auge Gottes, im Giebel am eindrucksvollen Haus Hauptwachstr. 7; vom BAer Baumeister Joseph J. Vogel in einer Mischung von Barock und Rokoko erbaut.

Autobahnanschluß BAs, durch die A 73 am 29.11.1985 und die A 70 am 10.10.1991.

B

Babenberg(er), Ursprung des Namens BA, zurückgehend auf das Geschlecht der Babenberger im 9./10. JH (Brüder: Adalbert, Adalhard, Heinrich), das ziemlich sicher auf dem späteren Domberg eine Burg hatte. »praedium Papinberc«; Burg Babenberg, Castrum Babenberg.

Babenberger Fehde, 897 - 903 offener Kampf zwischen den Geschlechtern der Babenberger und Konradiner, sicherlich in der Nähe BAs, der zuungunsten der Babenberger endete (Enthauptung des Babenbergers Adalbert 903); der Babenberger Besitz fällt an den königlichen Fiskus.

Bachgäns, Spitzname für Schülerinnen des ehem. Mädchengymnasiums im Vorderen Bach, heute →Eichendorff-Gymnasium.

Bach, Tal zwischen Domberg und Kaulberg, einst von einem Bach durchflossen. Seit dem 12. JH erwähnt, im 13. JH besiedelt, um 1400 kanalisiert.

Backmund, Klaus, Münchner Bildhauer, schuf 1974 den Volksaltar und den Ambo (= Lesepult) im W-Chor des BAer Doms; auch an der Ausgestaltung (des Bronzereliefs) der →Wolfgangskirche beteiligt.

Bäckerzunfthaus, ehem., Kapuzinerstr. 16.

Bärendreck, →Süßholz.

Bären- und Eckenbüttnerbräu, ehem. Brauerei am Jakobsberg 20.

Badeanstalten, bzw. Badestuben, so genannte Einrichtungen waren ortsteilbezogen; z.B. alte Badestube im →Sand, im →Kollegiatstift St. Jakob, im →Abtswörth, in der Langen Gasse, die Judenbadstube am Sonnenplätzchen, die Badstube am Badergäßchen zwischen Kaul- und Domberg (heute →Neuer Ebracher Hof). Eine erste neuzeitliche B. von 1819 stand auf der Geyerswörthinsel mit 9 Badezellen, erbaut vom kgl. Rat Dr. Lautenbacher. Zu erwähnen sind das spätere Stadtbad von 1894 auf der Geyerswörthinsel und das ehem. Marienbad Ecke Willy-Lessing-Str./Schönleinsplatz.

Bäder, Freibäder: Hainbad, Stadionbad, Gaustadter Bad, Neptun und Schwimmverein (in Bug, nur für Mitglieder), Hallenbad am Margaretendamm.

Baldung, Hans, gen. Grien (* 1480, † 1545), Maler, Dürers berühmtester Schüler, die »Sintflut« (1516) hängt in der →Altdeutschen Galerie in der →Neuen Residenz.

Bahnhof, Sandsteinbau von 1844 auf ehem. Gärtnerland, 1899/1900 um zwei Flügelanbauten erweitert, 1901 Bau des oberen Stockwerkes, der Vorbau zur Stadt hin entstand wohl im Jahre 1908.

Bamberg, a.d. Regnitz, 973 Schenkungsjahr (die Schenkung umfaßte wohl eine Burg am heut. Domplatz und dazugehörige Gebiete, →Heinrich der Zänker), Stadtgründung durch das spätere Kaiserpaar →Heinrich und →Kunigunde. Die Entstehung von West nach Ost: →Berg-, →Insel-, →Talstadt, erbaut auf 7 Hügeln, zweitgrößte Stadt Oberfrankens, ca. 70000 Einwohner, Kessellage; umrahmt von Steigerwald, Fränkischer Alb und Haßbergen. Ehem. →Hochstift bis zur →Säkularisation 1802/03, 1000jährige Beispielstadt (aufgrund des erhaltenen ma. Stadtbildes) mit der Auszeichnung →»Weltkulturerbe«. Beinamen: →Bierstadt, →Barockstadt, →Kirchenstadt, →Domstadt, →Brückenstadt, Museumsstadt, →Schulstadt, Universitätsstadt, »Traumstadt der Deutschen«, »Kleinod vieler Baustile«, →Fränkisches Rom, →Siebenhügelstadt, →Bischofsstadt, Gärtnerstadt, →Hafenstadt.

BAer Altar, 1. kostbarer Altar von 1429 im →Franziskanerkloster, nach der Säkularisierung mit der Sammlung →Reider ins Bayer. Nationalmuseum München gebracht.
2. →Veit-Stoß-Altar.

BAer Apokalypse, um 1000 (Buchmalerei, in der Malerschule des Benediktinerklosters Reichenau geschaffen), vom Kaiserpaar Heinrich und Kunigunde für St. Stephan gestiftete Handschrift, in der →Staatsbibliothek aufbewahrt. A. (griech.) = Enthüllung, Geheime Offenbarung vom baldigen Ende der Welt (vom Evangelisten Johannes, das letzte Buch des Neuen Testamentes), die Visionen der A. wurden in der bildenden Kunst in größeren Bildzyklen, besonders in ma. liturgischen Handschriften dargestellt.

BAer Artikel, in der 1848er Revolution entstanden die 14 »BAer Artikel« engagierter BAer Bürger, deren exponierter Vertreter Nikolaus →Titus, Abgeordneter des Frankfurter Vorparlaments, war. Hauptziele waren u.a. Selbstregierung des Volkes, gerechtere Steuerverteilung, Abschaffung aller Vorrechte, Gewissens- und Lehrfreiheit, gleiche Bildungschancen, Ständegleichheit, Redefreiheit, Pressefreiheit, Selbstbestimmung. BA war Mittelpunkt der Revolution in Franken.

BAer Bauhütte, Handwerker und Bauleute, die in den 70er Jahren zur »Bauhütte« zusammengeschlossen waren mit dem Ziel, alte handwerkliche Techniken, die für die Altstadtsanierung dringend erforderlich sind, zu pflegen und dem handwerklichen Nachwuchs weiterzuvermitteln. Die B. besteht nicht mehr.

BAer Bierkrieg, »Großer B.B.«, als es 1907 um die Erhöhung des Halbliterpreises von 10 auf 11 Pfennige ging, entstand ein regelrechter »Bierkrieg« (Dauer ca. 1 Woche). Teile der Bevölkerung beschlossen, nur noch die beiden Gastwirtschaften »Weierich« und »Zum Mondschein« aufzusuchen, weil diese den Erhöhungspfennig nicht verlangten. In den beiden Wirtshäusern entbrannten heftige und hitzige Diskussionen, und man brachte kaum das notwendige Bier her. Beide Gaststätten bezogen aus Protest ihr Bier in diesen Tagen von der Forchheimer Brauerei Kronenbräu, die mit schweren Brauereipferden ununterbrochen lieferte. Die vielen anderen Wirtschaften BAs standen in diesen Tagen leer. Initiator des B.es war Karl Panzer, spaßig »Feldmarschall« gen. Das Ergebnis des B.B.es: Das Seidla kostete weiterhin 10 Pfennige!

BAer Biertage, alljährlich an mehreren Sommerwochenenden stattfindende Festivitäten auf dem →Maxplatz. Erstmals am 24.6.1973, letztmals 1992.

BAer Dichtertage, die Dichter Stefan George (* 1868, † 1933) und Ludw. Derleth (* 1870, † 1948) begründeten als GästeBAs, vom ma. Erscheinungsbild inspiriert, einen Dichterkreis. Von 1937 bis in den 2. WK fanden jährlich die »BAer Dichtertage« statt, bei denen sich reaktionäre Dichter aus ganz Deutschland trafen.

BAer Dom, →Dom.

BAer Domchor, →Domchor.

BAer Domreiterlauf, →Domreiterlauf.

BAer Fenstersturz, →Berthier.

BAer Gartenbauzentrale, genossenschaftlicher Zusammenschluß von BAer →Gärtnern (1975) zur Vermarktung ihrer Erzeugnisse; Hallengebäude an der Gundelsheimer Straße.

BAer Gesellenverein, →Kolpingshaus.

BAer Götzen, Steinfiguren (vermutlich Standbilder zur Bewachung eines Adelsgrabes) aus der Frühzeit, früher Hinweis auf menschliche Niederlassungen in unserem Raum (Fundort b. Gaustadt); prähistorische Stücke der B.G. im

→Historischen Museum.

BAer Halsgerichtsordnung, 1507 von Joh. Freiherr zu →Schwarzenberg verfaßte Gerichtsordnung, die für das Reichsstrafgesetzbuch (die »Constitutio Criminalis Carolina«) Kaiser Karls V. 1532 als Vorbild diente; sie galt über 300 Jahre bis 1870 als einziges dt. Strafgesetzbuch.

BAer Haus, →Böttingerhaus.

BAer Hochhäuser, dürfen gemäß einer Beschränkung zur Wahrung des Stadtbildes nicht höher als 38 m (= 12 Stockwerke) sein. →Y-Haus.

BAer Hof, 1. um 1790/1800, spätbarockes klassizistisches Hotel, Grüner Markt, von Joh. Lorenz →Finck erbaut, der Bauherr war J.E. →Strüpf; vorher war etwa an dieser Stelle das Krankenhaus der →Jesuiten, nach Abriß des B.H.es 1909, wurde 1910 das Kaufhaus Hertie gebaut. Von J.H. →Jäck als einer der »schönsten Gasthöfe im Königreich« bezeichnet.
2. 1896 am Schönleinsplatz durch Baumeister Jakob Meier im neubarocken Stil erbautes Hotel »Bellevue«, das später den Namen BAer Hof übernahm. →Langgaßkaserne.

BAer Hörnchen, 1. in BA »Hörnla« gen., mit reiner Butter gebackener eingezogener Hefeteig („A Kaffee ohna Hörnla, is wi' a Kuß ohna Schnörnla!").
2. Kartoffelzuchtform (besonders als Salatkartoffel geeignet).

BAer Hörnchenkrieg, Streit in den 70er Jahren, als zumindest ein BAer Bäcker Hörnchen zu 90 % mit Margarine herstellte. Ende des Streits 1977 mit dem Ergebnis →BAer Hörnchen sind mit Butter zu backen.

BAer Kasperl, Hauptfigur der VHS-Puppenbühne Herrnleben BA, gegr. 1945 von Hans und Ottilie Herrnleben. Zielsetzung: Erhalt des traditionellen Puppentheaters in Deutschland und der dt. Märchen und Kinderlieder. Reichhaltiges Repertoire: – über 80 lustige, spannende und lehrreiche Abenteuer des B.K.s, – über 25 Märchenpuppenspiele, – 5 verschiedene Tourneebühnen für drinnen und draußen, – einmalige Figuren, – eigene Puppentheaterkurse an der VHS (seit 1952). Puppentheater zum Mitmachen für alle Anlässe. Leitung: Wolfgang und Elisabeth Herrnleben, Luisenstr. 14, 96047 Bamberg, Tel. 0951/24959.

BAer Kirchweihen, im Volksmund »Kerwa« gen.; die →Sandkerwa, die Laurenzi- und die Wunderburger Kerwa zeichnen sich durch ein besonderes Merkmal aus: das Kirchweihgeschehen spielt sich auf traditionellen Plätzen ab (im →Sand, am →Greifenklau bzw. zwischen →Mahr und →Keesmann). Die Heinrichskerwa findet fernab ihres eigentlichen Zentrums (Kirche) auf der Festwiese am Stadion statt. Bei der Gartenstädter Kerwa findet das Kirchweihgeschehen neben einem Festzelt auch in den vielen Hausgärten statt. Die Ottokerwa, einst vom Stammtisch der »Zipfelhäuser« bei der Gastwirtschaft »Drei Linden« organisiert, dann vom Sportverein FC Wacker BA und dem Bürgerverein am Wackerplatz hinter dem Hallenbad ausgetragen, schließlich vom Bürgerverein VI. Distrikt vor der Siechenscheune (→Fbliches Jagdzeughaus) abgehalten; zu guter Letzt die Gaustadter-, die Buger- und die Wildensorger K., wo man noch weitgehend unter sich bleibt und Kerwa feiert. Die Kirchweihen sind heute mehr allgemeine Volksfeste, die religiöse Bedeutung der Weihe der Kirche tritt immer mehr in den Hintergrund.

BAer Kreuz, Autobahnkreuz nordöstl. der Stadt, (Anbindung nach Bayreuth, Nürnberg, Schweinfurt, Lichtenfels).

BAer Krippenweg, →Krippenweg.

BAer Marzipan, 1. einst besondere Backtradition – vorwiegend gepflegt von der alteingesessenen Konditorei Kamm – einfacher Mehlteig, der bunt glasiert wurde; Dauergebäck, das in Modelformen (= dreidimensionale Backformen) der Figuren Adam und Eva, BAer Reiter oder Dukatenscheißer u.ä. an Christbäumen hing und auch gegessen wurde; eine Art »Marzipan der armen Leute«, schließlich konnten sich früher nur wenige echtes Marzipan leisten. 2. nach Schuster (s. Quellenhinweis 31) lag BA mit einigen anderen Städten im Wettstreit um das beste M., daher auch B.M.

BAer Modell, ist eine staatliche und städtische Förderhilfe seit 1973 für den Erhalt und die Restaurierung denkmalgeschützter Häuser.

BAer Originale, exemplarisch werden 3 B.O. gen., →Billiger Jakob, →Ratschkatl, →FC-Max,

BAer Psalter, wahrscheinlich im frühen 13. JH entstandene Prachthandschrift aus 208 Pergamentblättern mit ornamentaler Dekoration, 150 Psalmen: ein Vorläufer des Breviers (= Kurzgebet für die Priester); die Herkunft ist unsicher; Bischof Ekbert dürfte ihn wohl vom österr. Herzogshof mitgebracht haben. Der B.P., der zum BAer Domschatz gehört, befindet sich in der Staatsbibliothek BA.

BAer Reiter

BAer Reiter, aus über 10 Stücken zusammengesetzte, einst farbig bemalte Plastik am O-Chor im Innern des Doms, Symbolfigur für den tugendhaften ma. Ritter; nach heut. Stand der Wissenschaft stellt er →Stephan d. Hl., Ungarnkönig, dar, →Stephanslegende. Der B.R. gilt als »höchste Kunst« des 13. JHs, vom unbekannten »Reitermeister« um 1250 hergestellt (die Künstler signierten ihre Werke nicht, da die Kunstwerke des 13. JHs zur Ehre Gottes geschaffen waren); die Bekrönung mit dem Baldachin ist ein Hinweis darauf, daß der Reiter in das »Himmlische Jerusalem« eingeht. Im 2. Weltkrieg einbetoniert (64 cm starke und 300 Zentner schwere Betonplatte); während des Nationalsozialismus als »arisches Symbol« mißbraucht.

BAer Stadtpfeifer, Ehrentitel für den Jugendspielmannszug St. Otto e.V., Ulanenplatz 5, 96050 Bamberg, Gründung 1966.

BAer Symphoniker, 1946 von BAern und Musiker-Flüchtlingen aus Prag, Karlsbad und Schlesien gegr. Orchester; erlangt 1968 Weltgeltung unter Dirigent →Keilberth; eines der berühmtesten dt. Reiseorchester. Weitere prägende Dirigenten: Rudolf Kempe, Hans Knappertsbusch, Clemens Krauss und Eugen Jochum. Nach letzterem sind die B.S. „eines der ersten Orchester Europas". Derzeitiger Chefdirigent ist Horst Stein. Nach dem Fall des »Eisernen Vorhanges« war es 1991 ein denkwürdiges Ereignis, als die BAer S. erstmals in Prag ein Gastspiel gaben.

BAer Talkessel, Formation aus Steigerwaldausläufern, Haßbergen und Fränkischer Alb.

BAer Verfassung, 1919 in BA entstandene bayer. Landesverfassung, die bis 1933 Gültigkeit hatte; von April - August 1919 ist BA aufgrund der ausgerufenen Räterepublik Zufluchtsstätte für die Bayerische Regierung unter Ministerpräsident Johannes Hoffmann. Tagungsorte: Neue Residenz und Harmonie.

BAer Waisenhaus, →Waisenhaus.

BAer Zwiebel, 1. →Zwiebeltreter, in Anlehnung an den früheren Zwiebelanbau.
2. BAer Z., deftiges BAer Gericht: ausgehöhlte Zwiebel mit Schweinehackfleisch gefüllt.

BA Idee, Heinrich II. wollte aus seinem von Jugend an geliebten BA ein zweites Rom machen, die gezielte Anlegung der Stadt auf sieben Hügeln (wie Rom) gilt als Beleg dafür. Während der Kaiserzeit Heinrichs II. war BA →Hauptstadt des Hl. Röm. Reiches Deutscher Nation.

BAischer Besitz, über alle Teile Deutschlands, vom südl. Kärnten und Schwaben bis nach Thüringen, Sachsen und in die Rheinlande lagen Besitzungen verstreut, mit denen das Bistum ausgestattet war. Nahezu in jedem Regierungsjahr Heinrichs II. kamen neue Schenkungen hinzu. →Hochstift.

BA Zitate, sind derer viele, eines der schönsten entdeckt der Leser auf der Titelseite dieses Buches, ein paar weitere seien exemplarisch noch gen.: „Hauptstadt der Welt“ (Gerhard von Seeon, 1014); „Ich werde alle meine Sorgfalt darauf verwenden, dich, Bamberg, zu schützen, meine süßeste Braut ...“ (Papst Clemens II., 1046/47); „Bamberg ist wohl eine junge Stadt, aber reich an Wissen und Künsten.“ (Anselm von Besate, 1048); „Der Charakter der Bamberger soll im allgemeinen Biederherzigkeit, Phlegma, Aberglaube und häufiges Biertrinken sein.“ (W.H. Wackenroder, 18. JH); „gemma Germaniae ...“ – „Edelstein Deutschlands“ (Papst Pius XII., 20. JH).

Banscher, hieß die Flur rund um die →Heinrichskirche.

Banzer Hof, den 1. →Bamberger Hof (Hotel) einst flankierendes Haus am Grünen Markt.

Baracken, existierten als Notunterkünfte nach dem 2. WK vor allem im N und S der Stadt bis in die 70er Jahre, z.B. die »Margaretenlaube« am Margaretendamm (heute Baubetriebsamt/ Feuerwehr Ständige Wache). Von »Laube« leitete sich der Spitzname »Laumer« für die Bewohner der Notunterkünfte ab. Weiterhin im S an der Kornstraße, außerdem noch kleinere Viertel an der Martin-Luther-Straße und am Spiegelgraben/Klosterstraße.

Barock, europ. Kulturepoche (ca. 1600 - 1750), Hauptmerkmale barocker Architektur: Reichtum an plastischem und malerischem Schmuck, üppige, ausladende Formen. Beispiele: →Neue Residenz, →Böttingerhaus u.a.

Barockachse, gezielt von den Schönbornbischöfen im 18. JH initiierte Achse von der →Kettenbrücke über die →Alte Hauptwache durch die heut. Fußgängerzone (mit schönen Barockhäusern), über den Obstmarkt, die Obere Brücke und Karolinenstraße bis zur Neuen Residenz. Exemplarische Barockbauten: Alte Hauptwache, Haus Maxplatz 8, Raulinohaus, Obere Brücke 6, Untere Karolinenstr. 16 (Bibrahaus).

Barockgalerie, →Altdeutsche Galerie.

Barockisierung, wurde von den →Schönborns gezielt durchgeführt, um die gotische Stadt in eine barocke umzuwandeln. Bürger, die sich bereit erklärten, ihre Hausfassaden barock zu gestalten, bekamen dafür je nach Hausgröße Steuerermäßigung.

Barockstadt, diesen Beinamen verdankt BA vor allem den beiden →Schönborns, da sie aus der einst gotischen Stadt eine Barockstadt machten. →Barockisierung.

Bartels, Joh. Christoph David, kgl. bayer. und griech. Konsul zu Köln, BAer Ehrenbürger.

Basketballhochburg, darf sich BA nennen. Die Entwicklung dazu setzte Ende der 50er Jahre ein. Anfang der 60er Jahre schaffte der Basketballsport dank Bert Peßler den Durchbruch in den Gymnasien, dies trug Peßler den Namen »Vater des BAer Basketballs« ein. Alljährlich wiederkehrende Turniere, auch mit Ehemaligen, sind feste Einrichtungen an verschiedenen Gymnasien. Mit dem legendären Farbigen Jim Wade spielte der FC BA Anfang der 70er Jahre erstmals in der Basketball-Bundesliga. Abgesehen von einer kürzeren Unterbrechung hielt man sich bis heute in der obersten Spielklasse (bisher größter Erfolg des TTL BA: Dt. Pokalsieger 1993).

Bauchwitz, Siegmund, Dr. (* 1876, † 1942), Arzt in BA, ab 1939 Vorstand der Israelit. Kultusgemeinde, 1942 mit seiner Frau in die Konzentrationslager Theresienstadt und Auschwitz deportiert und umgebracht.

Bauernaufstand (-krieg), 1524/25, die gewaltsame Auseinandersetzung der um Wiederherstellung ihrer alten Rechte kämpfenden süd- und mitteldeutschen Bauern mit Adel und Geistlichkeit, deren gutes Leben größtenteils auf der Ausbeutung der Bauern beruhte. Bauernaufstände schon seit dem 14. JH, meist blutig unterdrückt. Fehlende Zusammenarbeit, Führerlosigkeit, Uneinigkeit und mangelndes militärisches Können der Bauern ermöglichten es dem Adel, die Bauernhaufen zu besiegen und furchtbare Rache zu nehmen. Am 11. April 1525 besetzten Bauern und Bürger in BA die Stadttore, der Pöbel plünderte die →Domherrenhöfe und →Kloster Michelsberg; 12. Mai 1525 »BA Bauernrevolution« in Hallstadt. Friedliche Einigung mit Bischof Weigand, dennoch ließ das Domkapitel bzw. Georg Truchseß von Waldburg, gen. der »Bauernschlächter« zwölf Aufständische in BA hinrichten.

Bauernfelder, Flurname (von der Hildegardstr. abzweigend).

Bauernmarkt, wird seit 24.6.1995 auf dem Maxplatz abgehalten; samstags von 8 - 13 Uhr Verkauf von landwirtschaftlichen Erzeugnissen aus dem Umland.

Bedford, englische →Partnerstadt BAs.

Beispielstadt, darf sich BA, dank seiner über 1000jährigen Geschichte, vor allem wegen seines Stadtbildes und seines Reichtums an Stilepochen, nennen.

Bellevue, →BAer Hof.

Benedikt, Hl., nach der Legende erfolgreicher Wunderheiler Kaiser Heinrichs II. (Blasenleiden) in Monte Cassino, Darstellung der Wunderheilung auf der Heinrichsseite (li. Seite) am →Kaisergrab im Dom.

Benedikt VIII., Papst (1012 - 24), besuchte Ostern 1020 BA, um Kaiser Heinrich zu bitten, ihm gegen die in Unteritalien drohenden Griechen beizustehen. Einige Kirchen wurden von ihm eingeweiht, z.B. St. Stephan. Bei dem Besuch bestätigten Papst und Kaiser erneut, daß das neue →Bistum dem Schutz der römischen Kirche übereignet sei. Es wurde festgelegt, daß der Papst dafür vom Bischof von BA jährlich ein gesatteltes weißes Pferd erhalten sollte.

Benediktiner, ältester kath. Mönchsorden im Abendland; gegr. im 6. JH. Die B. leben nach der vom Hl. Benedikt von Nursia verfaßten Regel, die z.B. ständige Anwesenheit im Kloster fordert. Wahlspruch: »ora et labora« (lat. = »Bete und arbeite«). Tracht: schwarz, meist mit Kapuze, ledernes Cingulum (= Gürtel). Die B. wählten für ihre Klöster gerne eine exponierte Lage, z.B. Monte Gargano in Apulien, Mont-

Saint-Michel an der französischen Kanalküste, Michelsberg in BA.

Benediktinerkloster Michelsberg, am Michaelsberg, gegr. 1015 von →Eberhard, 1. Bischof von BA, als bischöfliches Eigenkloster und mit Mönchen aus Amorbach besiedelt. 1021 Klosterkirche geweiht; im 12. JH wird Bischof Otto zum 2. Stifter, als die klösterliche Disziplin gesunken war (Hirsauer Reform); fortan entwickelte sich das B.M. zum reichsten Kloster im Bistum BA (bedeutende Mal- und Schreibschule). 1802/03 Ende des Klosters in der →Säkularisation, dabei wurde viel Inventar vernichtet; Reste des Klosterarchivs kamen ins Staatsarchiv bzw. ins Archiv des Historichen Vereins. Dann Stadtbesitz bis heute (wird jetzt als Altenheim und Bürgerspital genutzt). Im Klosterareal befindet sich die einstige Benediktiner-Braustätte, heute →Brauereimuseum, →»Deutsches Athen«, →Michaelskirche und -kloster, →Domschule. (Laut Stadtarchiv ist der Terminus »Kloster Michelsberg« ohne »a« gebräuchlich).

Benkert, Johann Peter (* 1709, † 1765), Bildhauer, schuf verschiedene Plastiken in BA (z.B. in St. Martin, wahrscheinlich auch in St. Michael: Heinrich und Kunigunde); herausragendes Werk: Hl. Kunigunde, die vor der Kopieanfertigung (1990/91) auf der →Unteren Brücke stand; das Original wird in der St.-Jakobs-Kirche Platz finden.

Berengar II., ital. König († 966), Kaiser Otto I. belehnte ihn 952 mit Italien, setzte ihn 963 wieder ab; 964 - 966 mit seiner Frau Willa in BA auf der Burg, die wohl am Ort der heut. →Alten Hofhaltung stand, in Gefangenschaft.

Berganza, der sprechende Hund, dem→E.T.A. Hoffmann hinter dem Bildstock des Hl. Nepomuk im Hain begegnet sein will. Die denkwürdige Begegnung ist im Hain (Regnitznähe) in einem Granitblock festgehalten.

Bergfried, (= Hauptturm einer ma. Burg) runder, mächtiger 33 m hoher Burgturm, um 1400, in der westl. Hofmitte der →Altenburg; untere Mauerstärke 3,60 m; unterer Umfang 33 m.

Bergner, Neuansiedler im Stadtteil Wildensorg und alter Flurname.

Bergstadt, einer von »3 Teilen« BAs, einst →geistliche Stadt, markanter »Grenzpunkt« →Altes Rathaus. Heut. Verständnis: Wohngebiete westl. des li. Regnitzarmes auf Stephans-, Kaul-, Altenburg-, Dom-, Jakobs-, Michaels- und Abtsberg.

Bergverbindungsstraße, geplante, schon lange wieder verworfene Ringstraße, die immer noch heftige, kontroverse Diskussionen hervorruft.

Bernsteinstraße, →Karolingische Handelsstraße.

Berthier, Alexandre, (* 1753 in Versailles) Marschall und Freund Napoleons seit 1804, 1805 zum Fürsten von Wagram erhoben, 1808 heiratet er die Tochter Herzog Wilhelms zu Bayern, 1814 zu Ludwig XVIII. übergetreten. 1. Juni 1815 Tod durch mysteriösen Sturz aus dem 3. Stock der →Neuen Residenz, siehe Gedenktafel an der Residenzstraße.

Berufsinformationszentrum, kurz BIZ, wurde 1987 offiziell seiner Bestimmung übergeben, zuerst Heiliggrabstr., jetzt am Berliner Ring; Einrichtung des Arbeitsamtes zur Erleichterung der Berufswahl.

Berufsschulen, gibt es drei in BA, differenziert nach Berufsfeldern, Ohmstr. 12 - 16 (I) und Dr.-von-Schmitt-Str. 12 (II, III), außerdem gibt es eine Berufsaufbauschule an den B. I und III.

Bestelmayer, German, Prof. Dr. Ing. (* 1874, † 1942), Architekt der →Erlöserkirche (1930 - 33).

Bettelordenskirche, die ehemalige →Dominikanerkirche mit Kloster (heute Kulturraum) war Vertreterin dieses Typus: strenge Einfachheit, Türme fehlen (B.n bei Franziskanern, Dominikanern, Karmeliten).

Bier, wird in BA »groß geschrieben«, es existieren noch 9 →Brauereien; das BAer Bier zeichnet sich vor allem durch seine Vielfalt und durch seine besonderen Geschmacksnoten aus; das erste Bier wurde wohl von den →Benediktinern auf dem →Michaelsberg gebraut. Das berühmteste der BAer Biere ist das →Rauchbier.

Bierkeller, sind in BA Traditionseinrichtungen (andernorts Biergärten gen.), sie entstanden vorwiegend über den unterirdischen →Stollen (in denen das Bier gelagert wurde), die unter den Hügeln der Stadt angelegt wurden, →Kellerleben. Zu nennen sind: Spezialkeller, Mahrskeller, Wilde-Rose-Keller, Greifenklau, Rökkeleinskeller.

Bierstadt, ein Beiname BAs neben vielen anderen aufgrund der noch erstaunlich vielen privaten →Brauereien (9), auch schon von alters her stets relativ hoher Bierverbrauch; aus dem 15. JH sind 440 l/Kopf im Jahr überliefert.

Bibrahaus, Untere Karolinenstr. 11, ansprechendes ehem. Bürgerpalais des Heinrich Karl von Bibra, Anfang 18. JH, wahrscheinlich von Joh. →Dientzenhofer erbaut.

Billiger Jakob, oder »Billiger Jockl«, Spitzname für Franz Josef Metzner, der 1895 sein erstes Verkaufslädchen am Mittleren Kaulberg eröffnete; nach seinem Tod 1933 als erfolgreichster und bekanntester BAer Großkaufmann seiner Zeit gerühmt. Er nannte 5 moderne und besteingerichtete sowie gut florierende Großverkaufsstellen in verschiedenen Stadtteilen mit über 100 Mitarbeitern sein eigen. Die BAer waren durch die niedrigen Preise die Nutznießer seiner scharfen Kalkulation und sorgten dafür, daß die Metzner-Geschäfte wuchsen und gediehen. »Jakob« buckelte nicht vor Kunden und hatte auch gegenüber einer »Frau Regierungsrat« einen derben Spruch auf der Zunge. 1925 ließ der B.J. eine »Straßenbahn« (Elektrokarren) während der Landwirtschaftsausstellung fahren! Das Kaufhaus Metzner (»Da-Am-Eck-da«) war das letzte im Familienbesitz der Metzners.

Bischofsmühlbrücke, 1955 neu fertiggestellt, führt über den li. Regnitzarm zwischen Schranne und Geyerswörthstraße.

Bischofsstadt, seit 1007 →Bistum, 1. Bischof BAs war Eberhard, der vormalige Kanzler Heinrichs II.; mit der Bistumserhebung stattete Heinrich das Bistum reichlich mit Reichsgut aus. Auf Eberhard folgten bis zur →Säkularisation 1802/03 61 weitere Bischöfe, 1817 wird BA zum nordbayer. →Erzbistum erhoben. Dr. Karl Braun wurde 1995 der 12. Erzbischof BAs nach der Säkularisation.

Dr. Karl Braun

Bischofsstuhl, (griech. Kathedra), der Sitz des Bischofs in seiner Kirche. Vergoldeter und mit Edelsteinen besetzter B. im W-Chor des Doms; dahinter das →Papstgrab.

Bistum, vom 8. JH bis 1007 gehörte das Land an Obermain und Regnitz zum Bistum Würzburg. Am 1. November 1007 gelingt es Heinrich II. gegen Widerstände aus Würzburg unter Kniefall auf der Synode in Frankfurt, daß BA als christl. Bollwerk gegen den heidnischen Osten zum Bistum erhoben wird. Besonders bemerkenswert ist, daß das Bistum BA aus den vorher schon vorhandenen Bistümern Würzburg (Würzburger Abtretung 1007/08, O-Teil) und Eichstätt (Eichstätter Abtretung 1016, N-Rand) »herausgeschnitten« wurde. Der Papst unterstellt 1007 bzw. 1020 das neue B. BA direkt Rom.

Bistumspatrone, (= Schutzheilige), →Heinrich, →Kunigunde und →Otto.

Bissing, Joh. Christoph († 1723), Architekt und Stadtbaumeister; stellte 1698 den Neptunbrunnen (→Gabelmannbrunnen) auf.

Blauer Löwe, einstige Brauerei, Judenstraße 2.

Blaulöwenbräu, ehem. Brauerei am Oberen Stephansberg 40.

Bleichplätze, waren Plätze zum Bleichen weißer Wäsche, z.B. die »Finzelsbleiche« hinter dem jetzigen →Priesterseminar. Die Straßenbezeichnung Bleichanger weist auch darauf hin.

Blümlein, ehem. Brauerei in der Judenstr. 11.

Bolling, Werner, Dr. (* 1904, † 1988), Inhaber der Luitpoldapotheke, bekannt und hochgeschätzt als Pilzberater, promovierte mit 61 Jahren.

Bonalino, Giovanni, aus Italien, († um 1639), 1627/28 am Umbau von St. Stephan beteiligt, Architekt des 1636 errichteten →Kapuzinerklosters in der Kapuzinerstr. an der Stelle des heut. →Clavius-Gymnasiums.

Börstig, von der Kronacher Str. bogenförmig nach W, eine bis ins 19. JH von Weihern durchzogene Landschaft, ab 1803 trockengelegt und in Ackerland verwandelt. Heute teilweise Gewerbegebiet.

Böttinger, Joh. Ignaz Michael Tobias (* 1675, † 1730), Hofrat am Schönbornhof, aus wohlhabender Familie, er wollte seinem bischöflichen Herrn in der „Bauwut" nicht nachstehen, außerdem sollten die Böttingerhäuser (→Concordia und →Böttingerhaus in der Judenstr.) wohl ein Zeichen seines Aufstiegs zum Hofrat (heute vergleichbar mit einem Staatssekretär) sein.

Böttingerhaus, Judenstr. 14, Böttinger war Bauherr des gleichnamigen Hauses, Architekt war vielleicht Joh. Dientzenhofer; genuesischer Barockstil. Es gilt als eines der schönsten Barockhäuser BAs, erbaut 1708 - 1713; die barokke Gartenfassade wurde um 1900 nach München verkauft, heute am »BAer Haus« im Luitpoldpark in München angebracht. Das B. zeichnet eine architektonische Glanzleistung aus: man gelangt von jedem Stockwerk auf eine Terrasse. Die Innenräume gestalteten der Stukkateur J.J. Vogel und der Maler Sebastian Reinhard. Ehem. Namen: »Haus zur Elster«, »Prellshaus«. 1878 beherbergte es das Schneidersche Erziehungsinstitut. 1978 wurde das B. vom Besitzer, dem Hamburger Architekten Jost Schramm, gründlich renoviert und einige Jahre als Hotel genutzt. 1995 kaufte es der BAer Kunsthändler Richard H. Mayer, bekannt unter dem Namen »Ikonenmayer«, der dort seine Kunstsammlung ausstellt. (s. Abb. auf Farbtafel II, o.r.)

Boschwerke, genauer Robert Bosch GmbH mit Sitz in Stuttgart, Gründung des BAer Werkes 1939, mit rd. 4000 Mitarbeitern sind die B. heute größter Arbeitgeber im BAer Raum und größter oberfränkischer Industriebetrieb; Fertigung von Zündkerzen, Einspritzsystemen und Motorsteuerungen.

Botanischer Garten, Teil des BAer →Hains, ursprünglich sumpfiges Gelände, 1923 von Gartenbaudirektor Viktor Luster angelegt.

Boveri, Margret, Dr. (* 1900, † 1975), Schriftstellerin (Werke: »Weltgeschehen am Mittelmeer«, »Vom Minarett zum Bohrturm«, Hauptwerk: die Tetralogie »Der Verrat im 20. JH«) geboren im →Marschalk-von-Ostheim-Haus, Untere Karolinenstr. 18; lebte zeitweise im Sommerhaus der Familie Boveri bei Höfen.

Boveri, Theodor, (* 1862 in BA, † 1915 in Würzburg), Vater von Margret B., Zoologe, grundlegende Arbeiten zur Zellenlehre und

Befruchtung, entwickelte die Chromosomentheorie der Vererbung.

Boveri, Walter (* 1865 in BA, † 1924), Onkel von Margret B., Mitbegründer der Elektrofirma Brown, Boveri und Cie. (BBC) in Baden/Schweiz.

Brauereien, derzeit noch 9 B. in BA, in Anbetracht des fortschreitenden Brauereisterbens ist dies enorm viel; weltweit größte Brauereidichte in und um Bamberg; die Brauereien in alphabetischer Reihenfolge: Fässla, Greifenklau, Kaiserdom, Keesmann, Klosterbräu, Mahr, Maisel, Schlenkerla, Spezial. Anfang des 19. JHs gab es 65 B., 1935 brauten noch 35 B. in BA.

Brauereimuseum, Fränkisches, in der ehem. Klosterbraustätte auf dem Michaelsberg, auf ca. 900 m² wird seit 1983 die alte Brautradition eindrucksvoll demonstriert.

Braun, Erasmus, auch Asmus, († 1598), Architekt und Meister der →Ratsstube, der →Alten Hofhaltung und des →Geyerswörthschlosses, B. verewigte sich am Fuß des Erkers der→Ratsstube mit seinem Steinmetzwerkzeug.

Brautpforte, straßenseitiges Kirchenportal an der →Oberen Pfarre (2. Hälfte 14. JH, Gotik), am Unteren →Kaulberg; Namensgebung, weil es Brauch war, Brautpaare dort einzusegnen.

Breitäcker, Flurname, südl. der Gaustadter Hauptstraße.

Breitenau, 1. schon ma. Flurname für breite Au, li. der Memmelsdorfer Straße in östl. Richtung;
2. Name des Sees, der zwischen →Schloß Seehof und BA (ehem. Stadtgrenze, Zollhaus Memmelsdorfer Str. in Höhe Kärntenstr.) lag und den man zu Fuß in etwa einer Stunde umrundet hatte. Einst fblicher Besitz, dann verpachtet (1507), lieferte Karpfen, Ruppen, Hechte usw., der Abfluß diente den →Gärtnern zum Gießen.

Brenner, Friedrich, Dr. (* 1784, † 1848), Lyzealprofessor (→Universität) und Domdechant (Dechant = Dekan, kath. Pfarrer, der vom Bischof mit der Aufsicht mehrerer Pfarreien betraut ist), theologischer Schriftsteller, Geburtshaus Fleischstr. 33.

Brenno, Giovanni Battista, aus Italien, († ~ 1713), Stukkateur, an der Innenausstattung von St. Martin und an der Abtskapelle des Klosters Michelsberg beteiligt.

Brentano-Theater, privat geführtes Ein-Zimmer-Theater des Schauspielers Martin Neubauer, Gartenstraße 7., Tel. 0951/54528. Neubauer erhielt 1995 den Kulturförderpreis der Stadt BA.

Brickart, Servatius (* ~ 1682, † 1742), Kunstschreiner; das Chorgestühl von St. Michael ist von ihm.

Brockard, →Michaelsberger Terrassen.

Bruckertshof, gehört zum OT →Kramersfeld; in den 20er Jahren Siedlungsgebiet nordöstl. der Bahnlinie, ehem. Haltepunkt des →Schätzer Bockls und urige, beliebte Einkehr der BAer. Ein Herr Brockard wurde Besitzer der ehem. Einöde »Pinzighof«; der Volksmund machte wohl aus seinem Namen Bruckertshof.

Brucknersteg, hölzerner Steg, führt von der Wörth-Insel (Schloß Geyerswörth) zur Habergasse/Am Kanal; benannt nach der ausführenden Firma.

Brudermühle, an der Schranne.
1. Einst Teil der Brudermühlen (die Mühlen waren im Besitz mehrerer Brüder), der untere Mühlenkomplex (im Gegensatz zu den Oberen Mühlen, →Mühlen) bestand aus sieben einzelnen Mühlen, die nördlichste und älteste war die →Fischmühle von 1157.

2. Umfunktionierung zum städt. Wasserwerk, 1922/23.
3. Heute nach Totalsanierung Hotel und Gasthaus mit imposantem Hauszeichen – Himmelfahrt und Krönung Mariens, die dem Bildhauer Joh. Gg. Stöhr zugeschrieben werden (um 1730).

Bruderwald, südwestl. der Stadt gelegener Wald zwischen Regnitz und Aurach hinter dem neuen →Klinikum mit schönen Wanderwegen in die Umgebung.

Brückenrathaus, →Altes Rathaus.

Brückenstadt, BA ist aufgrund seiner vielen Brücken (knapp 30, Doppelläufigkeit der Regnitz) B. Durch den Fall des Eisernen Vorhangs wurde BA auch »Brückenstadt« zwischen O und W.

Buchdruck, BA gilt als 2. Buchdruckerstadt nach Mainz; der bischöfl. Sekretär Albrecht Pfister (etwa Mitte 15. JH) druckte wahrscheinlich die ersten Bücher in deutscher Sprache (z.B. die lat. und dt. »Armenbibel«, »Der Akkermann von Böhmen« und →»Der Renner«); Pfisters Werkstatt war vermutlich in der Austr. 19, die Wohnung am Sonnenplätzchen 2. Auch das erste jemals gedruckte Buch mit Illustrationen entstand in BA (1460/61). Buchdrucker:
1. A. Pfister (1460 - 64);
2. Joh. Sensenschmid druckte in BA seit 1481, Werkstätte St.-Getreu-Str. 14, →St. Getreu;
3. Hans Sporer (1486 - 93), Werkstätte Frauenstr. 4;
4. Hans Pfeyl, Gehilfe von Sensenschmid, Haus Austr. 5, er druckt 1507 die →BAer Halsgerichtsordnung;
5. Heinrich Keffer, Schüler Gutenbergs, soll die BAer Bibeldruckerei geleitet haben.

Bürgerkrieg, →Immunitätenstreit.

Bürgerspital, als solches war das Katharinenspital am →Maxplatz bis 1803 zu verstehen. Danach wurde es in das säkularisierte Kloster Michelsberg verlegt. (Initiator war Dr. →Marcus.)

Bürgervereine, es gibt in BA 16 B., die über die Stadt verteilt sind. Ihr Anliegen ist es, Bürgerinteressen und -belange gegenüber der Stadt zu vertreten.

Bug, OT BAs seit der 1972 erfolgten Eingemeindung; das Gebiet zwischen Bug und Bruderwald. Die als »Schleier der Hl. Kunigunde« bezeichnete »Stephaner Mark«, gehörte wohl schon zur Bistumsstiftung. B. war wahrscheinlich ein Rodungsort, der um 1200 seinen Ursprung haben dürfte. Der Name B. dürfte aufgrund eines umgebenden Buchenwaldes von Buch abgeleitet sein.

Buger Spitze, auch Hainspitze, wo sich die von Süden kommende Regnitz zum re. und li. Regnitzarm aufteilt; einst bestand hier Fährverkehr hinüber nach Bug. (Hl. Christophorus von Hans Leitherer, 1926)

Bughof, nach BA eingemeindeter Teil der Gemeinde Strullendorf, schon 1323/25 erwähnt.

Burg Babenberg, →Babenberg.

Burgbären, haben eine ca. 50jährige Geschichte in BA, 1902 - 1913 erster Bär: Hassan, aus beschlagnahmtem Zigeunerbesitz ersteigert, Schenkung an →Altenburgverein; ca. 3 Jahrzehnte bärenlose Zeit; 1951 - 1952 zweiter Bär: Toni; 1952 - 1982 dritter Bär: →Poldi, der eierliebende Petz, ist fast zur Legende geworden.

Burgershof, Innenhof am Heumarkt mit Gebäuden aus diversen Epochen, diente vom späten MA an als Bauhof.

Burgersturm, ältester Teil des Burgershofes, wohl 13. JH, einziger erhaltener Stadtturm und Teil der inneren Stadtbefestigung. Beim Ausgraben eines Kellers im B. fand man 1842 in einem Gewölbe ein Lager von ca. 20000 Pfeilen (Holzschaft und Eisenspitze). Nach Ansicht Joseph →Hellers sollen diese aus der Zeit des heftigen →Immunitätenstreits um 1435 gestammt haben. Beleg dafür sei eine städt. Rechnung über eine Vielzahl von Pfeilen.

Burgheim, Flurname für eine Lage, wo bis um 1800 Weinbau betrieben wurde (von der Altenburger Str. abzweigend).

Burgkapelle, auf der →Altenburg, sie wird vom Wirtschaftsbau von 1835 umschlossen. Der Hauptraum ist spätgot., der Chor neugot. von Karl Alexander von Heideloff gestaltet (1834/35); am 1. Mai 1836 eingeweiht.

Burgsandstein, weißlich grauer Sandstein des mittleren Keupers, dem bunte Letten eingelagert sind, ferner Jura- und Lößschichten; daraus besteht der Untergrund, auf dem die BAer leben.

Burgschmiede, nicht mehr erhalten, zwischen →Jakobskirche und →Torschuster im Gebiet der ehem. Dom-Vorburg (= der Domburg vorgelagerte Befestigung).

Burgtor(e), das Haupttor der Domburg (oder Dom-Immunität) an der Oberen Karolinenstraße beim →Torschuster. Dort befand sich an der Stelle der steilen Matern- und Michaelsberger Straße der Halsgraben (Burggraben) mit Zugbrücke zur Dom-Vorburg auf dem Jakobsberg, deren B. war in Höhe des Hauses Jakobsberg Nr. 8. Weitere, nicht mehr existierende B. an der Residenzstraße, am Katzenberg und zwischen Diözesanarchiv und Kapitelhaus zum Vorderen Bach (Pfistertörchen).

C

Café Sandbad, scherzhafter Name für die→Justizvollzugsanstalt in BA im Sandgebiet am Leinritt; es heißt oder hieß, wenn einer längere Zeit nicht mehr gesehen ward: „Entweder ist er ausgewandert oder er ist im Café Sandbad.“; →Elisabethenspital.

Calderón de la Barca, Petro (* 1600, † 81), bedeutender spanischer Dramatiker; die dt. Klassik und Romantik haben ihn wiederentdeckt, nachdem er in der Zeit der Aufklärung in Vergessenheit geraten war.

Calderón-Festspiele, seit 1973 (zur 1000 - Jahr Feier BAs) feste Einrichtung in BA, besondere Theaterdarbietung im Juni/Juli; das Ensemble des →E.T.A.-Hoffmann-Theaters spielt in der histor. Kulisse der→Alten Hofhaltung Freilichttheater; neben Calderón werden auch Stücke anderer Autoren aufgeführt.

Camerarius, Joachim, eigentl. Kammermeister (* 1500 in BA, † 1574 in Leipzig), Humanist, Wohnhaus Lange Str. 27, bedeutendster dt. Altphilologe des 16. JHs, Freund Luthers und Melanchthons.

Campingplatz, Insel, BA-Bug, an der Regnitz, seit 1954, 250 Stellplätze, ruhiger Platz in parkähnlicher Anlage. Tel. 0951/56320.

Canisiusheim, Hornthalstr. 35, seit 1920 vom Orden der Salesianer (Don Bosco) geführtes Lehrlings- und Schülerheim.

Capella Antiqua Bambergensis, widmet sich der ma. Musik auf Originalinstrumenten; Leitung Prof. Dr. Wolfgang Spindler, St.-Getreu-Straße 36b.

Caput orbis, (lat.) Hauptstadt des Erdkreises, →BA Idee.

Carmina burana, lat., »Lieder aus Benediktbeuren«, dt. und lateinische Lieder der ma. Vagantendichtung, Mitte des 13. JHs aufgezeichnet; 1803 gefundene Sammlung. Carl Orffs wohl bekannteste Komposition, 1937 in Frankfurt uraufgeführt. BA Bezug: Carl Orff und Michael Hofmann (* 1903, † 68) aus Waischenfeld lernten sich vermutlich im Münchener Bachverein kennen. Michael Hofmann diente Orff als textlicher Berater, d.h. er übersetzte aus dem Lateinischen. Hofmann war ab 1933 Staatsarchivrat in BA, Orff in München. So gedieh die Arbeit in Form eines intensiven vierjährigen Briefwechsels und sogen. »buranischer Konferenzen« abwechselnd in BA und München. In BA traf man sich im Haus Hainstr. 30, das seit 1995 eine Gedenktafel trägt. Dort entstand im April 1934 der erste Entwurf zu den C.b.

Caspersmayer, Robert (* 1867, † 1938), Begründer des landwirtschaftlichen Betriebs vom →Cherbonhof.

Castrum Babenberg, →Babenberg.

Chapeau Clacque, Verein für kreative Medien und Kulturpädagogik e.V., Kindertheater, Grafensteinstraße 16.

Cherbonhof, einst landwirtschaftlicher Betrieb, nach dem ein ganzes Wohngebiet benannt ist, Besitzer des C.es war einst auch ein Baron Seefried. Die Siedlung C. im OT Gaustadt war in BA ein erster Versuch, nach ökologischen Gesichtspunkten zu bauen. →Caspersmayer.

Chinesisches Kabinett, in der →Neuen Residenz aus der →Schönbornzeit.

Chirurgie, ehemalige, →Stadtarchiv, →Erlwein.

Chorgestühl(e), besonders hervorzuheben ist das aus dem späten 14. JH stammende got. Ch. im W-Chor des BAer Doms, in dem das→Domkapitel bei Festgottesdiensten Platz nimmt und das seinen ausgezeichneten Zustand der Tatsache verdankt, daß der Chor allgemein nicht zugänglich ist. An den Wangen der Bänke: Propheten, eine Verkündigungsgruppe, eine Madonna; an anderen Stellen: die Bistumspatrone, König Salomon, die Königin von Saba, David u.a.; über den Sitzen: Heiligenfiguren; die Pultwände zieren Anspielungen auf Stände und Berufe.

Chorherrenstifte, Chorherren oder Kanoniker waren Mitglieder der Dom- und Kollegiatkapitel, so benannt nach ihrem gemeinsamen Chorgebet – Gründungen von C.n in BA um St. Stephan (1020), St. Gangolf (1070) und St. Jakob (1071); jedes C. lag in einem zur übrigen Stadt abgegrenzten Gebiet, →Immunitäten, →Kollegiatstifte.

Chorherrenstift St. Jakob, gegr. 1071 von Bischof Hermann als Augustiner-Chorherrenstift, 1075 Umwandlung in ein Benediktinerkloster, nach seiner Amtsenthebung (wegen Simonie, d.h. dem Verkauf geistl. Ämter, und Verschleuderung von Kirchenvermögen angeklagt) wurde das Kanonikerstift (Geistl. Stift) wieder hergestellt. Dazu gehörten die ehem. Dechantei, Jakobsplatz 14, und sechs Kurien rund um die Kirche.

Chorschranken, die O-Chorabgrenzungen im nördl. (Prophetendarstellung) und südl. (Aposteldarstellung) Seitenschiff des BAer Doms, künstlerisch sehr wertvoll und beachtenswert. Werke des 13. JHs, Künstler nicht bekannt.

Christophorus, Heiligenfigur über dem →Kulturraum-Portal in der Dominikanerstr., von Ulrich Widmann um 1480.

Clarissenkloster, auch Clarissinnenkloster gen. (Ordensstifterin Hl. Klara v. Assisi), einstiges Kloster an der Stelle der heut. Direktion für ländliche Entwicklung (Flurbereinigungsamt), der Landwirtschaftsschule und des Landwirtschaftsamtes auf dem →Zinkenwörth, 1340 von Kunigunde Hartmann (oder Hutwan) und Katharina Zollner gegr., vom Nürnberger Klarenkloster besiedelt, nach der →Säkularisation Kaserne, dann nach und nach verfallen; Klosterkirche (von 1379), die nach der →Säkularisation als Futtermagazin diente, 1939 abgebrochen.

Clavius, Christoph (* 1537 in BA, † 1612), Obere Sandstr. 24, Mathematiker und Astronom, als Jesuit Mitglied der Kalenderkommission Papst Gregors XIII.

Clavius-Gymnasium, an der Stelle des ehem. →Kapuzinerklosters in der Kapuzinerstraße, 1879/80 von Karl Lang erbaut und nach Christoph →Clavius benannt, vorher →Oberrealschule.

Clemens II., Papst (1046 - 1047), vorher Bischof Suidger von BA (1040 - 46), von Heinrich III. als 2. Bischof von BA eingesetzt (aus einem hochfreien sächsischen Geschlecht stammend). Nach Beseitigung des Mißstandes, daß 3 Päpste um den Stuhl Petri stritten, am Weihnachtstag 1046 im Petersdom inthronisiert. Am gleichen Tag krönte C. König Heinrich III. und seine Gemahlin Agnes zum Kaiserpaar. Auch als Papst behielt C. die Leitung des →Bistums BA inne. Er bezeichnete es als seine „süßeste Braut". Nach neun Monaten und 16 Tagen Pontifikat starb er am 9. Okt. 1047 im St. Thomaskloster am Fluß Aposella (Italien) vermutlich an einer Bleivergiftung. Der Leichnam wurde nach BA überführt und seinem Wunsch gemäß in seiner Bischofskirche beigesetzt. Grab im W-Chor des BAer Doms. Im nördl. Seitenschiff steht vor den O-Chorschranken die Statue Clemens II. (das Kopfkissen am Haupt läßt darauf schließen, daß die Statue vorher liegend angebracht war). →Sutri, →Papstgrab.

Collegium Ernestinum, →Jesuitenkolleg.

Concordia, Conkordiastr. 28, zweiter Bau des

Geheimen Hofrates Joh. Ignaz →Böttinger, auch Wasserschloß Concordia gen., von 1716 - 22 wahrscheinlich durch Joh. Dientzenhofer im typisch Schönbornschen Stil mit Garten und Terrassen erbaut, Zugang zum Fluß; die Gartenfassade erinnert an den Einfluß von Pommersfelden (Dientzenhofer). Der Name Concordia stammt von einer gleichnamigen Bürgergesellschaft (1834 gegr.). Das Wasserschloß C. war einst ein Ort angemessener Geselligkeit, was er wieder werden könnte (?). Lange Zeit Sitz des Instituts für Geochemie der Universität Erlangen. (s. Abb. auf Farbtafel II, m.l.)

Cranach d. Ä., Lukas (* 1472, † 1553), Maler, 1994 Mittelpunkt einer ihm gewidmeten Bayer. Landesausstellung in seiner Geb.-Stadt Kronach. Spuren in BA: a) Tafelaltar (ca. 1520) mit Rosenkranzgemälde in der →Antoniuskapelle im südl. Seitenschiff des BAer Doms; b) Graphiken in dcr BAer Staatsbibliothek; c)→Altdt. Galerie in der Neuen Residenz (»Lukretia«).

D

Dangels Garten, einst in der Hainstr. Garten des Stadtrichters Dangel. Auf diesem Grundstück ließen die jüdischen Kaufleute Carl Emanuel Dessauer und Nathan Rosenwald nach 1862 Wohnhäuser errichten.

Denkmalpflege, die Altstadt BAs wurde 1981 zum Stadtdenkmal (ca. 2300 denkmalgeschützte Häuser) erklärt. 1993 bekam BA von der UNESCO den Titel →Weltkulturerbe verliehen. Mehrere Lehrstühle im Bereich D. an der Universität BA. Die denkmalgeschützte Stadt ist kartographisch eigens umschrieben. →Bamberger Modell. →Europa-Goldmedaille. →Vereine der Denkmal- und Heimatpflege.

Dessauer, Jakob, Dr. med. (* 1807, † 73), Erforscher des Cholesterins, Arzt der Armen, Vorstand der Jüdischen Gemeinde BAs (Wohnhaus Schillerplatz 18, s. Gedenktafel).

Dessauer-Villa, Hainstr. 4a, benannt nach dem Hopfenhändler Carl Emanuel Dessauer, 1883 errichtet (Architekt F. Geb, Hannover), eines der prächtigen Häuser des spätklassizistischen und gründerzeitlichen Villenviertels. 1987 restauriert, seither Städt. Kunstgalerie.

Deutscher Orden, Dt. Ritterorden, eigentl. Orden des Hospitals St. Marien vom Dt. Hause, ihm gehören Priester, Schwestern und Familiare (Laien) an; 1190 von dt. Kaufleuten während der Kreuzzüge in Palästina zur Pflege von Verwundeten gegr.; 1191 päpstliche Anerkennung. Der Komturei Franken gehören 37 Mitglieder an, in Bamberg sind es 14.

Deutsches Athen, vom 11. - 13. JH ein Beiname BAs, zu verdanken der →Domschule, damals die bedeutendste Bildungsstätte des Reiches und dem Kloster Michelsberg, das als Kunst- und Schreibschule Gold- und Silberschmiedearbeiten sowie Handschriften von höchstem Anspruch produzierte. Manche späteren Bischöfe anderer Städte gingen aus der Domschule hervor. Drei Beispiele: Anno von Köln († 1079), Meinhard von Würzburg (Bischof von 1085 - 88) und Gunther von Bamberg (Bischof von 1057 - 65).

Deutsches Haus, Obere Königstr. 4, ehem. Hotel, Poststall und Restaurant, erbaut von Paul Röhring auf der Brandstätte des vormaligen Gasthofes zum »Goldenen Einhorn«, 1829 eröffnet, fürstliche Absteige. Die Stallungen boten Platz für 90 Pferde. Unterbringungsort für →Tillys Feldartillerie im →Dreißigjährigen Krieg, ab 1946 als Schüler- und Studentenheim genutzt, lange Jahre Mensa und Volksküche, im Parterre Stadtbücherei; nun schon viele Jahre ungenutzt.

Deye-Siedlung, zwischen 1935 und 1936 entstandene Wohnsiedlung für kinderreiche nationalsozialistische Parteimitglieder; an der Pödeldorfer Straße.

Dientzenhofer, herausragende Baumeisterfamilie (aus Bad Aibling) in der »bauwütigen« Schönbornzeit. Die wichtigsten Bauten der Architekten D. in BA und seiner Umgebung: Georg d.J. (* 1643, † 89): St. Martin in BA; Joh. Leonhard (* 1660, † 1707): Neue Residenz, St. Martin und St. Michael in BA, Klöster Banz und Ebrach; Johann (* 1663, † 1726): St. Michael in BA, Kirche in Banz, beteiligt an Pommersfelden; Justus Heinrich (* 1702, † 44): Aufseesianum, ehem. Priesterseminar, Jagdzeughaus und wahrscheinlich das Propsteigebäude von St. Getreu in BA. Das Familiengrab der D.s befindet sich auf dem Friedhof zu Brannenburg/Oberbayern.

Dientzenhofer-Gymnasium, Feldkirchenstr. 22, »Tochterschule« (1965) des heut. →Clavius-Gymnasiums, nach der berühmten Baumeisterfamilie so benannt.

Dies academicus, (lat. = akademischer Tag), 17.1.1980 Festakt zur Wiederbegründung der Universität BA, seither jährlich wiederkehrende Veranstaltung.

Dillinger Franziskanerinnen, →Montanaheim.

Diözesanarchiv, Domplatz 3, umfaßt Dokumente des ehem. →Hochstifts BA, des →Erzbistums BA sowie kirchlicher Vereine und Verbände.

Diözesanmuseum, Domplatz 5, 1729/33 als Amtsgebäude (Kapitelhaus) des Domkapitels von Balthasar →Neumann errichtet. Im ehem. Kapitelhaus und Teilen des →Domkreuzganges präsentiert das Museum u.a.: Reste des →Domschatzes, Kaisermäntel, Papstornat und viele sakrale Gegenstände. Ostern - Allerheiligen von 10 - 17 Uhr geöffnet, montags geschlossen.

Diözese, →Bistum.

Dionysius, Hl., Skulptur im nördl. Seitenschiff des BAer Doms, Märtyrer und französischer Nationalpatron, der auf dem Pariser Montmartre geköpft worden sein soll: er trägt seinen Kopf in der Hand.

Dom, 1. Heinrichsdom, 1012 Weihe durch den Patriarchen von Aquileja im Beisein von 43 Bischöfen; 3-schiffige, flachgedeckte, rom. Säulenbasilika mit Querschiff im W, zwei Chören mit Krypten und zwei Türmen. Karsamstag 1081 abgebrannt.
2. Dom, Bischöfe Rupert und vor allem →Otto sorgten Ende des 11. und Anfang des 12. JHs für den Wiederaufbau, bereits 1087 fand eine Synode im Dom statt; 1111 oder 1112 Weihe; 1185 erneuter Brand.
3. Dom, völliger Neubau aus Mitteln des Domstifts und der reichen Andechs-Meranier, Ekbert-Dom (→Ekbert aus dem Geschlecht der →Andechs-Meranier; auch die Bischöfe Otto II. und Poppo aus dem selben Geschlecht waren am Bau beteiligt), 6. Mai 1237 geweiht, lange ca. 30jährige Bauzeit, 2 Stilepochen: →Romanik im O-Chor, frühe →Gotik im W-Chor. Der Dom ist Pfarr- und Bischofskirche zugleich. Besichtigungsschwerpunkte siehe Grundriß mit Legende. Der D. ist neben den berühmten Kaiserdomen Speyer, Mainz und Worms das herausragende Denkmal des dt. MAs. Er ist den Heiligen Petrus, Paulus und Georg geweiht. Länge 99 m, Breite 28,5 m, Höhe 23 m; gewölbte Pfeilerbasilika mit Doppelchören über Kryp-

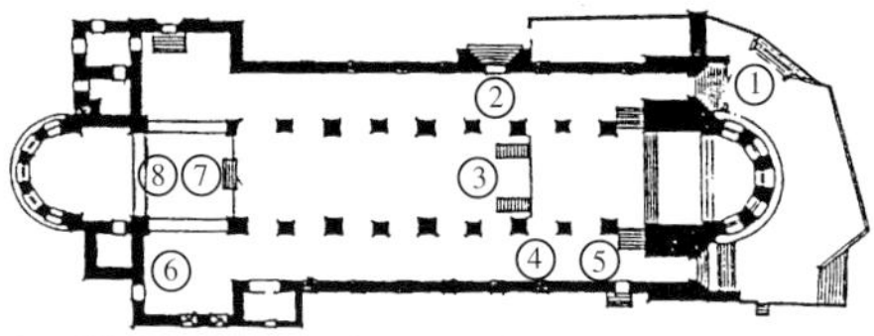

1 = Marienpforte
2 = Bamberger Reiter
3 = Kaisergrab
4 = Ecclesia
5 = Synagoge
6 = Veit-Stoß-Altar
7 = Kathedra (Bischofsstuhl)
8 = Papstgrab (Clemens II.)

Domgrundriß

Ehem. Zugang zur Dombäckerei

ten (typisch für die Romanik), 4 Türme. (s. Abb. auf Farbtafel II, u.)

Dombäckerei, ehem. Zugang unterhalb des →Domkranzes li.; für Wallfahrer zur Stärkung eingerichtet.

Dombauhof, ehem., Vorderer Bach 8.

Dombauhütte(n), vier waren am Dombau des 13. JHs beteiligt; die heut. ist ständig mit dem Erhalt des Doms beschäftigt, neu einzusetzende Teile werden traditionell handgeschaffen; darüber hinaus führt sie auch Arbeiten an anderen kirchl. Einrichtungen aus. D. im Hof der →Alten Hofhaltung, auch Ausbildungsstätte.

Domberg, einer der 7 Hügel, die →Domburg war die bedeutendste und größte der 5→Immunitäten; ein Teil des D.s und heut. Domplatzes hieß einst Karolinenplatz.

Dombrände, 1081 und 1185, →Dom.

Domburg, meinte die Immunität Dom, die – heute noch erkennbar – den Vorderen Bach, die Residenzstr., die Aufseßgasse, den Torschuster und den Dombergfuß als »Grenzlinien« hatte, dazu gehörten noch Matern und Kaulberg. Vor der Bistumsgründung »Babenburg« gen.; zur D. gehörte auch die Vorburg auf dem Jakobsberg.

Domchor, Bubenchor, unter diesem Namen erstmals 1255 gen. Bischof Heinrich von Bilversheim war der Gründer. 1932 erstmalige Mitwirkung des D.s bei einer Rundfunksendung.

Domherrenhöfe, auch →Kurien gen., untereinander abgetrennte Höfe, in denen die BAer Domkanoniker wohnten, nachdem die »vita communis« (= gemeinschaftliches Leben) ab Anfang des 13. JHs nicht mehr verbindlich war. →Metropolitan-Kapitelhaus. Zwei der zahlreichen D. sind begehbar: Kurie St. Lampert, die heut. Dompropstei, Domstr. 5, Barockzeit/ Dientzenhofer; Elisabethenkurie re. daneben, größte Kurie auf dem Domberg, →Elisabeth von Thüringen.

Dominikaner, (Predigerbrüder), kath. Bettelorden, Tracht: weißer Habit, schwarze Mäntel. Im Kampf des Hl. Dominikus (Kanoniker Dominikus Guzmann) gegen die abtrünnigen südfranzösischen Sekten der Albigenser und Waldenser als Gegenmaßnahme gegr. 1216 von Papst Honorius III. bestätigt. Die D. wurden vom Ordensmitglied und späteren Bischof Wulfing von Stubenberg (1304 - 18) 1304 nach BA berufen, wo sie sich bis zur Klosterfertigstellung (1400) bei der Nikolauskapelle von →Alt-St.-Martin niederließen. In der Blütezeit des Ordens im 15. JH gingen aus ihm 6 Weihbischöfe hervor. D. gibt es in BA nicht mehr.

Dominikanerinnen, kath. Frauenorden, erstmals 1356 aus Frauenaurach (b. Erlangen) ins →Heiliggrabkloster gekommen, nach der→Säkularisation große Unterbrechung, seit 1926 wieder am gleichen Ort, bekannt durch ihre Webkunst.

Dominikanerkaserne, Infanteriekaserne im ehem. →Dominikanerkloster, daher auch der Name Kasernstraße.

Dominikanerkirche und -kloster, Dominikanerstraße, 1400 St. Christophorus geweihte →Bettelordenskirche mit einfacher, hoch aufragender Fassade und steilem Kirchendach; 3schiffiger, einst freskengeschmückter Innenraum, 8eckiger Chor (Ende 14. JH); die D. war vom Ende des 14. JHs bis ins 18. JH ein bevorzugter Begräbnisort von Adels- und Bürgerfamilien des Sandviertels. Durch die zentrale Lage des D.s pflegten Mönche und Stadtbewohner engen Kontakt. Etwa vor der heut. D. (Am Brand) befand sich vor der Besiedlung der Inselstadt der erste Marktplatz BAs und dort war auch die Stätte des Stadtgerichts. Bis 1802 Klosterkirche, die Innenausstattung der Kirche wurde versteigert: Orgel nach Heiligenstadt, Beichtstühle nach Hollfeld, dann Mauthhalle, seit 1842 Militärmagazin, im 20. JH →Kulturraum. Ebenso 1400 Vollendung der Konventsgebäude, 1480 wird um den Klostergarten ein Kreuzgang errichtet (1967/68 renoviert, zugänglich über Dominikanerstr. 2a). Die Klosterbibliothek ist noch erhalten. Anfang des 18. JHs setzte man zum Fluß hin einen mächtigen Bau als Klostererweiterung, wohl um den Blick auf die Kirche zu verdecken (nach barocker Sichtweise war sie unmodern). Die anderen schon vorhandenen Gebäude glich man barock an. Architekten waren Justus Heinrich→Dientzenhofer und Konrad →Finck. 1802 säkularisiert: Verwendung des Klosters als Kaserne, seit 1918 als Privatwohnungen, heute vom Landbau- und Wasserwirtschaftsamt genutzt.

Domkapitel, Geistliche, einst Domkanoniker oder Domherren gen., heute Domkapitulare einer Bischofskirche, denen u.a. vor allem die Beratung des Bischofs und weitere Aufgabenbereiche obliegen. Zum D. gehören: Propst, Dekan, 10 Kapitulare, 6 Vikare und natürlich der (Erz-)Bischof.

Domkapitelhaus, Domplatz 5, →Metropolitan-Kapitelhaus.

Domkranz, von Domkapitular F. von Redwitz gestiftete, 1508 - 11 ausgeführte steinerne Terrasse vor dem O-Chor des Doms, an sich zur Darbietung der Heiltümer (= alter Ausdruck für Heiligtümer, z.B. Reliquien oder wundertätige Bilder) gedacht; darunter die einstige →Dombäckerei.

Domkreuz, von 18 Männern bei der →Fronleichnamsprozession getragenes goldprangendes 16 Zentner schweres Kreuz, das im →Diözesanmuseum aufbewahrt wird.

Domkreuzgang, südlich des Doms und mit ihm direkt verbunden; der got. Kreuzgang entstand um 1400 nach einem rom. Kreuzgang, ein Teil desselben wird heute als Lapidarium (= Steinbildwerkesammlung) genutzt.

Domkröten, eigentlich verwitterte →Domlöwen, D. spielen in Domlegenden eine Rolle.

Domkühe, an den W-Türmen des BAer Doms angebrachte Kuhköpfe, die wohl auf die zu würdigende Bedeutung der Lasttiere beim Bau des Doms hinweisen sollen.

Domläuterhaus, einst hinter der →Neuen Residenz gelegen, später wohnte der Domläuter im Billmeyerschen Haus am Pfahlplätzchen 4.

Domlöwen, vielerorts erkennbare ma. Symbolfiguren zur Abwehr heidnischen Gedankengutes, in BA an der Marien- und Adamspforte des Doms.

Dommaß, ma.; re. neben der →Marienpforte, kleine, eiserne Löwenköpfchen, die eine Elle (67 cm) und einen Fuß (26,8 cm) im Verhältnis 5 : 2 begrenzen, älteste bekannte europ. Maße, Elle und Fuß liegen der Domlänge/-breite zugrunde. Im MA soll das D. auch Bürgern zum Nachmessen gekaufter Waren (z.B. Stoff) gedient haben.

Domorgel, 28.3.1976 eingeweiht, kann von oben und unten (O-Chor) gespielt werden, 77 Register, die sich auf 4 Manuale und Pedal verteilen; (von Fa. Rieger, Vorarlberg erstellt); bildhauerische Verzierungen von→Backmund. Die D. erklingt in der Saison (Mai - Okt.) am Samstag von 12 - 12^{30} Uhr bei freiem Eintritt.

Dompfarrei, Pfarrsprengel, der seine Abgrenzung durch die Pfarreien Obere Pfarre, St. Martin und St. Josef, Gaustadt erfährt.

Dompforten, Gnaden- oder →Marienpforte (von vorne re. Zugang), →Adamspforte (ältester Eingang, vorne li.), →Fürstenportal (nur bei besonderen Anlässen geöffnet, an der Längsseite), Veitspforte (einst Pforte des niederen

Volkes, Längsseite).

Domplatz, nach Aussage von Kunstkennern einer der schönsten Plätze Deutschlands, begrenzt von Dom, Alter Hofhaltung und Neuer Residenz, nach Osten offen (erst seit der Barockzeit). Nur während der sonntäglichen Gottesdienstzeiten Parkerlaubnis; der meistbesuchte Platz BAs, von hier ist ein Rundgang durch viele Stilepochen möglich: – Romanik und Gotik am und im Dom – Renaissance an der Ratsstube der Alten Hofhaltung – Barock an der Neuen Residenz – Rokoko im Rosengarten (Plastiken) – Klassizismus an der Begrenzungsmauer (Trautmannsmauer) des Domplatzes. Franz Ignaz Michael →Neumann.

Dompropstei, (= Amtssitz eines Propstes; er ist in der kath. Kirche der Vorsteher eines Dom- oder Stiftskapitels), Domstr. 5, großes, stattliches Gebäude und ist auf allen Seiten von Gärten umgeben. Sie ist wohl eine der schönsten Propsteien Deutschlands.

Dompurifizierung, Stilbereinigung (1828 - 1848), angeordnet von König Ludwig I. von Bayern, barocke Werke und Bemalungen wurden aus dem Dom entfernt, Rückbesinnung auf die »Grundstile« →Romanik und →Gotik. Als Stilbereiniger traten der Maler Friedr. Karl Rupprecht und die Architekten Karl Alexander von Heideloff und Friedrich Gärtner hervor.

Domreiter, →BAer Reiter.

Domreiterlauf, genauer Domreiter-Staffellauf, ein sportliches Ereignis inmitten der Stadt, das sich als Symbol des völkerverbindenden Sports verstand. 1. D. war 1950, 17 mal maßen Staffeln ihre Kräfte um den Domreiter-Pokal, 1966 Ende des D.s.

Domschatz, im →Diözesanmuseum, kostbare alte Gewänder; Sternenmantel Heinrichs II., Chormantel Kunigundes, Grabtuch Bischof Gunthers, Ornat (Pontifikalgewänder) Papst Clemens II. (1942 seinem Grab entnommen), Goldschmiedearbeiten (Romanik bis Barock).

Domschule, 1. von →Heinrich II. nach 1000 im Dombereich gegr.; die D. erwarb sich den Ruf einer Eliteschule und so ging aus ihr vor allem die Verwaltungsspitze des dt. Reiches hervor. Heinrich II. holte den tüchtigsten Lehrer Lüttichs, den Scholaster Durandus nach BA. →»Deutsches Athen«.
2. Ob. Karolinenstr. 4a, Bauten von 1881 und 1901, heute eine der Volksschulen.

Domstadt, Beiname BAs durch seinen weltbekannten Dom aus der Stauferzeit, der Hauptmagnet für BA-Besucher.

Domstift, 1007 Gründung der Bruderschaft der Domkanoniker (= Mitglieder eines am Dom errichteten Kapitels, das dort zur Führung eines gewissen Gemeinschaftslebens, besonders zur Feier der Liturgie besteht) mit dem Namen Georgenbrüder (Patron Hl. Georg). Bis Anfang 13. JH vita communis (= gemeinsames Leben), dann einzeln in →Kurien. Mit 34 Kanonikaten (= Amtsstelle eines weltlichen Kanonikers), davon 20 Kapitularsstellen (Kapitular = im kath. Kirchenrecht Mitglied eines Kapitels, →Domkapitel), wurde das Domkapitel ein »capitulum clausum« (= geschlossenes Kapitel), das nur noch Adelige zuließ.

Domtürme, O-Türme (77 m), rom., zuerst erbaut; dann W-Türme (74 m), mit aufstrebenden Baldachinen →Laon; Helme der O-Türme von Küchel im 18. JH aufgesetzt. Die D. mußten 1769 wegen Beschädigungen durch das Erdbeben von 1755 umgebaut werden. In BA gilt: „Einer ist immer eingerüstet."

Doppel, Lorenz, ehem. Brauerei am Ob. Kaulberg 37.

Dornheim, Joh. Gg. II. Fuchs von, →Hexenbrenner, FB von BA (1623 - 33).

Dreißigjähriger Krieg, (1618 - 1648) in BA: 1631 erreicht der D.K. Franken. In Stift und Stadt BA lagerten ligistische Truppen (Liga = Katholiken). Bischof und Geistlichkeit verließen die Stadt, als die →Schweden (Union = Protestanten) 1632 unter General Horn von Würzburg heranrückten. Während der Kapitulationsverhandlungen stießen schwedische Reiter an der Oberen Brücke auf einen improvisierten BAer Widerstand. Durch einen Landsturm aus der Lichtenfelser Gegend unterstützt zögerte man das Vordringen der Schweden etwas hinaus. Erst dem kaiserlichen Feldherrn Tilly gelang es, die schwedische Übermacht aus der Stadt zu drängen. Hohe Zahlungen an die Schweden lasteten auf den Bürgern. In der folgenden Zeit lagen kaiserliche und bayerische Truppen in Bamberg und wurden hier von Wallenstein gemustert. Nach Abzug des größten Teils der Besatzung versuchte Bernhard von Weimar, von Gustavs Adolfs Gnaden Herzog von Franken, neben dem schon gewonnenen Würzburg auch BA zu bekommen. Am Aschermittwoch 1633 besetzten die Schweden erneut die Stadt; sie hielten lutherische Gottesdienste im Dom ab; Bürger mußten dem Bischof abschwören und dem Herzog Landeshuldigung leisten. Noch bis zum Ende des D.K.es gab es Einquartierungen in der Stadt und Durchmärsche. Die BAer – immer noch in Immunitäten- und Civitasbewohner geschieden – waren von etwa 11500 Einwohnern im Jahre 1599 auf 7000 im Jahre 1653 zusammengeschmolzen.

Drittes Reich, 1923: in BA löste der Ruhrkampf eine militant-nationale Welle aus (Höhepunkt der »Dt. Tag« und der Hitlerbesuch 5.-7.10.1923); durch Münchner Putsch 8.-9.11. wieder abgeflaut. Hitleranhänger in ihrem Lokal in der Austraße durch Schutzpolizei ausgehoben, Anführer verhaftet. 1933: Reichstagswahlen vom 4.3. mit dem BAer Ergebnis: NSDAP 15469, Bayer. Volkspartei 10407, SPD 5125 Stimmen, Reststimmen auf 6 kleine Parteien; 92,6 % Wahlbeteiligung. Hitler zum 2. und letzten Mal in BA. 9.3. auf dem Brückenrathaus wurde die Hakenkreuzfahne gehißt. Am 26.4. wird der Nazi Lorenz Zahneisen 2. Bürgermeister und am 21.11. 1. Bürgermeister von BA. 1934: 20.2. Oberbürgermeister Luitpold Weegmann wird in Schutzhaft genommen. 1935: Lorenz Zahneisen Oberbürgermeister. 1938: 9.11. →»Reichskristallnacht«; Kommerzienrat Willy →Lessing wird von NS-Schergen niedergeschlagen. 1941/42: Deportationen (= Verschleppung) im Mai nach Riga, im Nov. nach Isbica bei Lublin, Frühjahr 42 an einen unbekannten Ort und Sept. 42 nach Theresienstadt. Etwa 200 jüdische Bürger (1933 lebten ca. 1000 in BA) sind im Zuge der Deportationen ums Leben gekommen.

Drudenhaus, Hexenhaus, in der Zeit der →Hexenverfolgung (um 1627) wurde für die Hexen und Hexenmeister (Druden) ein eigenes Gefängnis und Folterhaus „hinter dem Lochhause nach der Schanze zu am Graben", also an der heut. →Promenade/Ecke Franz-Ludwig-Str. gebaut. Das D. wurde 1812 abgerissen.

Druidentempel, am Steinwöhrlein im →Hain, Nähe Parkplatz Hainstr., er stammt aus dem Schloßpark Seehof und hieß ursprünglich »Belvedere«. Druiden waren Priester und Lehrer der keltischen Völker und von hohem politischen Stand.

Dürer, Albrecht (* 1471, † 1528), Maler, Graphiken in der Staatsbibliothek, 1520 ließ sich FB →Georg Schenk von Limpurg auf der Altenburg von Dürer porträtieren. In der Austr. 7, am Rückgebäude des ehem. Gasthauses »Zum Wilden Mann«, weist eine Tafel aus, daß A.D. 1520 hier gewohnt hat. 1520 unternahm er von hier aus eine Schiffsreise in die Niederlande.

Dürrsee, Flurname (von der Hallstadter Str. zum Laubanger).

Dürrwächter, Anton, Dr. (* 1862, † 1917), Historiker mit Verdiensten um die Pflege der BAer Geschichte.

E

Eberhard, Kanzler Heinrichs II., von 1007 bis 1040 erster Bischof von BA, wohl ein Verwandter Heinrichs. Seit 1006 Kanzler des Königs, 1008/09 Leiter der ital. Abteilung der Kanzlei, von 1013 - 24 Erzkanzler für Italien. Der Sitz des Bischofs befand sich in der →Alten Hofhaltung neben dem Dom. E. gründete zwischen 1007 und 1009 das →Kollegiatstift St. Stephan und 1015 das →Benediktinerkloster St. Michael. Er starb am 13.8.1040 und wurde im Dom li. vom →Kaisergrab am Aufgang zum→Georgenchor beigesetzt. Sein Grab ist nicht mehr erhalten.

Ebracher Höfe, →Alter und →Neuer Ebracher Hof.

Ecclesia, bedeutende Plastik (13. JH) im südl. Seitenschiff des Doms, Symbolfigur für das siegreiche Christentum, bzw. das Neue Testament; fragmentarisch erhalten, bis 1936 außen am Fürstenportal; →Synagoge.

Eckenbüttner, Maxplatz 2, ehem. St.-Martha-Schwesternhaus, später Gasthof Eckenbüttner mit Metzgerei. Beachtenswert ist das Hauszeichen; es zeigt einen Büttner (Faßmacher).

Egelsee, alter Flurname; vielleicht Hinweis auf ein Gewässer, in dem man Blutegel züchtete (vom Steinweg zur Wunderburg).

Ehard, Hans, Dr. (* 10.11.1887 in BA, † 18.10.1980), Jurist, Staatsanwalt im Hitler-Prozeß 1923; 1946 - 54 und 1960 - 62 Bayer. Ministerpräsident, Ehrenbürger BAs. In der Wildensorger Str. 2 steht das Geburtshaus E.s.

Ehehaltenhaus, oder Dienstbotenhaus, einst Untere Königstr. 19, zugleich eine Pfründner- und Krankenanstalt; sehr wahrscheinlich ist, daß die gesunden Pfründner (Pfründner sind Inhaber dauernder Einkünfte) Krankendienste leisten mußten.

Eichendorff-Gymnasium, Kloster-Langheim-Str. 10, neusprachl.-sozialwiss. Gymnasium nur für Mädchen, 1965 anstelle der alten Bachschule gegr. →Bachgäns.

Eichhorn, Flurname (von der Rothofer Str. nach N, dann nach W zur Breitäckerstraße).

Eichstätt, →Suffraganbistümer.

Eierringe, aus Hörnchenteig gebacken, zur Zeit um Sebastiani (20. Januar).

Einhorn, Obere Sandstr. 24, ehem. Brauerei, Gastwirtschaft mit einer Immaculata (Madonnenfigur) und einem Ausleger im Rokokostil.

Einmarsch, der US-Truppen in BA am 14. 4.1945.

Einwohnerzahlen, 1850 waren es 18000, 1900 bereits 43000, 1996 etwa 70000 Einwohner.

Eisenbahn, am 22.8.1844 wird die älteste bayer. Staatsbahn, die Ludwig-Nord-Süd-Bahn als Linie Nürnberg – BA eröffnet, 1846 bis Lichtenfels, 1848 bis Hof – Anschluß an Sachsen; ab 1895 entstehen Nebenbahnen, die das Umland erschließen, 1851 wird BA Bahnamt durch kgl. bayer. Verordnung.

Eisenbarth, Johannes Andreas (* 1663, † 1727), aus Oberviechtach, Bader (volkstümliche Bezeichnung für Barbier; ursprünglich Heilgehilfe, »Zahnarzt« und Haarschneider; Baderzünfte gab es bis ins 18. JH) und Wundarzt, erfuhr beim Bader Biller in der Langgasse (heute Lange Str.) eine 10jährige (!) Ausbildung.

Eisernes Tor, Abschlußtor der Residenzstraße, die vorher Locheygasse hieß, 1791 vom Domkapitelschlosser Eustach Lindner geschaffen. Der Schmied erhielt für das Pfund Eisen 13

Eisernes Tor

Kreuzer bezahlt; die Torflügel sind nicht mehr vorhanden (ein Flügel soll gestohlen worden sein, der andere in einer Sammlung in München gelandet sein). →Burgtore.

Eisgang, das Hochwasser vom 27. Feb. 1784 und den folgenden Tagen zerstört fast alle BAer Brücken; die Figuren der →Unteren Brücke werden mit Ausnahme der →Hl. Kunigunde ein Opfer des E.s.

Eisgerüste, dienten den BAer Brauereien auf dem Stephansberg im Winter zur Eisgewinnung (man berieselte bei Frost die Holzgerüste, so entstanden Eiszapfen). Das gewonnene Eis wurde abgeschlagen, tief eingekellert und diente bis in den Sommer zur Bierkühlung. Das letzte 3stöckige Eisgerüst wurde erst 1971 auf dem Keller der Wilden Rose abgebaut. Für die →Häcker war das Eisabschlagen im Winter ein willkommenes Zubrot.

Ekbert, Bischof Ekbert Graf von Andechs-Meranien (1203 - 37), Grabmal am Eingang zur →Antoniuskapelle, Erbauer des heut. Doms (1237). Neben dem Hl. →Otto darf E. zu den großen Bischofsgestalten BAs im Hochmittelalter gezählt werden. Als Propst St. Gangolfs ab 1192 und Dompropst seit 1202 wurde er auf Veranlassung König Philipps gewählt und 1203 zu Anagni durch Papst Innozenz III. (1198 - 1216) zum Bischof geweiht. Nach dem →Königsmord von 1208 in BA beschuldigte man ihn der Mitwisserschaft. Er floh darauf nach Ungarn, wo er um Asyl nachsuchte. Der Reichsacht (bedeutet für gesetzlos und vogelfrei erklärt) verfallen, erreichte er durch päpstliche Vermittlung 1212 die Wiedereinsetzung in sein Bistum und die Aufhebung des Bannes. Seit 1215 im Dienst Friedrichs II., war er oft auf Reisen. Am 5. Juni 1237 in Wien verstorben.

Elisabeth, (Plastik, etwa von 1235), die Seherin, auch Sybille gen., Teil der →Heimsuchungsgruppe, im nördl. Seitenschiff des BAer Doms.

Elisabeth von Thüringen, Hl. (* 1207 in Preßburg, † 1231 in Marburg/Lahn), aus dem Geschlecht der →Andechs-Meranier (mütterlicherseits), Tochter des ungarischen Königs Andreas II.; heiratete 1221 den Landgrafen Ludwig von Thüringen. Unter franziskanischem Einfluß wandte sie sich vom höfischen Leben ab und der Armut und Mildtätigkeit zu. Nach dem Kreuzfahrertod (Brindisi, 1227) ihres Mannes verließ sie – wegen ihres caritativen Einsatzes bedroht und von ihrem Schwager Heinrich Raspe vertrieben – die Wartburg und fand in der Kurie St. Elisabeth, dem alten Meranierhof, Domstr. 7, bei ihrem Onkel Bischof →Ekbert 1227/28 Zuflucht. Sie gründete 1229 in Marburg ein Franziskanerinnenkloster.

Elisabethenanstalt, (alter Name), Jakobsberg 31, Einrichtung von 1897, von »Schwestern vom Allerheiligsten Heiland« geführt, unter Erzbischof Joseph v. Schork für gefährdete

Mädchen eingerichtet; heute Ausbildungsstätte für Erzieherinnen (Fachakademie für Sozialpädagogik); mit Kindergarten.

Elisabethenkapelle, →Elisabethenkirche.

Elisabethenkirche, (im 14. JH zuerst erwähnt), Gotteshaus des ehem. →Elisabethenspitals im Sand, 1877 von der Stadt erworben. Eingang von der Straßenseite an die Schmalseite verlegt.

Elisabethenkirche

Elisabethenspital, ehem., am Leinritt, 1328 Stiftung des BAers Konrad Esler für Arme, Bedürftige und Elende, 1738 Zusammenlegung mit dem →Katharinenspital am Maxplatz; um 1760 errichtete man anstelle der Spitalgebäude ein Zucht- und Arbeitshaus, →Justizvollzugsanstalt.

Elmer Spitze, Inselende hinter der →Erba, von den beiden Regnitzarmen gebildete Insel, einst öffentl. städt. Badeplatz, Name wahrscheinlich von früherer Bepflanzung mit Ulmen. Der Weg zur E.S. wurde einst auch Philosophenweg gen., weil die →Jesuiten von der →Universität dorthin spazierten.

Eltwerk, Elektrizitätswerk, Tränkgasse, seit 1900, vorher Dampfkraftwerk (von Elektroingenieur Wilh. Thomaß errichtet); 1901/02 im →Jugendstil von H.J. →Erlwein geplant – heute →Volkshochschule.

Engelsfuß, barocke Spielerei des Künstlers an der östl. Längsseite des →Alten Rathauses am unteren Sims: der E. tritt plastisch hervor.

Engelhard, Daniel († vor 1599), als Architekt mitwirkend an der Ratsstube der →Alten Hofhaltung.

Englische Fräulein, 1626 von der Engländerin Maria Ward als Kongregation gegr.; in BA von Oberin Maria Anna von Rehlingen als erste solche Anstalt in Franken 1717 gegr. →Englisches Institut.

Englisches Institut, Holzmarkt 2, geht auf den von FB Lothar Franz von →Schönborn 1717 zugelassenen Orden der Englischen Fräulein zurück; das E.I. in BA wird als das 6. Institut in Deutschland für Mädchenbildung gegr., 1803 Säkularisation, 1827 erneut zugelassen, 1841 kommt zum Internat eine Höhere Töchterschule dazu, ab 1911 eine Höhere Mädchenschule; heute klösterlich geführte private Realschule und Gymnasium mit Internat für Mädchen.

Entbindungsanstalt, →Frauenklinik.

Erba, vom Augsburger Fabrikanten Ludw. Aug. Riedinger (er führte übrigens die Gasbeleuchtung in BA ein) 1856/58 in Gaustadt gegr. »Mechanische Baumwollspinnerei und Weberei A.G.«, seit 1927 mit Erlanger Werk verbunden (daher Erba), Konkurs 1993.

Erba-Brücke, Übergang über die Schleuse am Kraftwerk des Fabrikgebäudes der →Erba.

Erhardt, Alois (* 1827, † 1902), einer der bekanntesten Fotografen in BA aus der Frühzeit des Mediums Fotografie. Seit 1856 vor allem als Porträtfotograf tätig. In seinen topographischen Aufnahmen setzte E. die Menschen in eine Beziehung zur Architektur.

Erlich, oder Erlach, Flurname, der vielleicht auf ein einst vorkommendes Erlengehölz verweist (von der Jägerstr. zum Kunigundendamm - Nürnberger Straße).

Erlöserkirche, 1930 - 33 von Architekt Prof. Dr. German →Bestelmeyer als evang. Pfarrkirche erbaut, zehneckiger Zentralbau, Turm steht in Campanileart (Campanile, ital. = Glockenturm) re. neben der Kirche; außen Muschelkalk, innen Ziegelsichtmauerwerk; 1945 schwer zerstört, bis 1950 wiederhergestellt. In den »Katakomben« der E. fanden viele Menschen Schutz vor den Bomben, die an der E. den gen. Schaden anrichteten. Turmhöhe 55 m.

Erlöserschule, Neuerbstr. 20, 1955 - 58 erbaut, Hauptschule.

Erlösersteg, ehem., vom Heinrichsdamm (Luisenstr.) hinüber zum Kunigundendamm (Heumannstr.).

Erlwein, Hans Jakob, (* 13.6.1872, † 9.10. 1914), berühmter Architekt, verantwortlich für die 1899/1901 entstandene ehem. Chirurgische Abteilung des →Allg. Krankenhauses, →Luitpoldschule, das →Eltwerk (→Volkshochschule), den →Schlachthof, die Gesamtplanung des Wilhelmsplatzes; ab 1905 war E. in Dresden als Baumeister tätig. E. erreichte überregionale Bedeutung als Baumeister; →Jugendstil.

Erlweinbau, →Stadtarchiv.

Erthal, Franz Ludwig von, ein der Aufklärung geneigter FB (1779 - 95) von BA, auch Bischof von Würzburg; große Bedeutung durch seine ausgezeichnete Gesundheits-, Wohlfahrts- und Erziehungspflege, →Allgemeines Krankenhaus, →Lehrerseminar, →Naturkundemuseum. →Erthalstatue. E. führte ein asketisches und vorbildliches Leben im Sinne der kath. Aufklärung. („Der Fürst sei für das Volk, und nicht das Volk für den Fürsten da".) Von seinen Geistlichen erwartete er ein vorbildliches Priestertum. Wie sein Vorgänger FB Adam Friedr. von Seinsheim (* 1709, † 79) reformierte er nach österreichischem Vorbild Verwaltung und Schulwesen und verstand sich als Volkserzieher im Sinne des aufgeklärten Absolutismus.

Erthalbau, damit ist vornehmlich der Bau des ehem. →Allgem. Krankenhauses, heute Hotel Residenzschloß gemeint.

Erthalstatue, monumentales Denkmal von König Ludwig I. gestiftet, 1863 von Wiedemann entworfen und modelliert, 1865 von Ferdinand von →Miller jun. gegossen, einst zwischen Urban- und Herzog-Max-Str., jetzt bei der Allgemeinen Ortskrankenkasse an der Pödeldorfer Straße (zeitweiliger Standort der E. ungefähr an der Stelle der →Tattermannsäule vor der →Alten Hofhaltung).

Erzbischöfliches Palais, Obere Karolinenstr. 5, Kurie St. Paulus; um 1063 vermutlich 3 um eine Pauluskapelle gelegene →Kurien; eine davon gehörte im Hochmittelalter den Staufern. →Friedrich Barbarossa wurde hier von seinem sterbenden Onkel →Konrad III. durch Übergabe der Reichsinsignien (= Herrschaftszeichen: Krone, Reichsapfel und Zepter) zum Nachfolger bestimmt. Jetziger Bau von 1763 nach Plänen →Küchels von Domherr Lothar Franz Wilhelm von Rotenhan (* 1696, † 1768) veranlaßt, frühklassizistische Ausführung. Das E.P. besitzt eine ansprechende, hauptsächlich klassizistische Innenausstattung; seit 1818 als E.P. genutzt, →Erzbistum.

Erzbistum BA, BA wurde durch das Konkordat (= Vertrag zwischen einem Staat und dem Papst als Oberhaupt der kath. Kirche) von 1817 zum E. für Nordbayern erhoben. Als →Suffraganbistümer unterstehen ihm Eichstätt, Speyer und Würzburg. Das E. BA reicht von Hof im Norden bis Nürnberg im Süden, von Ebrach im Westen bis Bayreuth im Osten; das nordbayerische Erzbistum liegt in der Diaspora, d.h. die Katholiken sind in der Unterzahl.

Eselsstall, balkonartige Einrichtung an der Nordwest-Seite des BAer Doms, dort war zur Bauzeit des Doms der Eselsstall, Esel dienten als Last- und Zugtiere beim Bau des Doms.

Essigkrug, alter Flurname; Spitze zwischen den beiden Armen der Seelgasse (früher Weinanbau).

Esztergom, (Gran, alter Name), ungarische Partnerstadt an der Donau und der tschechischen Grenze, eine der ältesten ungarischen Städte, geschichtliche Parallelen zu BA.

E.T.A. Hoffmann, (* 24.1.1776 in Königsberg/Ostpreußen, † 25.6.1822 in Berlin), eigentlich Ernst Theodor Wilhelm, das A für Amadeus gab er sich aus Verehrung für Mozart. Er studierte Jurisprudenz, im Alter von 24 Jahren Regierungsassessor im damals preußischen Warschau, 1802 wegen einer unerwünschten Karikatur nach Plozk strafversetzt, 1806 nach Preußens Niederlage mit vielen anderen Beamten entlassen, 1808 von Graf Julius von Soden als Musikdirektor ans BAer Theater geholt. Bis 1813 in BA als »Mädchen für alles« am BAer Theater, d.h. Kapellmeister, Bühnenbildner und Komponist. Aus seinem Ausspruch „Meinen Rock versetzt, um nur etwas zu fressen zu haben" wird deutlich, wie es ihm zeitweise in BA erging. So gab er Töchtern der besseren BAer Gesellschaft Musikunterricht. E.T.A. H. verband eine enge Freundschaft mit Dr. →Marcus. Der berühmte Dichter der Romantik, der erst nach seinem Tod Anerkennung fand, kehrt BA den Rücken mit dem Satz: „Nun sind meine Lehr- und Marterjahre in Bamberg abgebüßt." (Denkmäler im Hain und am Schillerplatz). E.T.A. H.s Werke zählen zur Weltliteratur, seine Schriften ließen poetisches Feuer erkennen und waren von nachhaltigster Wirkung, bis ins Exzentrische phantasievoll, aber auch von ausgesprochenem Wirklichkeitssinn. Einige Novellen und Märchen: »Die Elixiere des Teufels«, »Die Serapionsbrüder«, »Kater Murr« u.a. Opern: »Dirna«, »Aurora« u.a. →Marc, →Murr, →Berganza, →Apfelweib.

E.T.A.-Hoffmann-Gymnasium, Sternwartstr. 3, ehem. →Lehrerbildungsanstalt, dann Deutsches Gymnasium (musisch), seit 1965 E.T.A.-Hoffmann-G., einziges Gymnasium mit alternativer Abitur-Kurzform (7 Jahre).

E.T.A.-Hoffmann-Museum, Schillerpl. 26, nur 2 Fenster breites Haus, Wohnhaus des Dichters, im 2. Stock befand sich sein Poetenstübchen, seit 1924 Museum, Öffnungszeiten: (Mai - Okt.): Di - Fr: 16 - 18 Uhr / Sa - So: 10 - 12 Uhr.

Denkmal E.T.A. Hoffmann mit Kater Murr am Schillerplatz

E.T.A.-Hoffmann-Theater, Schillerpl. 3-7, 1802 gegr. und eröffnet von Reichsgraf Julius von Soden, Freiherr von →Hohenhausen errichtete den noch bestehenden Bau 1808, klassizist. Theaterraum; 1861/62 neu ausgestattet; 1864 Anbau für→Otto von Griechenland; Mai/ Aug. 1919 Tagungsort des Bayer. Landtags (→BAer Verfassung). 1937 von den Nazis aufgrund nicht näher bekannter Pläne Hitlers geschlossen, deren Ausführung aber wegen Materialmangels nicht zustande kam. Nach Kriegsende als Flüchtlingslager genutzt. Theateraufführungen fanden in der Nachkriegszeit in Noträumen statt (z.B. Fischereiturnhalle, Weyermann-Festsaal, Heinrichssaal, kath. Gesellenhaus am Mittl. Kaulberg); 1958/59 renoviert und wiedereröffnet; 370 Plätze, seit 1970 trägt es als städt. Theater Hoffmanns Namen. 1801 Eröffnung des 1. Theaters in BA in der Jesuitenaula (An der Universität 5) durch den Schauspieler Quandt. Umzug ins →Fexersche Anwesen 1802.

Europabrücke, 1986 im Rahmen der Eröffnung der →Nordtangente freigegebene Brükke, die den re. Regnitzarm (Kanal) überspannt.

Europa-Goldmedaille, 1977 erhielt BA die E.-G. für hervorragende Leistungen in der →Denkmalpflege.

Europakanal, er verbindet über Rhein, Main und Donau Nordsee und Schwarzes Meer (über 3500 km Binnenwasserstraße), BA liegt am E. →Rhein-Main-Donaukanal. Nach 32 Jahren Bauzeit und ca. 8 Milliarden DM Investition wurde der E. 1992 feierlich eröffnet. JH-Bauwerk, aber auch umstritten.

Eva, →Adam.

Evangelische Kirchen, Stephanskirche (die Hauptkirche), Erlöserkirche, Auferstehungskirche, Matthäuskirche in Gaustadt und Philippuskirche.

Evangelische Schulen, einst in der Eisgrube, Kapuzinerstr. und um 1887 bei St. Martin; später Stephans- (Teil der Martinsschule) und Erlöserschule, seit Ende der 60er Jahre gibt es keine Konfessionsschulen mehr.

Exerzierplätze, ehem., an der Breitenau (7. Infanterie-Brigade); großer E. an der Strullendorfer- und Geisfelder Straße; kleiner E. am Wilhelmsplatz.

Eyb, Albrecht von, (* 1420, † 75), Domherr in der Zeit des Humanismus, erster dt. Humanist, von ihm sind viele Aussagen und Dichtungen überliefert; ein Zitat soll exemplarisch für ihn stehen: „Wenn Nürnberg mein wäre, wollt' ich's in Bamberg verzehren."

Ezzo, († 1065), um 1050 BAer Domherr und Domkustos (= Domwächter), Verfasser des nach ihm benannten E.-Liedes (das »Lied von den Wundern Christi«); Bischof Gunther von Babenberg beauftragte ihn dazu; →Willo.

F

Fachoberschule, Staatl., Vorderer Bach 6, vorher Dr.-von-Schmitt-Str., 1970 eröffnet, mit den Ausbildungsrichtungen: Technik, Wirtschaft, Sozialwesen, Verwaltungs- und Rechtspflege. Für die F. steht ein dringend notwendiger Neubau in Aussicht.

Fäßla, Brauerei und Gaststätte in der Oberen Königstr. 19-21, Brautradition seit 1649, 4 Biersorten, darunter das stärkste BAer Bier, das »Bambergator« (22 % Stammwürze).

Farbebierbrauerei, ehem., Joh. B. Weyermann, Ob. Königstr. 21.

Faust, Johann Dr. (* ~ 1480, † 1539) in BA 1520 bei FB →Georg Schenk von Limpurg auf der Altenburg zu Gast.

FC-Max, genau Max Sauermann, als absoluter Fußballfan im Bereich des Fußballsports bekannt. Ohne ihn »traute« sich kaum ein Schiedsrichter ein Fußballspiel anzupfeifen. Ein echtes BAer Original.

Feg- und Scheuersand, wurde bereits im MA in den unterirdischen →Stollen unter BA geschürft, er diente als Reinigungsmittel; der Sand wurde auf Holzböden gestreut, verrieben und band den Schmutz an sich. In Dosen abgefüllt vertrieb man ihn im Handel.

Feilitzsch, Graf Maximilian von, Dr. (* 1834, † 1913), Staatsminister des Inneren, kgl. bayer. Kämmerer, Ehrenbürger von BA.

Feldkirchen, österreichische Partnerstadt BAs.

Felsenkeller, Teile der unterirdischen Stollen unter den Hügeln der Bergstadt, die man zur Kühlung von Wein und Bier nutzte.

Feuerbach, Paul Johann Anselm Ritter von, (* 1775, † 1833), Strafrechtslehrer und Richter, Schöpfer des dt. Strafrechtssystems, wirkte von 1814 - 16 in BA, war Vizepräsident des Appellationsgerichts in BA. Er wohnte von 1814 - 15 in der →Dompropstei.

Feuerkorb, am →Bergfried der →Altenburg, Feuerzeichen ermöglichten die Verständigung mit der Giechburg, östl. von BA; Verteidigungskette: Giechburg – Altenburg – Burg Lisberg.

Feuerprobe, Reliefdarstellung einer Legende am →Kaisergrab (Kunigundenseite re.) im O-Chor des Doms von →Riemenschneider, auch Gottesurteil gen., dem sich Kunigunde zum Beweis ihrer Treue unterziehen mußte. Das Relief zeigt: li. Kaiser Heinrich und seine Vertrauten, re. vom Kaiser stellt sich Riemenschneider selbst dar, re. davon Kunigunde, wie sie über die Pflugscharen geht. Die Legende besagt: Kaiser Heinrich war von einem Polenfeldzug zurückgekehrt, als ihm ein Bote entgegenritt und verkündete, daß seine Frau Kunigunde ihm untreu geworden sei. Der Kaiser glaubte dies, und Kunigunde mußte sich der Feuerprobe unterziehen. Zum Beweis ihrer Unschuld schritt sie über 7 glühende Pflugscharen. Kunigunde trug zwar Verletzungen davon, überstand diese jedoch. Ihre Unschuld war damit bewiesen. Solche Urteile waren zu jener Zeit üblich.

Feuerwehrmuseum, Siechenstr. 75, im →Fblichen Jagdzeughaus, von April - Oktober jeden 1. Sonntag im Monat von 10 - 12 Uhr geöffnet; zu sehen sind Löschgeräte vom 18. JH bis heute.

Fexerscher Garten, →Harmoniegarten.

Finck, 1. Joh. Lorenz (* 1745, † 1817), Architekt des →Allgem. Krankenhauses, beteiligt am Umbau des ehem. →Jesuitenkollegs und an der barocken Umgestaltung des Domplatzes.

Er errichtete den schlicht vornehmen Block Sandstr. 11/17 sowie Lange Str. 13 und war auch im Straßenbau tätig.
2. Konrad (* ~ 1714, † 83), ein Schüler →Neumanns, wirkte als Hofmaurermeister u.a. am Bau des →Neuen Ebracher Hofes, an Erweiterungen des →Klosters Michelsberg, am alten Universitätsbau, am →Fischerhof und an der →Langgaßkaserne mit.

Fischer, Joh. Michael (* 1727, † 1788), Architekt aus Würzburg, schuf die Fassade von St. Jakob und plante den alten Universitätsbau hinter St. Martin.

Fischer, BAs ältestes Gewerbe, mittlerweile fast ausgestorben. BAer Fischer besaßen bspw. alte Rechte zum Fischen im Main. Die Fischer siedelten hauptsächlich in →Klein Venedig. 1853 gab es noch 68 F.

Fischerhof, mit Fisch- bzw. Gumboltsbrunnen ein Gut der ehem. Abtei Michelsberg an der Straße nach →Gaustadt. Abt Gumbolt (1094 - 1112) ließ die Quelle fassen. Im 16./17. JH wurden hier viele Feste und Feuerwerke abgehalten. Abt Gallus Brockard (→Michaelsberger Terrassen) ließ den F. abreißen und 1766 neu aufbauen.

Fischerstechen, einer der Höhepunkte der →Sandkerwa (Ende Aug.) vor Klein Venedig, alter, vom FB eingeführter Brauch aus dem 15. JH, eine Art Nachahmung ma. Ritterturniere. Das F. ist erstmals 1498 aufgrund einer städt. Rechnung über ein gebrochenes Brückengeländer urkundl. nachweisbar. Der Andrang der Schaulustigen auf der damals noch hölzernen →Unteren Brücke muß so groß gewesen sein, daß das Geländer brach.

Fischerzunft, eine Handwerkerzunft, die im 13./14. JH entstand. Im Lauf des 15. JHs kamen Zünftevertreter in den Rat der Stadt. Man unterschied zwischen einer Oberen (Gebiet des Obermains von Zapfendorf bis Maineck, BAisches Fischermeisteramt) und einer Unteren F. (von Ebing mainab bis zur Regnitzmündung

Fischerstechen

und regnitzaufwärts bis zur Brücke in Forchheim, Fischermeisteramt BA). Fischerzunftstube im Hintergebäude, Kapuzinerstr. 5; dort werden heute noch Zunftgebote, Zunftlade und Zunftinsignien aufbewahrt. Die drei Familien Kropf, Schneider und Stöcklein pflegen die alte Tradition der Schiffer- und Fischerzunft BAs weiter. Neu aufgenommen werden nur männliche, direkte Nachkommen (ab 18 Jahren) dieser Fischerfamilien.

Fischmarkt, 1479 erstmals erwähnt.
1. alte Markttradition →Am Kranen; heimische Fische werden zu Festtagen in großen Schaffen und Zubern feilgeboten, offensichtlich eine schwer zu erhaltende Tradition. (s. Abb. auf Farbtafel III, o.l.)
2. alter F., Mainfischer von auswärts und Fischzüchter aus der Debringer Gegend hielten im 18./19. JH ihren Markt vor der ehem. Dominikanerkaserne und am Unteren Kaulberg ab.

Fischmühle, sie lag als einzige unterhalb der →Unteren Brücke, alle anderen waren zwischen Altem Rathaus und Concordia. (→Mühlen). F. 1842 beim Bau des →Ludwig-Donau-Main-Kanals abgebrochen.

Flederwischgasse, alter Name für die Josefstraße. Wahrscheinlich kam der Name F. daher, weil man dort Flederwische (zum Entstauben) verkaufte.

Fleischbänke, (ehem. Fleischverkaufshalle), vor dem →Schlachthaus, Am Kranen. Vier Verkaufsplätze gab es: 1. Doppelfleischverkaufshalle mit 33 Fleischbänken, Untere Brükke zwischen Kranich und Au (Austr. 9), 1694 erbaut; 2. Lebergasse, Fleischbänke in städt. Eigentum; 3. Mautgasse; 4. Austraße, Fleischbänke zwischen Maut- und Lebergasse.

Fleischhalle, ehem., auch Schlachthaus gen., Am Kranen, Barockbau von 1742, Entwurf wahrscheinlich von →Küchel. Joh. Adam Nikkel schuf den steinernen Ochsen in der Giebel-

Fleischhalle

nische, der laut verzwickter lat. Inschrift nie ein Kalb gewesen sein soll, da er ja vom Künstler gleich als Ochse geschaffen wurde. Der Ochse soll am Karfreitag um 12 Uhr beim Läuten der Glocken mit dem Kopf wackeln (allerdings läuten am Karfreitag die Kirchenglocken nicht); Schwibbögen auf der W-Seite ermöglichten An- und Abtransport auf dem Wasser, heute Universitätsteilbibliothek.

Fliegerangriffe, auf BA am 14. und 22. Feb. 1945. →Krieg.

Flohmarkt, Kinder- und Jugendflohmarkt auf der →Unteren Brücke; Erwachsenenflohmarkt vor Schloß →Geyerswörth.

Flugplatz, in den 20er Jahren hatte BA Luftverkehrsanschluß (Fluglinie: Fürth – Nürnberg – BA – Coburg – Plauen/Saale – Schwarzatal – Weimar – Leipzig), im 2. WK Ausweichplatz für Luftwaffenfliegerschule, 1951 amerikanischer Flugplatz abgetrennt; nordwestl. Teil →Aero-Club BA.

Fortitudo, (Göttin der Tapferkeit), Statue auf der →Trautmannsmauer, die der Legende nach schon des öfteren von BA Unheil abgewendet haben soll.

Fränkisches Brauereimuseum, →Brauereimuseum.

Fränkisches Rom, ein wohlklingender Beiname BAs, weil es auch auf 7 Hügeln erbaut ist und das Bistum von 1007 direkt Rom unterstellt war.

Frankenschnellweg, die Autobahn A 73, die BA tangiert.

Fränkische Schweiz, sie erstreckt sich von BA in östl. Richtung im Autobahndreieck Nürnberg, Bayreuth und BA, landschaftlich herrlich gelegenes Kleinod mit vielen Burgen, Ruinen und Höhlen; Teil der Fränkischen Alb, reger Fremdenverkehr, beliebtes Ausflugsziel. Der Name stammt wohl vom BAer Kunstschriftsteller Joseph→Heller (oder von Joh. Christian Fick), früher unter dem Namen Muggendorfer Gebirg bekannt.

Franz-Fischer-Brücke, führt über die →Regnitz zwischen →Bug und →Bughof.

Franziskaner, lat. Ordo Fratrum Minorum, Abkürzung OFM, Orden der Minderbrüder des Hl. Franziskus, gegr. 1209 durch den Hl. Franz von Assisi (1182 - 1226); neben den →Dominikanern der bedeutendste Bettelorden; päpstliche Bestätigung 1223 durch Honorius III.; lehnten Besitz ab, Unterhaltsbeschaffung erfolgte durch Betteln von Almosen. In BA seit 1223; von 1312 bis 1806 am Schrannenplatz. →Liebfrauensiechhof.

Franziskanerkirche, St. Anna, ca. 1350 vollendet, 1812 eingelegt, Gedenktafel am ehem. Schrannenkloster weist auf den einstigen Ort der Kirche hin.

Franziskanerkloster, ehem., auch »Barfüßer-Kloster« gen., alt: von 1312 - 1806 an der →Schranne, daher auch Schrannenkloster, vor den Franziskanern sollen die Tempelherren dort gewesen sein; im 14. und 15. JH um- bzw. neugebaut. Aufgrund von Ausgrabungen gibt es dort Hinweise auf eine Siedlung aus dem 7. JH. 3flügeliges Barockkloster, dem Neubau von 1716 fiel der 1460 im Zuge der Ordensreform geschaffene Kreuzgang zum Opfer, Ende mit der →Säkularisation. Danach: Polizei-Kommissariat, Stadtgericht; neu: 1897 Antonianum, Studienseminar der Franziskaner, Jakobsplatz 8; Anfang der 90er Jahre zugunsten der Privaten Förderschule für junge Aussiedler aufgelöst. Heute: F.-St.-Heinrich in der Eckbertstr. 30.

Franziskusbrunnen, am Plätzchen vor dem Eingang zur →Elisabethenkirche, 1698 von Joh. Caspar →Metzner errichtet; stand ursprünglich an der Mauer des →Kapuzinerklosters an der Kapuzinerstraße.

Franz-Ludwig-Gymnasium, Franz-Ludwig-Straße 13, ehem. Neues Gymnasium, 1889/90 erbaut von Baumeister Hofbauer unter Leitung des kgl. Baurats Boxberger. Ein Teil des Baumaterials stammt aus Forchheimer Festungsmauern; 1960 erweitert, nach dem 1. WK auch für Mädchen zugänglich.

Franzosen, 1796 rückte die französische Armee (Revolutionskrieg) unter Jourdan in BA ein. Franzosen und österreichische Husaren lieferten sich hier Gefechte.

Franzosenhaus, Nähe →Sebastianikapelle, 1497 drang in Deutschland die »Lustseuche« (Syphilis) ein. Der Stadtrat kaufte am Weg nach Hallstadt ein eigenes Haus, damit die Erkrankten behandelt werden konnten.

Fratzen, kennt man bspw. aus dem BAer Dom, am Deckengewölbe sowie am BAer Reiter (unten rechts). Die F. sollen nach ma. Verständnis das Böse und das Heidnische abschrecken.

Frauen- und Büttelhäuser, Bordelle, 1456 erstmals erwähnt: im Sand (Pelikan), hinter Alt-St.-Martin (Frauenstraße, Haus Nr. 31), im Abtswörth und Rosengäßchen (vor dem Bau der Stadtmauer). Ein sogen. »Frauenwirth« mußte einen Eid leisten, daß er strenge Aufsicht halte, keine Gotteslästerung und kein Spiel im

Hause zulasse. In der Karwoche und zu Hl. Festen hatte er seine »Bude« zu schließen. Zwischen dem 15. und 17. JH werden solche F. vom Stadtrat eingerichtet. Den Frauen wurde eine soziale Absicherung im Krankheitsfall sowie im Alter zugesichert. Als Frauenhäuser bezeichnet man heute Einrichtungen, die junge, ledige Mütter und von ihren Männern bedrohte oder mißhandelte Frauen aufnehmen.

Frauenklinik, Markusplatz 3, gegr. 1906 nach Verbindung mit der 1780 gegr. Erthalschen Hebammenschule, separate Klinik an der Weide bis 1984, wo noch die meisten BAer zur Welt gekommen sind, heute Teil der Universität (Markushaus). Die Frauenklinik ging im neuen →Klinikum mit auf.

Fraunberg, Joseph Maria Frh. von (* 1768, † 1842), BAer Ehrenbürger.

Freibank, bis vor einigen Jahren Fleischverkaufsstelle am Schlachthof, Lichtenhaidestr., wo man »auf die Freibank« gebrachtes, untersuchtes Fleisch aus Notschlachtungen preisgünstig kaufen konnte.

Freimaurer, französ. Masonnerie, freigeistige Vereinigung von Männern. Zielsetzung: Idealen der Humanität und Weltbürgerlichkeit nachzustreben. Name und Gebräuche entstanden in Anlehnung an alte Steinmetzzünfte. Die gedankliche Ausrichtung entspringt der Aufklärung. Erste Logen in England, in Deutschland seit etwa 1736. Die F. gliedern sich in Logen, die in Landeslogen zusammengeschlossen sind. Unter den »Brüdern« der Logen gibt es besonders in den »Johanneslogen« die Grade des Lehrlings, des Gesellen und des Meisters. An der Spitze steht der »Meister vom Stuhl«. »Andreaslogen« haben eine bis zu 33 Graden aufsteigende Hierarchie. Von der kath. Kirche abgelehnt; 1933 vom Nationalsozialismus unterdrückt, erfuhren die Logen nach 1945 eine Neubelebung. 1958 Zusammenschluß der dt. F. zu den »Vereinigten Großlogen von Deutschland – Bruderschaft der dt. Freimaurer«.

Freimaurerloge, das BAer Gesellenhaus »Zur Verbrüderung a.d. Regnitz e.V.« befindet sich in der Franz-Ludwig-Str. 16; die feierliche Eröffnung der F. war am 23./24. Mai 1891 unter Dr. V. Blumm als Meister vom Stuhle in Anwesenheit von 150 Gästen. Die damalige Mitgliederzahl betrug 75. Heute umfaßt die F. ca. 50 Mitglieder.

Freiwillige Feuerwehr, am 16. Jan. 1860 von Karl Grau, B. Ferdinand Messerschmitt und Martin Lauer gegr.

Fremdenverkehr, nimmt in BA immer mehr zu, die Verleihung der Bezeichnung »Weltkulturerbe« durch die UNESCO wird diese Entwicklung wohl noch verstärken.

Fremdenverkehrsamt, seit 1996 mit der neuen Bezeichnung Tourismus- & Kongreß-Service, Geyerswörthstr. neben Schloß Geyerswörth. Information, Führungen, Zimmervermittlung, Arrangements; Tel. 0951/871161.

Freskenmalerei, an der Fassade des →Alten Rathauses von →Anwander. Bei der F. malt man die Farbe in den noch feuchten Putz: so kommt es zu einer sehr haltbaren Verbindung. Die Fassade des Alten Rathauses wurde von Anton Greiner 1959/61 restauriert. (s. Abb. auf Farbtafel III, o.r.)

Friedensbrücke, Teil des Regensburger Rings, seit 1986 Fortsetzung der →Nordtangente und der →Europabrücke über den li. Regnitzarm, sie mündet in die Schweinfurter Straße.

Friedhof, schon 1564 befand sich dort, wo heute BAs F. ist, ein viel kleinerer Begräbnisplatz für Arme von St. Martin, Sieche (→Liebfrauensiechhof) und Fremde; seit 1837 ist der F. allgemeine Begräbnisstätte für BAer christl. Bekenntnisses; immer wieder waren Erweiterungen nötig. Vorher befanden sich bei den meisten BAer Kirchen kleine Friedhöfe.

Friedrich der Große, kam am 19. Juli 1730 als Kronprinz nach BA und stieg mit seinem Vater in einer Gärtnerscheune (Memmelsdorfer Straße 2c, Rückgebäude, siehe Gedenktafel) ab. Abends speiste er im →»Großkopf«. 10 Jahre später schickte er Truppen ins Hochstift, weil BA im →Siebenjährigen Krieg auf österreichischer Seite stand. →Preußen.

Friedrich I., Kaiser Barbarossa befreit 1157 die Stadtbürger BAs von Mainzöllen. 1163 erhalten die BAer Kaufleute durch ihn Schutz und Zollfreiheit im ganzen Reich. Damit sind sie nun den Nürnberger Kaufleuten gleichgestellt. →Erzbischöfliches Palais.

Friedrich II., Kaiser (1215 - 50), erteilte den BAern 1245 von Verona aus das Recht, Messen abzuhalten.

Friedrich I. von Hohenlohe, 1. FB (1345 - 52), als Gegner Ludwigs des Bayern stand er auf der Seite Karls IV. 1349 wütete die Pest im Bistum. Man bezichtigte Juden der Brunnenvergiftung, die man als Ursache für die Pest vermutete. Während der Regentschaft F.s kam es deshalb zu Judenverfolgungen und zur Zerstörung der →Synagogen.
2. bedeutende spätgot. Hochreliefstatue (14. JH) am linken Pfeiler zum →W-Chor im Dom, vom →Wolfskeelmeister, besonders kunstvoll die ausgemergelte, greise Gestalt, die schon aufs Jenseits schaut. →Wunderburg, →Judenhof.

Fröschgrube, ehem. uriges »Gärtnerwirtshaus« in der Mittelstr., kurz nach der Abzweigung Tocklergasse; Name von dem gleichnamigen ehem. Sumpfgebiet.

Fronleichnamsprozession, kath., das Fronleichnamsfest dient besonders der Anbetung des »Allerheiligsten Altarsakraments«. Es geht auf die selige Augustinerin Juliane von Lüttich zurück, die in einer Vision das Fehlen einer solchen Verehrung erkannt hatte. Mit der Prozession, die sich aus der feierlichen Asperges-Prozession entwickelte, bei der vor dem Hochamt der Leib Christi durch die Kirche getragen wurde, erhielt das Fronleichnamsfest seine spezifische Ausgestaltung. In BA beging der Klerus der Dom- und Kollegiatkirchen die F. seit 1390 mit entsprechender Feierlichkeit. Das Allerheiligste trug der Bischof dabei unverhüllt unter einem Himmel, wie das heute noch üblich ist. Die BAer F. ist eine der größten und prächtigsten in Bayern, sie führt vom Dom hinunter in die Stadt und zurück. Sie ist Ausdruck gelebter Volksfrömmigkeit unter großer Beteiligung der Bevölkerung.

Fünferlessteg

Fünferlessteg, ein Holzsteg über den re. Regnitzarm (in Höhe Ottostr. vom Heinrichsdamm zum Kunigundendamm), privat bis Ende der 50er Jahre betrieben (ein Gang kostete 5 Pfennige).

Das »Jüngste Gericht« am Fürstenportal

Fürstbischöfe, FBe durften sich die BAer Bischöfe offiziell ab 1316 bis zur →Säkularisation 1802/03 nennen; damit übten sie die weltliche und geistl. Herrschaft über das Gebiet des Bistums aus. →Hochstift.

Fürstbischöfliches Jagdzeughaus, auch Jagdzeugstadel oder »Siechenscheune«, Siechenstr. 75, 1736/37 in Zusammenarbeit →Küchels, →Neumanns und Justus Heinr. →Dientzenhofers unter FB Friedrich Karl von →Schönborn als Unterstellhalle für Jagdgeräte entstanden; Ende 18. JH Umbau zur Reithalle, 1803 - 1821 od. 1825 Nutzung als Glasfabrik durch den BAer Unternehmer und Ratsherrn J.E. →Strüpf, 1825 - 1922 Militärbesitz (Militärreitschule, Heumagazin, Proviantmagazin, Pferdelazarett), heute städt. Lager, ab 1985 teilweise Nutzung als →Feuerwehrmuseum. (s. Abb. auf Farbtafel III, m.l.)

Fürstenportal, um 1225 entstanden, Hauptportal des BAer Doms; im Trichtergewände stehen die Apostel auf den Schultern der Propheten (Abfolge: Altes - Neues Testament), das Bogenrelief (Tympanon) zeigt das Jüngste Gericht in einer mutigen Darstellung (Jesus in der Mitte als Weltenrichter, li. die Seligen, re. die Verdammten, unter ihnen ein König, ein Bischof ...). Von li. nach re. Übergang von der →Romanik zur →Gotik. Am F. standen einst Vater →Abraham, der →Posaunenengel und →Ecclesia und →Synagoge auf den leeren Kapitellen. (s.S. 43)

Fußgängerzone, seit 1976, von Architekt Prof. Winkler geplant, erstreckt sich von der →Alten Hauptwache bis zum →Obstmarkt und weiter über die →Obere Brücke. Teil der →Barockachse, ansprechend gestaltet mit regem Markt- und Geschäftsleben; gastronomische Einrichtungen fehlen, daher ist die F. am Abend fast menschenleer. →Röhrenbrunnen.

G

Gabelmann, BAer Bezeichnung für den Neptunbrunnen am Grünen Markt. An seiner Stelle stand vorher der ma. »Schöne Brunnen«. Treffpunkt für jung und alt, denn viele Gassen münden auf den Platz; im Dialekt heißt es: „Treff' mer uns am Gabelmo!“ Von FB Lothar Franz von Schönborn angeregt, Brunnen 1698 von Joh. Christoph →Bissing aufgestellt, den G. (Neptun) schuf Joh. Caspar →Metzner. Früher hat den G. eine Quellenzuleitung vom Friedrichsbrunnen mit Wasser versorgt.

Gackenstein, wohl vom ehem. Flurnamen Quackenstein (von der Wildensorger Str. nach S abzweigend).

Gänswiesen, alte Flurbezeichnung (von der Kantstr. zur Pestalozzistraße).

Gärtner, der erste BAer G. war der urkundl. 1368 erwähnte Fritz Pleinser. Bedeutender Berufsstand, vergleiche auch →Häcker. »Obere G.« in der Theuerstadt, Wunderburg, »Untere G.« rund um die Ottokirche. Typische Gärtnerhäuser: klein, früher freistehend mit offenen Giebeln zur Straße, später geschlossene Straßenzeilen und Traufe zur Straße, Einfahrt mitten im Haus zu den dahinterliegenden Gärten. Die G. betreiben seit dem 13./14. JH intensiven Gemüseanbau. Neben ihren Feldern hinter ihren Häusern bestellen sie auch Kulturen in den Gärtnerfluren (Börstig und Südflur). Ihr Schutzpatron ist der Hl. Sebastian. Heute haben die G. Nachwuchsprobleme vor allem aus marktpolitischen Gründen. →Hausnamen 1.

Gabelmann

Gärtner bei der Kartoffelernte

Gärtnerdialekt, der alte Berufsstand hat vom 14. JH bis heute eine »eigene« Sprache entwikkelt (exempl. Auswahl): Benät = Spinat, Keesköhl = Blumenkohl, Stazinäri = Schwarzwurzel, Kümmerling = Gurken, Örpfel = Kartoffeln, Zälot raafn = Salat raufen (ernten).

Gärtner- und Häckermuseum, seit 1979 in einem ehem. Gärtnerhaus, Mittelstr. 34. Öffnungsz. (Mai - Okt.) Mi/So: 14 - 17 Uhr. Es zeigt Gerätschaften, Brauchtum und Lebensweise; hinter dem Museum ein herrlicher Gemüse- und Kräutergarten u.a. mit →Süßholz.

Gangolfskirche

Galerien,
- Altstadtg., Obere Sandstr. 19,
- G. am Alten Rathaus, Obere Brücke 5,
- G. am Stephansberg, Unt. Stephansberg 5,
- G. Böttingerhaus, Judenstr. 14,
- G. für Zeitkunst, Obere Königstr. 3,
- Kunst im Gang, Im Bauernfeld 18,
- G. Sommer, Pfahlplätzchen 6/II,
- Stadtg. Villa Dessauer, Hainstr. 4a,
- Studio Mike Rose, Amalienstr. 27 r.

Gangolfer Tor, →Riegeltor.

Gangolfschule, Luitpoldstr. 24, Grundschule, ehem. St. Gangolfer Stiftsschule →Trimberg.

Gangolfskirche, in der Theuerstadt, älteste Pfarrkirche BAs, 1058 - 63 für das →Kollegiatstift St. Maria und St. Gangolf erbaute Basilika, mehrfach umgebaut. Langhaus und Querschiff zeigen noch fast unverändert die Formen der Entstehungszeit. Die massigen und derb wirkenden Doppeltürme, unter Bischof →Otto spätrom. begonnen, erhielten um 1400 got. Obergeschosse und 1671 die heute noch erhaltenen welschen Zwiebelhauben. Das ursprünglich dreischiffige Langhaus wurde durch seitliche Kapellenreihen auf 5 Schiffe erweitert; rom. Chor Ende 15. JH spätgot. erneuert. 1753 barockisierte man das Kircheninnere. Aufgrund einer Stilreinigung von 1850 verblieben von der ursprünglichen Innenausstattung das Chorgestühl, die Altäre von Joh. Gg. →Mutschele und seinen Söhnen Bonaventura Joseph und Franz Martin und das Vierungsgemälde des J.J. →Scheubel d. Älteren. Die Kanzel von 1786 schuf B. →Kamm, 1938 aus der →Katharinenspitalkirche hierhergebracht. Die got. Muttergottes stammt aus der ehem. →Franziskanerkirche. Das Kollegiatstift St. Gangolf hatte eine eigene Schule, wo junge Leute im Kirchendienst, in der lat. Sprache und allem Wissenswerten unterrichtet wurden. Aus dieser Zeit stammen ein gut restaurierter, an die Kirche angebauter Kreuzgang, ferner Stiftsherrenhöfe, →Theuerstadt. Die G. ist Mutterkirche für die →Ottokirche. →Immunitäten.

Garküche, bis 1866 an der Mündung Franz-Ludwig-Str./Grüner Markt, einstöckiges Haus mit niedrigem Torbogen. Der Garkoch hatte das Recht, Jungvieh, Schweine und Kälber in seinem Lokal zu schlachten, das Fleisch gar zu kochen und zu verkaufen. In rohem Zustand durfte er kein Fleisch veräußern.

Gartenbauzentrale, →BAer G.

Gartenstadt, Siedlung und OT im O BAs, vorher nach einem Flurnamen Spinnseyer-Siedlung gen., Entstehung ab 1935. Damals reichte der →Hauptsmoorwald bis zur Weißenburgstraße. 1937 standen bereits 100 Häuser.

Gasbockl

Gasbockl, Zuglok der Betriebsbahn vom Hafen bzw. Bahnhof zum →Gaswerk durch die Jäckstr. für Kohletransport. Von 1911 bis in die 60er Jahre.

Gassenschänke, mancher BAer holt sich dort sein Bier im mitgebrachten Krug und trinkt's daheim; Tradition, die sich in einigen BAer Brauereigaststätten erhalten hat.

Gaswerk, 1856 als Privatunternehmen »Gasfabrik« gebaut; ab 1889 städt., 1911 Gleisanschluß →Gasbockl, Gasherstellung aus Kohle, in den 60er Jahren Einstellung der eigenen Gasproduktion und Umstellung auf Ferngas, 1971 Erdgas.

Gaustadt, wohl aus einem Einzelhof durch Erweiterung entstanden, urkundl. 1136 erwähnt; Name vom Gau Volkfeld, vielleicht waren slawische Siedler die Begründer von G. (Funde von Götzenbildern i.d. Regnitz). Laut päpstl. Bestätigungsurkunde von 1251 als Gut des Klosters Michelsberg aufgeführt; wahrscheinlich war das Klosterdorf schon viel länger dem Kloster Michelsberg zugehörig; von 37 Höfen waren 31 michelsbergisch. Seit 1972 eingemeindet, →BAer Götzen, →Erba.

Gebsattel, Joh. Philipp von, FB (1599 - 1609), zwar päpstlich bestätigt, jedoch Bischofsweihe nicht erhalten. Gebsattelbau nennt man die zwei Renaissanceflügel der →Neuen Residenz an der Oberen Karolinenstr., die der Nürnberger Stadtbaumeister Jakob →Wolff d.Ä. unter G. ausführte.

Gefängnis, →Justizvollzugsanstalt, →Café Sandbad.

Gegenreformation, kath. Reform und Restauration als Reaktion auf Luther; auch das Bemühen, protestantisch gewordene Gebiete durch Unterstützung der politischen Macht für die kath. Kirche zurückzugewinnen.

Geistliche Bezirke, →Immunitäten.

Geistliche Stadt, ehem. Bezeichnung für die Stadt bergseits des →Alten Rathauses mit Klerus in den →Kurien bzw. →Domherrenhöfen.

Gengler, Heinrich (* 1772, † 1847), kgl. Rentbeamter, Ehrenbürger von BA.

Georgenchor, O-Chor des BAer Doms, Chor hinter dem →Kaisergrab; dem Hl. Georg geweiht.

Georg III., Schenk von Limpurg, FB (1505 - 22), er war dem humanistischen Zeitgeist und der Lehre Luthers nicht ganz abgeneigt. →Reformation.

Gerber, Rot- und Weißgerber, alter Handwerkerstand, seit dem 14. JH am Wasser, vor allem Am Kanal, am Zinkenwörth, am Mühlwörth und in der Kleberstraße. Gerberhäuser waren mit langen Holzbalkonen und Trockenböden im Dach für die Felle ausgestattet, Am Kanal sind noch Gerberhäuser zu sehen.

Gereuth, 1. Flurname (vom Münchner Ring zur Forchheimer Str.);
2. Wohnsiedlung im S der Stadt, Baubeginn im Mai 1956.

Gerichte, neuzeitliche: Amtsgericht (seit 1996 im Neubau am Synagogenplatz), Landgericht, Oberlandesgericht im Justizgebäude, Wilhelmstr. 1. Den Justizpalast errichtete Max Höfl (1900 - 1909) im Neurenaissancestil; vor der neuen Widmung nutzte man den Platz davor (Wilhelmsplatz) als Viehmarkt und als kleinen →Exerzierplatz.

Gertraudenspital, ein typisches Pilgerspital mit Kapelle, gegr. vom Hl. →Otto (12. JH), gehörte zu →St. Getreu, etwa an der westl. Einmündung der Luitpoldstraße in die Königstraße gelegen; Ende des G.s durch die →Säkularisation. Bis zum Abriß 1847 befand sich in der ehem. Kirche die Bildhauerwerkstatt von Joh. Bernhard →Kamm.

Gesamthochschule, →Universität.

Gesellschaftsbrauerei, ehem., Ob. Sandstr. 18.

Getreidemarkt, →Schranne.

Gewerbeschule, 1. Nov. 1833 Eröffnung der »Vereinigten landwirtschaftlichen und Gewerbeschule« durch den kgl. Stadtkommissar Geiger. Schullokal war das →Hochzeitshaus am Kranen. 1857 ist die BAer Landwirtschafts-, Gewerbe- und Handelsschule mit 304 Schülern die zweitgrößte ihrer Art im ganzen Königreich. Überwiegend waren die Schüler BAer, 45 waren »Auswärtige«, 5 »Ausländer«.

Geyer, reiche Nürnberger Patrizierfamilie (Verwandtschaft mit Familie Zollner), um 1300, die nach dem →Immunitätenkrieg BA den Rücken kehrte, ihr →Geyerswörthschloß wurde vom →Hochstift BA erworben.

Geyerswörth, Wörth bedeutet Insel, sie wird vom li. Regnitzarm und einem Seitenarm umflossen; auf ihr befanden sich die Sammelbrunnen für die erste BAer Wasserleitung (1874) und das →Geyerswörthschloß.

Geyerswörthbrücke, führt zwischen Geyerswörthplatz und -schloß über den li. Regnitzarm.

Geyerswörthrathaus, eines von bislang 4 BAer Rathäusern, beherbergt das Sozial- und Jugendamt.

Geyerswörthschloß, südl. des →Alten Rathauses auf der Regnitzinsel; bereits in der ersten Hälfte des 14. JHs wird eine Behausung an dieser Stelle erwähnt (Zollner/Geyer); sogen. Ganerbenburg: das bedeutet mehrere Gebäude für verschiedene Familienzweige. 1580 fällt das G. endgültig ans →Hochstift. Der 5flügelige Renaissancebau von 1585/86 unter FB Ernst von Mengersdorf (1583 - 91) von Erasmus →Braun ausgeführt. Trapezförmiger Innenhof, Turm ma. Ursprungs, Treppentürmchen, welsche Haube (Zwiebel mit laternenartigem Aufsatz); phantastische Aussicht auf BA vom Turm aus, den Schlüssel erhält man im →Fremdenverkehrsamt nebenan. Der ehem. Lustgarten (16. JH) derer von →Giebelstadt gehörte zum Schloß, heute Gartenfläche mit darunterliegender Tiefgarage. Bis zur Vollendung der →Neuen Residenz 1703 fbliches Stadtschloß (die FBe wohnten über 100 Jahre dort); Umbau durch →Küchel (18. JH). Im →Dreißigjährigen Krieg war es Quartier hoher Offiziere; 1740 kaiserliches Landgericht, fbliche Obereinnahme und Hofkammer; 1802 säkularisiert. 1803 - 1902 Appellations- und Oberlandesgericht; nach 1908 diente der Saal des G.es als Trau-Vorsaal; heute: Rathaus, Unterbringung des Sozial- und Jugendamtes. Der Renaissancesaal dient seit der 1984 erfolgten Restaurierung für Empfänge der Stadt. Im Innenhof gelegentlich Theateraufführungen, feste Einrichtung ist das Weinfest im Juni. (s. Abb. Farbtafel III, u.)

Giebelstadt, Joh. Gg. Zobel von, FB (1577 - 80), ließ südl. vom→Geyerswörthschloß einen Lustgarten mit seltenen Pflanzen anlegen. Die »Schwarze Allee« war bis ins 19. JH der gängige Name für Geyerswörth-Garten und -straße.

Giechburgblick, Wohngebiet mit Hochhäusern an der Weißenburgstraße.

Gisela, Schwester →Heinrichs II., Gemahlin von →Stephan von Ungarn, Vermählung 995. →Stephanslegende.

Glesker, Justus (* 1601, † 78), Frankfurter Bildhauer, die bekannte frühbarocke→Kreuzigungsgruppe von ihm im W-Chor des BAer Doms wurde im Zuge der →Dompurifizierung entfernt, dann wieder zurückerworben.

Glockengußgruben, in ca. 2,50 m Tiefe von Archäologen neben dem S-Flügel der →Alten Hofhaltung entdeckt. Die G. stellen ein einzigartiges Zeugnis der ma. Metalltechnik dar.

Gnadenpforte, →Marienpforte.

Gönningerkapelle, Kapelle am alten Friedhofseingang in der Siechenstr., gestiftet von Joh. Jakob Gönninger; Architekt war wahrscheinlich Joh. Jos. Vogel. Die G. untersteht der Pfarrei St. Gangolf, die auch für Erhalt und Pflege verantwortlich ist. Der Stifter brachte 1766 aus seinem Geburtsort Einsiedeln eine Kopie des dortigen Marienbildes für die G. mit. Die Einsiedelner Kapelle diente beim Bau der G. als Vorbild.

Görlitz, sächsische Stadt an der Grenze zu Polen, neues Mitglied der erweiterten →Städtearbeitsgemeinschaft.

Goethe, Joh. Wolfgang von, (* 1749, † 1832), machte am 16. Nov. 1797 auf dem Rückweg von seiner 3. Schweizer Reise im »Weißen Lamm«, Untere Königstr. 28, Rast (Inschrift an der Fassade und heut. Name »Goethe-Stuben«); G. lobte die Stadt wegen ihrer schönen Lage.

Götzen, →BAer Götzen.

Götz-Zitat, →Schwanfelder, A.

Goldener Löwe, Lange Str. 13, ehem. Brauerei, nach Plänen von Joh. Lorenz →Finck erbaut. →Marc Julia lebte hier.

Gollwitzer, Leonhard (* 1682, † 1746), Bildhauer: →Kreuzigungsgruppe auf der Oberen Brücke; Plastiken an der Freitreppe am Kloster Michelsberg, Barockisierung in der →Oberen Pfarre, äußerer Figurenschmuck an der →Karmelitenkirche u.a.

Gotik, Stilepoche der europ. Kunst im hohen und späten MA, der Name Gotik wurde von Giorgio Vasari (* 1511, † 74, ital. Maler, Baumeister und Kunstschriftsteller) geprägt, der sie damit als Gotenkunst abwerten wollte; Hauptmerkmale der G. sind der Spitzbogen und die Kreuzrippengewölbe, zu sehen an der→Ob. Pfarre, außerdem die Stufengiebel, z.B. am Haus zum Saal. →Hausnamen 2./Lange Str. 3

Graben, Vorderer und Hinterer G., re. der Hauptwachstraße zum Holzmarkt und als Fortsetzung bis zur Fischerei und zum li. Regnitzarm. Die Häuser des Vorderen G.s bis zum ehem. →Überfährhaus wurden mehr oder weniger auf die alte Stadtmauer gebaut. Zwischen

Überfährhaus und Haus Hinterer G. 26 stand ein Torhaus, durch das man in die »Schifferei« gelangte.

Grafenstein, Anton von (* 1780, † 1854), kgl. Postmeister, Mitbegründer des →Altenburgvereins, Ehrenbürger BAs.

Graf von Stadion und Thannhausen, Franz Konrad, FB von BA (1753 - 57); sein Wappen befindet sich am Turm (O-Seite) des →Alten Rathauses.

Greifenklau, Laurenziplatz, 1719 vom Domherrn Franz Friedrich von Greifenklau gegr. Brauerei, 18./19. JH häufiger Besitzerwechsel, seit 1914 im Besitz der Familie Brockard; während und nach dem 2. WK Flüchtlingsaufnahmestätte; schöner Biergarten, →Kellerleben.

Griesgarten, Untere Sandstraße 19, der Name stammt vom Ökonom (= Eigentümer oder Betreiber eines landwirtschaftlichen Gutes oder Hofes) und Wirt Michael Gries aus Scheßlitz, der den G. im Sommer 1857 neu eröffnete. Ein zweiter Eingang in den G. führte von der Unteren Sandstraße 29 zu einem alten →Judenfriedhof.

Grüner Baum, kleiner Platz mit Baum und gleichnamigem Wirtshaus in der Siechenstr./ Einmündung Gasfabrikstraße; 1977 wurde das Wirtshaus abgerissen und der Platz verändert.

Grüner Markt, vom Maxplatz bis zum Obstmarkt, der einzige Platz mit der Bezeichnung »Markt« (siehe auch Heumarkt, Holzmarkt und Obstmarkt), auf dem heute noch Markt stattfindet.

Grünhundsbrunnen, Brunnen zwischen dem Oberen→Sand und dem→Eisernen Tor. Gasse und Plätzchen sind nach ihm benannt. Eine Familie »Grünhunt« ist in BA schon 1323 bekannt. Der G. spendete angeblich das beste Wasser.

Grüntal, Flurbezeichnung (von der Gaustadter Hauptstraße zur Heßlergasse).

Großkopf, Obere Königstr. 5, ehem. Brauerei und Gasthaus »Zum Großkopf«, bis in die 70er Jahre Pizzini-Weinstube (im ehem. Pferdestall im Hinterhof), Barockbau mit schönem Ausleger.

Gunthertuch, aus byzantinischer Prunkseide mit Darstellung eines kaiserlichen Einzugs; aufbewahrt im →Diözesanmuseum.

Guttenberg, Christoph Ernst von, 1689 - 1725 Abt des →Klosters Michelsberg, ließ die Barockgestaltung der gesamten Anlage durchführen.

H

Haan, BAer Familie, die während der →Hexenverfolgung schwerstes Leid zu ertragen hatte und ausgerottet wurde.

Haansla, sogen. Dünnbier oder Nachbier, das man zu günstigerem Preis an nicht so gut gestellte Bürger ausschenkte.

Haas, Nikolaus, Dr. (* 1779, † 1855), Geistl. Rat, ab 1833 Pfarrer von St. →Martin, Mitglied der Akademie der Wissenschaften und Geschichtsforscher.

Habermarkt, = Hafermarkt, einst vor der Einmündung der Habergasse in den Obstmarkt (beim Haus Obstmarkt 12).

Häcker, die »Gärtner« der Bergstadt, die vom 13. - 19. JH auf dem schweren Keuperlettenboden Weinbau betrieben, darüber hinaus Hopfen und Obst sowie Getreide und Kartoffeln anbauten (Name H. kommt von Hacke); Häckerhäuser um die →Laurenzikapelle am Oberen Kaulberg. Ihr Schutzpatron ist der Hl. Urban.

Häfnermarkt, (Häfnerplatz) = Geschirrmarkt, hatte seinen Standort jahrhundertelang bis zum Durchbruch der Franz-Ludwig-Str. hinter der →Garküche, wo einst der Garten vom →Ekkenbüttner war, fand zweimal pro Woche statt; während der →Messe war der H. in der Kapuzinerstr. (dazu hatten auch auswärtige Häfner Zufuhrrecht). 1687 sollten die Juden die von Christen erkauften Häuser wieder zurückgeben. Dafür wurde ihnen der Häfner-Platz zur Ansiedlung (Ghetto) zugewiesen mit der Bestimmung, daß von nun an in der Residenzstadt nicht mehr als 12 Judenhäuser mit 3 - 6jähriger Steuerfreiheit geduldet werden. Das Ghettoprojekt kam aber nicht zustande.

Härtlein, Flurname (hart = Wald); der Wald

Haindampferla

reichte nahe an die Stadt heran (von der Neuerbstr. re. abzweigend).

Hafen, →1. Staatshafen, →2. Prinz-Ludwig-Hafen; →Am Kranen, →Kranen.

Hafenstadt, eigentlich schon von alters her, →Kranen; heute am →(Rhein-)Main-Donau-Kanal gelegen. →Ludwig-Donau-Mainkanal.

Hahn, der Flurname weist wohl darauf hin, daß sich dort einst ein Wald befand (von der Würzburger Str. re abzweigend).

Hain, einst Weidefläche und holzliefernder Wald für die BAer Müller, 1803 Theresienhain (Theresia, bayer. Königin) nach engl. Vorbild (wie der Engl. Garten in München) geschaffen, 1828 durch den Luisenhain (nach Herzogin Luise von Bayern) ergänzt, →Botanischer Garten; herrliches BAer Naherholungsgebiet. Der H. ist wahrscheinlich eine Mischung aus natürlich entstandenem Auenwald und künstlich geschaffener Anlage. Die Ausdehnung des H.s reicht vom Mühlwörth und der Hainstr. bis →Bug.

Hainbrücke, Brücke vom Münchner Ring über den li. Regnitzarm und den Hollergraben durch den Hain in Richtung Berggebiet.

Haindampferla, zwischen dem Wasserschloß →Concordia und →Bug einst verkehrendes Personenschiff, besonders beliebt für Sonntags- und Kommunionausflüge.

Hainschule, Ottostr. 2a, Grundschule, zwischen 1959 und 1961 erbaut.

Hainspitze, Haininselende, →Buger Spitze.

Haller, BAer Familie, spätgot. Stammhaus, Untere Karolinenstr. 1.

Handschriften, alte Bestände in der →Staatsbibliothek.

Handwerkszweige, des 16. JHs (aus einer Zusammenstellung in den »Chroniken der Stadt BA«): →Altreußen, Bader, Beutler, Bürstenbinder, Färber, →Fischer, →Gerber (Rot- und Weißgerber), Gürtler, Huter, Kärrner, Kammacher, Kandlgießer, Kartenmacher, →Keßler, Kettenmacher, Lederer, Metzler, Nadler, Nagler, Nestler, Pergamenter, Pfragner, Riemenschneider, Schiffer, Seiler, Sporer, Tuchscherer, Wagenschmierer.

Harmoniegarten, ehem. Fexerscher Garten, gehörte zum Fexerschen Anwesen, heute öffentliche Parkanlage zwischen Schönleinsplatz und Richard-Wagner-Straße.

Harth, Friedrich (* 1880, † 1936), BAer Segelflieger und Pionier der dt. Luftfahrt.

Hassan, →Burgbären.

Haßberge, →BAer Talkessel.

Hau, Georg (* 1887, † 1976), Oberlehrer, Ehrenbürger von BA.

Hauck, Dr. Jacobus Ritter von, 1912 - 43 BAer Erzbischof, Erbauer des neuen →Priesterseminars, Ehrenbürger von BA.

Hauptsmoorwald, hinter die Talstadt »zurückgedrängter« Wald im O der Stadt. Der H. galt als der schönste Föhrenbestand Deutschlands. Er erstreckte sich früher zumindest in Baumgruppen bis an die Kernstadt. Moor verweist wohl auf einstige Moorlandschaft (Seehofweiher); »Kriegsschauplatz« im→Schwedenkrieg.

Hauptwache, →Alte Hauptwache.

Hauptstadt, →BA Idee.

Haus des Handwerks, (Kreishandwerkerschaft BA), Schillerplatz 2, imposantes Gebäude (nach Art des Joh. Dientzenhofer).

Hausnamen, 1. (kleine Auswahl) – vor allem von Gärtnern bekannt: »Siemer«, »Halberachti«, »Scheißhäferla«, »Pelzer«, »Schneckenschorsch«, »Wauwau« … oft aus Spitznamen entstanden.

2. (+) = aktuelle und (-) = vergessene bzw. nicht mehr gebrauchte, nach Straßen alphabetisch geordnet, mit oder ohne Hauszeichen; (o) = das Haus gibt es nicht mehr:

An der Universität:

(o) Haus z. Bock, einst Jesuitenstr., an der Stelle der heut. Uni. hinter St. Martin.

Austraße:

(-) Haus z. Rose, Nr. 3;
(-) H. z. schwarzen Rad, Nr. 7;
(+) H. z. Glocke, Nr. 12 (Hauszeichen);
(-) H. z. Mohren, Nr. 14;
(-) H. z. weißen Hahnen, Nr. 21;
(o) H. z. Igel, vermutlich zw. Nr. 21 und 23;
(-) H. z. Benedikt, Nr. 29;
(-) H. z. Auerhahn, Nr. 31;
(-) H. z. Reußen, Nr. 39;
(-) H. z. Sichel, alte Nr. 495 (jetzt Nr. 41).

Eisgrube:

(-) H. z. Flasche, Nr. 5.

Fischstraße (früher Fischgasse):

(o) H. z. roten Karpfen;
(+) H. z. St. Jonas (Bau um 1400), Nr. 4.

Generalsgasse:

(o) Judenschule und Synagoge, Nr. 15.

Grüner Markt:

(o) H. z. den drei Wölfen, einst Grüner Markt 27, neben dem heut. Kaufhaus Hertie, gehörte einst zu dem Dreierensemble Bamberger Hof, Banzer Hof und dem Haus zu den drei Wölfen;
(-) H. z. weißen Lamm, Nr. 2a;
(-) H. z. weißen Einhorn, Nr. 3;
(+) H. z. Regenbogen, Nr. 6 (früher H. z. Krug);
(-) H. z. Helle, Nr. 8;
(-) H. z. goldenen Glocke (oder z. goldenen Dächl), Nr. 9;
(-) H. z. Eule, Nr. 12;
(-) Mohrenpeterhaus, Nr. 13;
(-) H. z. Gans, Nr. 15;
(-) H. z. Adler, Nr. 16;
(-) H. z. Sonne, Nr. 17;
(+) H. z. Marktbäcken, Nr. 29;
(-) H. z. goldenen Kreuz, Nr. 30.

Grünhundsbrunnen:

(-) H. z. grünen Hund, Nr. 2.

Habergasse:

(+) H. z. Elefant, Nr. 11. Relief des namengebenden Tieres von 1582, wahrscheinlich hat es Hans Wemding geschaffen; eines der besterhaltenen Hauszeichen.

Hauptwachstraße:

(-) H. z. Sperber, Nr. 21.

Herrenstraße:

(-) H. z. den zwei goldenen Hirschen, Nr. 1;
(-) H. z. Hahn, Nr. 4.

Hölle:

(-) Tobhaus, Nr. 7.

Judenstraße:

(-) H. z. Krummetsvogel, später Blauer Löwe, Nr. 2;
(-) H. z. weißen Horn, Nr. 4;
(-) H. z. Blume od. zur gelben Lilie, Nr. 5;
(-) H. z. schwarzen Adler, Nr. 7, von 1487, 1732 zum Pohla-Bern nach einem früheren Besitzer Pankraz Behr, dann 1870 zum Polar-Bären, von →Küchel in einfachem Barock 1738 neu errichtet;
(-) H. z. Leiter/Himmelsleiter (später Leiterlein), Nr. 10;
(-) H. z. Blümlein, Nr. 11;
(-) H. z. Aglaster, Nr. 14;
(+) H. z. Trommel, Nr. 17.

Karolinenstraße:

(o) Sattlerhaus, alte Nr. 1185, zw. Nr. 12/14.

Mittlerer Kaulberg:

(-) Teufelshaus, Nr. 37.

Unterer Kaulberg:

(-) H. z. blauen oder schwarzen Kreuz, Nr. 5;
(-) Riegelhaus, Nr. 7;
(-) H. z. Hecht, Nr. 8;
(-) H. z. schwarzen Bären, od H. z. Büttner, Nr. 10;
(-) H. z. Hirschhorn, Nr. 16.

Keßlerstraße:

(+) H. z. Kamel (vorher einmal H. z. Römischen König), Nr. 9.

Kettenbrückstraße:
(-) H. z. Traube, Nr. 6.
Obere Königstraße:
(-) H. z. blauen König, Nr. 2.
Untere Königstraße:
(+) H. z. Hufeisen, Nr. 1, bedeutendstes Bürgerhaus von den Dientzenhofers;
(-) H. z. Frankenschmiede, Nr. 12;
(+) H. z. weißen Lamm, Nr. 28;
(-) H. z. Mondschein, Nr. 30.
Lange Straße:
(-) H. z. Stock (Altane), Nr. 1;
(-) H. z. den Lilien, Nr. 2;
(+) H. z. Saal, Nr. 3, weil der Saal der Obrigkeit zur Verfügung stand, auch Wallensteinhaus, weil Feldherr Albr. von Wallenstein dort Quartier nahm zur Musterung der bayerischen Truppen. →Dreißigjähriger Krieg. Besonders auffällig der Stufengiebel, der den got. Ursprung erkennen läßt;
(-) H. z. Schwarzmann, Nr. 5;
(-) H. z. Stern, Nr. 6;
(+) Steinernes Haus, Nr. 8;
(-) H. z. roten Hirschen (auch Sternbeckenhaus), Nr. 9;
(-) H. z. Christoph, Nr. 10;
(-) H. z. Roß (1450), das rote Haus (1570), H. z. Krone (1675), Gasthaus Zu den drei Kronen (1732), Nr. 12;
(-) H. z. blauen Löwen, Nr. 13;
(-) H. z. Rose, Nr. 14;
(-) H. z. roten Türe, Nr. 15;
(-) H. z. Kranich, Nr. 16;
(-) Badestube, Nr. 17;
(-) H. z. güldenen Stern, Nr. 18;
(-) Eckh. z. schwarzen Bauern, Nr. 19;
(-) Philippinische Schule (1671 - 1803) von FB Philipp Veit von Rieneck gestiftete Vorbereitungsschule fürs Gymnasium, Nr. 20;
(-) H. z. grünen Schild, Nr. 21;
(-) H. z. schwarzen Bären, Nr. 23;
(-) Becken-Haus, Nr. 24;
(-) Brauhaus z. Hirschen, Nr. 25;
(-) H. z. schwarzen Kleeblatt, Nr. 27;
(-) Die Schmiede der Langen Gasse, Nr. 28;
(-) H. z. Walfisch, Nr. 30;
(+) H. z. Storchen, Nr. 32;
(-) Antonier-Hof, Nr. 33;
(+) Küchel-Wohnhaus, Nr. 37.
Lugbank:
(-) H. z. weißen Rose, Nr. 3;
(-) H. z. Taucher, Nr. 5;
(-) H. z. roten Hut, Nr. 6;
(-) H. z. Haderteig (1556), (früher H. z. Schönbecken), Nr. 8.
Maxplatz:
(-) H. z. Weintraube, Nr. 2;
(+) H. z. Eckenbüttner, Nr. 2;
(+) H. z. grünen Sittig (früher H. z. goldenen Schild), Nr. 8, an der Südseite des Maxplatzes, das man Justus Heinr. Dientzenhofer zuschreibt;
(-) H. z. Affen, Nr. 12;
(-) H. z. Holzschuh od. H. z. Ströbla, Nr. 14.
Michaelsberger Straße:
(-) Hebentanzhäuser, Nr. 2 und 6, von →Küchel, die Bauleitung hatte angeblich B. →Neumann.
Nonnenbrücke:
(-) H. der Rothgerberzunft (auch das Rindenhaus), Nr. 11;
(-) H. z. Pferd in der Wiege, Nr. 8 und 10.
Obere Brücke:
(-) H. z. schwarzen Mohr, Nr. 6;
(-) Nadlerhaus, Nr. 8;
(-) H. z. Wolf, Nr. 12.
Obstmarkt:
(-) H. z. schwarzen Strauß (davor ehem. Straußenbrunnen), Nr. 5;
(-) H. z. weißen Lilie, Nr. 6;
(-) H. z. weißen Löwen, Nr. 11;
(-) H. z. Rechen, Nr. 12.
Pfahlplätzchen:
(+) H. z. Krebs (vorher H. z. den drei Staffeln), Nr. 1, spätbarock, der Philosoph Gg. Wilh. Friedrich Hegel hat hier 1807/08 gelebt.
(-) H. z. Lorenz, Nr. 2;
(-) H. z. goldenen Fäßchen, Nr. 3;
(+) H. z. Ringvogel (1410), Nr. 4, got. Haus mit Renaissanceaufbau, großartig restauriert;
(o-)H. z. Marienbild, Nr. 1, stand li. am Kaulbergfuß, spätma., einstige Wohnung des

Wein- und Buchhändlers und Romantikerverlegers Carl Friedrich Kunz, 1968 abgerissen;
(-) H. z. den drei Mohren, Nr. 6.

Riegelhofgasse:
(+) Schatzgräberhaus, Nr. 6.

Sandbad:
(+) H. z. roten Karpfen, Nr. 21.

Obere Sandstraße:
(-) H. z. Greif, Nr. 2;
(-) H. z. Rothschild, Nr. 16;
(+) H. z. Sandschmiede, Nr. 19;
(-) Sandschloß, Nr. 31.

Untere Sandstraße:
(-) Papierglätterhaus, Nr. 55;
(+) H. z. Pelikan (Ehehaltenhaus = Haus für alte bzw. arme Dienstboten), Nr. 45;
(-) Staubsches Haus, Nr. 30.

Siechenstraße:
(o) H. z. grünen Baum, Nr. 47, ehem. Poststation und Wirtshaus mit einem baumbestandenen Platz davor.

Oberer Stephansberg:
(-) H. z. goldenen Wappen, Nr. 1.

Vorderer Bach:
(+) H. z. Walfisch, Nr. 4; adeliges Stadthaus 16./17. JH, Fassade um 1740 von J.H. Dientzenhofer, Hoteleinbau 1975 - 77;
(+) H. z. Esel, Nr. 5, Eselskörper als Hauszeichen, sichere Erstnennung (1335 - 43), →Alter Ebracher Hof.

Zinkenwörth:
(-) H. z. Wolfsgrube, Nr. 2;
(-) H. z. roten Rößlein (später Gasthaus Zur weißen Taube, das Treffpunkt der Juden war), Nr. 17;
(-) H. z. grünen Specht, auch H. zum grünen Hirsch, Nr. 20.

Hauszeichen, in der Altstadt BAs häufig, dabei überwiegen die Tierplastiken.

Hedwigsheim, Heiliggrabstr. 14, Mädchenwohnheim von 1929 - 51, mit Lehrwerkstätte für Schneiderei (1949 - 53), heute Jugendwohnheim.

Hauszeichen am Haus zum Elefant, Habergasse 11

Hegel, Georg Wilhelm Friedrich (* 1770, † 1831), Philosoph; H. gilt als der einflußreichste dt. Denker neben Kant. Er lebte 1807/08 für etwa ein Jahr in BA und wohnte im Haus zum Krebs, Pfahlplätzchen 1, wo er sein erstes Hauptwerk, die »Phänomenologie des Geistes«, vollendete; Redakteur bei der damaligen Tageszeitung »Bamberger Zeitung«.

Hegelwochen, BAer, seit 1990 alljährl. stattfindendes Forum der Philosophen, veranstaltet von Universität, Stadt und Fränkischem Tag; initiiert von Prof. Dr. Walter Ch. Zimmerli, Universität BA.

Heidelsteig, Flurname von den ehem. H.-Feldern (von der Zollner- zur Memmelsdorfer Str.)

Heidelsteigschule, Am Heidelsteig 15, 1970 als Seminarschule für die damalige Gesamthochschule erbaut; Volksschule.

Heiliger Metzner, eingeweihte BAer sprechen vom H.M. und meinen die Schreibwaren- und Buchhandlung Matthäus Metzner, Hauptwachstr. 28, weil es dort auch sakrale Gegenstände zu kaufen gibt. Mit dem Beinamen weiß jeder BAer, welcher Metzner gemeint ist.

Heiliges Loch, Am Lerchenbühl/Panzerleite, 1819 als Felsenkapelle wiederentdeckt, die in den weichen Stubensandstein gehauen war; Nachbildung des Hl. Grabes (15./16. JH), angeblich heilkräftigende Quelle und christl. Kultstätte, spätgot. Wallfahrtsstätte.

Heiliges Grab, nach dem Vorbild des Grabes Jesu Christi in kath. Kirchen zu Ostern alljährlich aufgebaut; das H.G. in der →St.-Getreu-Kirche (um 1500 gestiftet) ist eine ständige Einrichtung; seine besondere Verehrung dürfte der Hl. →Otto in Schlettstadt/Elsaß kennengelernt und mit der Fidesverehrung nach BA zu →St. Getreu gebracht haben.

Heiliggrabkirche, Klosterstr., (14. JH), Stiftung der BAer Eheleute Franz († 1356) und Katharina Münzmeister nach einer Pilgerreise ins Hl. Land zu Ehren des Grabmals Christi; nach der →Säkularisation profaniert und ausgeraubt. Von der alten Ausstattung sind nur 12 Bilder (17. JH) mit Szenen aus der Gründungslegende des Klosters, die einen Hostienraub in →Alt-St.-Martin zum Inhalt hat, übrig.

Heiliggrabkloster, für Dominikanerinnen, seit 1355 St. Katharina zum Hl. Grab, das in der Gärtnerflur lag; im →Dreißigjährigen Krieg: 1632, 33, 34 benutzten die Schweden das H. als Brückenkopf auf dem jenseitigen Ufer des re. Regnitzarmes und versetzten es durch Schanzengraben, Schießschartenausbrechen und den Bau von 2 Eckbasteien in Verteidigungszustand. Nach der Säkularisierung Verwendung als Kavalleriekaserne, dann Garnisonslazarett; Kirche wurde als Militärdepot verwendet, dann Abbruch des H.s, 1926 Wiedererstehung des Klosters im ehem. Beichtvaterhaus (li. von der Heiliggrabkirche).

Heimsuchungsgruppe, im nördl. Seitenschiff des Doms, Bezeichnung für die Figurengruppe der Seherin →Elisabeth (auch Sybille) und Maria.

Heinkelmann, Heinrich, Dr. (* 1807, † 1866), BAer Arzt und führender Demokrat der 1848er Revolution.

Heinrich II., (* 6.5.973 in Abbach/Bayern, † 12.7.1024 in Grona bei Göttingen), Sohn des

Nonne im Heiliggrabkloster

Bayernherzogs →Heinrich des Zänkers und dessen welfischer Gemahlin Gisela († 1006). Ab 978 wurde H. an der Domschule in Hildesheim zum Stiftsgeistlichen erzogen. BA war von Jugend an sein Lieblingsort, wahrscheinlich 1000 Vermählung mit der Luxemburgerin →Kunigunde, BA machte er ihr zum Hochzeitsgeschenk, →Morgengabe. Nach dem Tod seines Vaters war er zunächst Herzog von Bayern. Er wurde 1002 in Mainz als letzter Nachkomme des sächsischen Herrscherhauses aus männlicher Erbfolge von Reichserzkanzler und Erzbischof Willigis von Mainz zum dt. König gesalbt und gekrönt. 1004 erringt H. die langobardische Königskrone; im selben Jahr Wiederherstellung des Bistums Merseburg. 1007 gründet er das →Bistum BA. H. bestimmt seinen Kanzler →Eberhard zum 1. Bischof von BA. Der erste Heinrichsdom entsteht 1012; 14.2.1014 Kaiserkrönung in Rom; 1146 Heiligsprechung. (s. Abb. auf Farbtafel IV, o.l.)

Heinrich der Zänker, (* 955, † 995), Bayernherzog und Vater Heinrichs II., er erhält die Schenkung BA (973 bzw. 985) von seinem Vetter Kaiser Otto II. (973 - 983) und gibt sie an seinen Sohn Heinrich weiter. Die Schenkung enthielt „Eigenleute beiderlei Geschlechts, Gebäude, Kirchen, bebaute und unbebaute Ländereien, Wiesen, Weiden, Wälder, Forste, Förster, Zeidler (Imker), Zinsen, Wasser und Wasserläufe, Mühlen, bewegliche und unbewegliche Sachen, Wege, wegloses Land, Abgaben und Einkünfte“ (nach Maierhöfer, s. Quellenhinweis 22).

Heinrichsaltar, mit Kopfreliquien Heinrichs II. bestückter Altar im nördl. Seitenschiff des Doms.

Heinrichsblatt, kath. Wochenblatt, erschien erstmals 1893.

Heinrichsbrücke, Teil des Münchner Rings (vom Berliner Ring Richtung Klinikum), über den Kanal und den re. Regnitzarm, nach Kaiser Heinrich benannt.

Heinrichsdom, →Dom.

Heinrichsfest, alljährlich Mitte Juli begangenes Fest zu Ehren des Hl. Kaisers Heinrich, Prozession und festliches Treiben rund um den Dom.

Heinrichskirche, Kloster Banz Straße, kath. Pfarrkirche, 1927/28 erbaut vom Augsburger Architekten Michael Kurz; bauliche Besonderheit: Kombination von Stahlbeton und Muschelkalk, bestimmend: Türme und Chor.

Heller, Joseph (* 1797, † 1849), Schriftsteller und Kunstsammler, Geburts- und Sterbehaus (siehe Gedenktafel) Untere Brücke 2, BAer Kunsthistoriker, H. vermachte seine Sammlung der →Staatsbibliothek BA; →Fränkische Schweiz.

Henker, der H. vollzog in BA die letzte Hinrichtung durch Enthauptung 1832. Verurteilter war der Handwerksbursche Joh. Gg. Pröschel, der am 15. Sept. 1829 seinen Gefährten Gg. Gottlieb Klein bei Gaustadt erdrosselt hatte. Richtplatz war der »Rabenstein« (Nähe Urbanstraße/Wilhelmsplatz).

Henkershaus, (1765 erbaut), Magazinstr. 3a, frühere Bezeichnung »Auf dem Ochsenmarkt«. Davor war eine Scharfrichterei am Vorderen Graben wegen häufiger Hochwassergefahr aufgegeben worden. Erster Bewohner des H.es war der Scharfrichter Joh. Conrad Hoffmann. Der letzte BAer Henker wohnte ebenfalls im H. Das Haus ist gut restauriert. Für die hervorragende Sanierung wurde das Ehepaar Fuchs mit der Denkmalschutzmedaille ausgezeichnet.

Henkerskapelle, (umstrittene Namensgebung), hinter dem Anwesen Hallstadter Str. 24 im Friedhof. In 2 Segmentbögen nach W geöffnet, erstmals auf einer Karte von 1743/44 – jedoch noch unbenannt – zu sehen. Die H. stand wahr-

Henkershaus in der Magazinstraße

scheinlich an der alten Straßenführung Hallstadter Str., man konnte sie von der Straße her betreten. Daß die H. um 1440 der wahrscheinliche Enthauptungsort 5 aufsässiger Ratsherrn nach dem →Immunitätenstreit war, ist nicht gesichert. 1936 fand man bei denkmalpflegerischen Maßnahmen dort Knochen und Handschellen; 1986 Sanierung des schwierig zu erhaltenden Denkmals.

Henricianum Ottonianum, das von Erzbischof Jacobus Ritter von Hauck (1912 - 43) in Auftrag gegebene und von Prof. Ludwig Ruff 1927/28 errichtete Priester- und Knabenseminar, Heinrichsdamm 32; →Priesterseminar.

Herbarium, lat. Kräutergarten, →Himmelsgarten.

Hergenröder, Anton (* 4.4.1910, † 18.5.95), zweiter Bürgermeister von BA (1946 - 56) und Bezirkstagspräsident von Oberfranken.

Hering, Loy (* 1485, † nach 1554), Bildhauer aus Eichstätt, schuf das Grabmal (Frührenaissance) des FBs →Georg Schenk von Limpurg im W-Chor des Doms.

Hertie, Kaufhaus am Grünen Markt, vorher Tietz (1909 - 11 von →Kronfuß erbaut), von den Nazis »arisiert« und geschlossen; Verwendung als Kaserne und Lager. März 1945 Plünderung durch Amerikaner. →Bamberger Hof.

Hertie-Tiefgarage, in den 70er Jahren unter dem Maxplatz gebaut, als vermeintlich große Errungenschaft der Nutzung übergeben, heute ein »Kuckucksei«, weil man den Verkehr aus der Innenstadt möglichst heraushalten will.

Heumann, Gustav, Dekan und Kirchenrat, 1886 - 97 Pfarrer der evang. Gemeinde St. →Stephan; Friedhofsehrenmal.

Heumarkt, mit →Heuwaage vor dem Turm des →Burgerhofes; ursprünglich Saumarkt, dann Holzmarkt, ab 1823 Heu- und Hopfenvermarktung. Die bischöfliche Reiterei sowie Adelige, Handelsherren, Handwerker und Fuhrleute mit Reit- bzw. Zugpferden sorgten für Heubedarf. Erreichbar über Stangsstr. bzw. Fleischstraße.

Heunisch, Ignaz (* 1797, † 1868), Geistl. Rat aus BA, Schullehrerseminarinspektor, erwarb Verdienste durch sein Bemühen um die Errichtung der →Taubstummenanstalt.

Heuwaage, erste solche Einrichtung unter FB Friedrich von Seinsheim 1774 unterhalb des Ottoplatzes, 1823 erwirbt die Stadt diese Waage, Verlegung in den Bereich →Burgershof.

Hexenbrenner, gemeint ist FB Joh. Gg. Fuchs von Dornheim (1623 - 33), unter dessen Regentschaft das →Hochstift die dunkle Zeit der Hexenverbrennung erlebte. Nicht nur das einfache Volk war dem Hexenwahn verfallen, Weihbischof Friedrich Förner und besonders FB Fuchs von Dornheim frönten einer grauenhaften Unmenschlichkeit, die ihre Höhepunkte 1616/17 und 1626-30 hatte.

Hexenwahn und -verfolgung, »kollektiver religiöser Wahn«, der sich zwischen 1400 und 1700 über Europa ausbreitete. Der H. setzte im BAischen intensiv im ersten Drittel des 17. JHs ein und wurde erst 1631 durch den Einmarsch der Schweden vom Kaiser gebremst. Die Hexentheorie war im 15. JH regelrecht aufgebaut worden. Im BAischen bricht unter dem →Hexenbrenner ein Massenwahn aus. Über 900 Menschen beiderlei Geschlechts, jeglichen Alters und Besitzstandes (darunter 5 BAer Bürgermeister, verschiedene Ratsherren und Kleriker als »Zauberer« verurteilt) fielen dem H. zum Opfer. Als der oberste Hochstiftsbeamte, Kanzler Dr. Gg. →Haan († 1628) auf einem rechtlich geordneten Verfahren bestand, wurden er und seine gesamte Familie als angebliche Teufelsverbündete ausgerottet. Besonders betroffen war das zum Hochstift gehörige Zeil. Die letzte Hexenverbrennung in BA fand 1633 statt. Gründe für das Ende des H.s: Finanzielle Erschöpfung, Furcht vor päpstlicher Bestrafung, Furcht vor Kaiser und Reichskammergericht, das Nahen des schwedischen Heeres im Sept. 1631.

Hildebrandt, Joh. Lucas von (* 1668, † 1745), Architekt, in der →Schönborn-Ära bedeutender österreichischer Baumeister, z.B. an Schloß Weißenstein, Pommersfelden beratend beteiligt.

Hilfsschule, 1911 in der Fischerei gegr. als eine der ersten derartigen Einrichtungen, die etwa ab den 60er Jahren in Sondervolksschulen mit differenzierter Ausrichtung umbenannt wurden.

Hiltner, Leonhard (*1816, † 1899), BAer, Pfarrer von St. →Gangolf, begr. das BAer Volksblatt mit; sein Vermögen stiftete er zur Erbauung der →Ottokirche.

Himmelfahrt Mariä, →Obere Pfarre, →Tintoretto.

Himmelreich, Flurname (von der Wörthstr. re. abzweigend).

Himmelsgarten, auch Kräutergarten oder lat. Herbarium gen., mit ca. 600 verschiedenen Kräutern 1614 - 17 bemalte einzigartige Decke in St. Michael, akribische Detailgenauigkeit, ein wahres Apothekerlexikon aufgrund eines enormen Kräuterheilkundewissens, Künstler unbekannt.

Himmelsleiter, ehem. Brauerei, Judenstr. 8/10.

Hindenburg, Paul von (* 1847, † 1934), Reichspräsident, Ehrenbürger von BA.

Hirschbühl, Flurname (von der Erlich- zur Theresienstr.).

Hirschknock, heute BA, ehem. OT der Gemeinde Gundelsheim. Flurname für ein erhöht liegendes, bewaldetes Gelände (Knock = Hügel), Stadtteil Kramersfeld.

Hirtenwiese, die H. war etwa da, wo heute die Hirtenstraße ist.

Historisches Museum, es ist seit 1938 im O-Trakt der →Alten Hofhaltung untergebracht; zuvor Unterbringung im Kloster Michelsberg. Es präsentiert die Geschichte der Stadt und des Umlandes von der Vorzeit bis in die Gegenwart, Kunstwerke des MAs u.v.a.; besuchenswert! (Mai - Okt., 9 - 17 Uhr, außer Montag).

Hochgericht, ungefähr in der Mitte zwischen dem Straßenzug Am Hochgericht und dem östl. Ende der Galgenfuhr stand das »Hochgericht«, der Galgen.

Hochgrab, kaiserliches, →Kaisergrab.

Hochstift, Bezeichnung im römisch-deutschen Reich für das weltliche Herrschaftsgebiet eines FBs, im Unterschied zum Bistum als geistl. Verwaltungsgebiet.

Hochstiftsgrenze, die H. BAs zu Bayreuth verlief zwischen Kalteneggolsfeld und Volkmannsreuth.

Hochstift Bamberg

Hochwasser, ab 27. Feb. 1784 größtes und folgenschwerstes H. in BA, das fast alle Brükken zerstörte; →Eisgang, →Sperrschleusen.

Hochzeitshaus, Am Kranen 12, an der Stelle des Wirtshauses →»Zum Wilden Mann« von 1611 - 16 im Renaissancestil errichtetes städt. Festhaus (Stadtbaumeister Simon Rohrauff und Johann Mohrhaupt). Das Portal stammt von Bildhauer Hans Beckart. Das H. war Herren- und Bürgertrinkstube, diente der Vermietung für private Feiern wie Hochzeiten. Ab 1720 beherbergte es einen Hörsaal für die juristische Fakultät der Universität. Dann diente es als Zeichnungsschule, Mautmagazin, Mautbüro, Gewerbeschule. 1871 fielen die Steingiebel einem Brand zum Opfer. 1945 erneut ausgebrannt. 1946 Zweigstelle der Phil.-Theolog.-Hochschule, heute von der →Universität genutzt.

Höcherbühl, Flurname (von der Schellenbergerstraße nach S).

Hofapotheke, Untere Karolinenstr. 20, eine der ältesten Deutschlands, im Febr. 1455 gestattete Bischof Anton von Rotenhan den Klüpfels, die H. an der →Schütt zu erbauen; der jetzige Bau ist Ersatz für die abgebrannte Apotheke und wurde 1577/78 von Erasmus→Braun errichtet; von einem Umbau von 1772 sind die Innenräume wie auch die Kräuterkammer erhalten. An der Hausecke eine bemerkenswerte Statue, die die Marienkrönung zeigt. Die H. wurde auch »Oberapotheke«, »Zur Schwane« oder »Apotheke an der Schütt« gen. 1846 kaufte der Apotheker August Lamprecht aus Lübeck die H. In BA gab es zu der Zeit noch 4 andere Apotheken. →Reuß.

Hofbäckerei, Dominikanerstr. 8, alte Bäckerei li. neben dem Gasthaus Schlenkerla, hoffentlich existiert sie noch recht lange in eigenständigem Betrieb.

Hofbräu, früher Lessings Frankenbräu, ehem. Brauerei, Pödeldorfer Straße, 1885 erbaut von Simon Lessing (heute befindet sich an dieser Stelle die AOK).

Hoffmann, →E.T.A. Hoffmann.

Hoffmannklause, auf der Altenburg, der Dichter E.T.A. Hoffmann hielt sich hier gern auf und malte sie aus.

Hofhaltung, →Alte Hofhaltung

Hofstadt, nordwestl. der Luitpoldstr., gegenüber der →Theuerstadt, ursprüngliches Gärtnerland; heute befinden sich noch etliche Gärtneranwesen in der H.

Hohenhausen, Ferdinand Freih. von, (* 1782, † 1852), erbaute 1808 das E.T.A.-Hoffmann-Theater, ebenso das ehem. Martinsschulhaus (Holzmarkt 10) und die alte Leichenhalle im Friedhof. Während der →Säkularisation hatte

Hofapotheke

er sich den Beinamen eines »bayerischen Einreißmeisters« eingehandelt (z.B. Abtragen weiter Teile der Giechburg). Er wirkte in BA von 1806 - 17.

Hohenlohe, →Friedrich von Hohenlohe.

Hohenzollern, auch H.sche Markgrafschaft, Nachbar des BAer Hoheitsgebietes, schloß sich im 16. JH dem Protestantismus an, außerdem galten sie von jeher als mächtiges Gegengewicht zum →Hochstift BA.

Hohes Kreuz, großes steinernes Kruzifix an der Würzburger Straße mit Maria und Johannes, einst außerhalb der Stadt auf einem hohen Punkt. Das H.K. ließen v. Casche und J.F. Rosenzweig 1706 allerdings auf der →Oberen Brücke aufstellen. Nachdem sie von →Gollwitzer ein der Ob. Brücke eher entsprechendes Kreuz fertigen ließen, kam das H.K. an seinen heut. Platz.

Hohe Warte, Alte Hofhaltung (re. des →Reichen Tores), im 12./13. JH zur Burgbefestigung errichteter Turm, 1487 got. Umbauten, Abbruch 1777.

Hohmann, Friedrich (* 1843, † 1915), Oberbaurat, baute als Vorstand des BAer Straßen- und Flußbauamtes mit Stadtbaurat Lindner 1887 - 90 die Hochwasserschutzdämme am re. Regnitzarm. Die Hohmannstr. ist nach ihm benannt.

Hollergraben, der Wassergraben und die an ihm einst gelegenen Haller-Felder, →Haller, (vom Zwinger - Ottostr. zur Hainstraße).

Holzfeld, Flurname (von der Wörthstraße zum Berliner Ring).

Holzhof-Kaserne, Nürnberger Str., 1884/87 erbaut. Die dort liegenden →Ulanen waren zuvor in säkularisierten Klöstern untergebracht.

Holzmagazine, befanden sich im →Hundsbühl und im Baustadel im Sand; sie waren Privateigentum von Bäckern und Wirten, die ihren Holzvorrat wegen Feuergefahr nicht in ihren Häusern lagern durften.

Holzmarkt, beim heut. Engl. Institut, von dort aus Holzhandel bis hin zum Burgershof; Bauern lieferten Hart- und Weichholz sowie Kienspäne. Aufgrund der ausschließlichen Holzfeuerung war die Nachfrage durch Bürger und Handwerksleute groß. Heute nur noch namentl. Bezeichnung; ehem. Schulhaus des Freiherrn von →Hohenhausen, Holzmarkt 10.

Honigmarkt, in Bayern einzigartiger, eintägiger Markt auf dem →Grünen Markt in BA, alljährlich am Faschingsdienstag, nur naturreiner und inländischer Honig darf verkauft werden. Der H. ist ein jahrhunderte alter Brauch.

Hopfen, war vor allem für BAer →Juden seit dem 18. JH ein wichtiges Handelsprodukt, das der Stadt im 19. JH Bedeutung brachte. Die BAer bauten, nachdem man den Weinbau aufgegeben hatte, seit dem späten 18. JH Hopfen an. Den zusätzlichen Bedarf deckte man mit Zulieferungen aus Böhmen.

Hopfenhandel, BA bildete im 19. JH den Mittelpunkt des europäischen H.s, den besonders die BAer Juden betrieben; in der Hainstr. wurden hinter den mächtigen Villen zum Hopfendarren und -lagern Nebengebäude errichtet, ehem. Hopfenlager, Hainstr. 7, 18 und 20. Es gab 76 BAer Hopfenhandlungen, davon 22 im Haingebiet.

Hopffer, Heinrich, Dekan und Kirchenrat, evang. Pfarrer in BA 1861 - 86, BAer Ehrenbürger.

Hornthal, Dr. Franz Ludwig von (* 1760, † 1833), kgl. bay. Oberster Justizrat, jüdischen Glaubens, bedeutender politischer Schriftsteller, erster BAer Bürgermeister (1818 - 21).

1819 - 22 erster BAer Landtagsabgeordneter.

Hotel Bück Dich, Spitzname für die ehem. Gaststätte Kilgus, Egelseestr. 78, mit nettem Gärtchen; Namensgebung wegen der niedrigen Räume und Türstöcke.

Hoys, Leopold, (* 1713, † 97), Groß- und Kleinuhrmacher, geschworener Meister, fblicher Hof- und Domkapitelscher Uhrmacher. Die BAer Rathausuhr am →Alten Rathaus (mit der bis dahin unbekannten Einrichtung des Viertelstunden- und Stundenschlages) ist von ihm. Er lieferte prunkvolle Uhren von bester Qualität im Stil des →Rokoko un des →Zopf. Grabinschrift an der →Brautpforte der Ob. Pfarre; →Uhrrichterhaus.

Hühnermästerei, ehem. fbliche H., in der Unteren Sandstr. im Bereich des späteren →Allgem. Krankenhauses.

Hüttenfelder, Flurname (von der Erlich- zur Theresienstraße).

Hugo von Trimberg, →Trimberg.

Humanismus, Geisteshaltung in der→Renaissance, in Deutschland durch ital. Studenten verbreitet; Wertschätzung der Individualität. Die Humanistenkreise, die sich entwickelten, beschäftigten sich mit der Wiederbelebung antiken Gedankengutes. Die Buchdruck-Erfindung förderte die Verbreitung des H., →Georg III., Schenk von Limpurg (16. JH).

Humsera, legendäre und am →Grünen Markt versteinerte Marktfrau (Brunnen), die es als Markthök'n wirklich gegeben hat. Markthök'n waren im Gegensatz zu Gärtnersmarktfrauen ohne eigenen Felderbesitz. So mußten sie selbst Gärtnerprodukte kaufen, um sie dann mit etwas Gewinn zu verhökern (= weiterzuverkaufen). Von Liesel Rost (* 20.7.1911, † 28.2.1992) oft leibhaftig verkörpert. (s. Abb. auf Farbtafel IV, o.r.)

Hundsbühl, ehem. Straßenname aus dem 14. JH, heute Nürnberger Str. 1-87/2-74; im 17. JH: »Auf dem neuen Bau« gen.

Hussiten, Anhänger von Johann Hus (* 1369, †1415); Hussitenkriege (auch Kelchkriege) mit reformatorischen und nationalböhmischen Zielen. 1430 bedrohten böhmische Hussiten auch BA, nur gegen Zahlung eines Lösegeldes blieb die relativ unbefestigte Stadt verschont (Hussitensteuer). Geistliche und reiche Bürger ließen die Stadt im Stich und flohen ins Umland. Der BAer FB Friedrich III. von Aufseß wich in die BAer Besitzungen nach Kärnten aus. Das Domkapitel floh mit dem Domschatz auf die Giechburg bei Scheßlitz. Die H. plünderten die verlassenen →Domherrenhöfe.

I

Immunitäten, auch Immunitätsbezirke, geistl. Frei- oder Sonderbezirke mit Ummauerung, etwa ab dem 12. JH, in denen zeitweise fast die Hälfte der damaligen BAer Bevölkerung lebte. Die andere Hälfte bildeten die Stadtbürger (cives), die sich des öfteren im Kampf um mehr Selbständigkeit gegen den Bischof stellten. Die Immunitätenbewohner hatten Sonderrechte: eigene Gerichtsbarkeit und Steuerbefreiung. Politisch wurden sie allerdings unmündig gehalten. Dom, Michelsberg, St. Jakob, St. Stephan und St. Gangolf waren über JHe solche I. Die Immunität Dom übernahm ab dem 13. JH unter den I. eine führende Rolle. Bis zum 17. JH boten die I. flüchtigen Verbrechern für begrenzte Zeit Asylrecht. Die Mauern und Zäune der I. legte man Anfang des 18. JHs ein. Der anhaltende I.-streit führte zur Abwanderung namhafter Familien.

Immunitätenstreit, auch Immunitäten- oder Muntäterkrieg, um 1435 (bereits 1285 wird von einem I. berichtet), auch als Folge der massiven Ungerechtigkeit zwischen Immunitätenbewohnern und Stadtbürgern und des Hussiteneinfalls (→Hussiten) zu verstehen; das geistliche und das bürgerliche Lager gerieten aneinander; Ansturm auf das Kloster Michelsberg, Kloster verwüstet. Der Sage nach soll FB Anton von Rotenhan von einem Metzgerburschen einen Messerhieb abbekommen haben. Am Ende ist wie im Würzburgischen (Schlacht von Bergtheim, 1400) die Geistlichkeit Sieger. →Altes Rathaus.

Industrie, in BA sind überwiegend Elektro-, Maschinenbau- und Textilbetriebe ansässig.

Infanteriekaserne, von 1891, an der Pödeldorfer Str., bis heute Kaserne, seit 1945 Garnisonskaserne der US-Streitkräfte.

Innerstädtischer Ring, Ring um die Kernstadt in teilweiser Einbahnführung: Königstr., Luitpoldstr., Willy-Lessing-Str., Lange Str., Kapuzinerstr., Innere- und Äußere Löwenstraße.

Inselrathaus, →Altes Rathaus.

Inselstadt, Bezeichnung für den Teil der Stadt zwischen re. und li. Regnitzarm, der durch die Teilung der Regnitz im Süden und den Wiederzusammenfluß nördl. von BA bestimmt ist; die Insel wurde wohl ab dem 12. JH besiedelt und bedurfte erst einer Trockenlegung. Mittelpunkt der I. ist die Pfarrkirche St. Martin am Grünen Markt in der Fußgängerzone.

Institut der Englischen Fräulein, →Englisches Institut.

Institutskirche, die I. der Englischen Fräulein am Holzmarkt wurde 1727 vollendet und geweiht. 1803 aufgelöst, 1827 wieder erneuert. Die I. hat ein einfaches, flachgewölbtes Langhaus mit einer Innenausstattung aus Spätbarock und Rokoko. Dachreiterhöhe 25 m.

Investiturstreit, Streit zwischen Kaiser und Papst im 11./12. JH, wo es u.a. darum ging, wer die Bischöfe einsetzen durfte; das Investiturrecht gab dem Kaiser das ausschließliche Recht der Bischofseinsetzung (polit. Abhängigkeit). Der I. konnte dank Bischof →Ottos friedlicher Bemühungen durch das Wormser Konkordat von 1122 beigelegt werden.

J

Jäck, Heinrich Joachim (* 1777, † 1847), Langheimer Zisterzienserpater, er baute aus säkularisierten kirchlichen Bücherbeständen die heut. →Staatsbibliothek auf und war seit 1803 ihr erster Bibliothekar; eifriger Lokalhistoriker und großherziger Stifter. Die Jäckstraße ist nach ihm benannt.

Jagdzeughaus, →Fbliches Jagdzeughaus.

Jakobsberg, einer der 7 Hügel, oberhalb des Domberges.

Jakobsfigur, in der Nische der stadtzugewandten Schmalseite der →Jakobskirche steht die überlebensgroße Figur des Hl. Jakob von Ferdinand →Tietz.

Jakobskirche, älteste erhaltene kath. Kirche BAs, Bischof Hermann (1065 - 75) hat das Gotteshaus und Chorherrenstift 1071 aus privaten Mitteln gegr., vom Hl. Otto 1109 geweiht. Dreischiffige, flachgedeckte Säulenbasilika mit 2 Chören über Krypten; die J. ist die einzige weitgehend rom. Kirche BAs, einst 2 Türme; Romanik, Gotik und Barock; 1552 durch Albrecht →Alcibiades stark geplündert; Rettung vor Abbruch durch Kauf nach der →Säkularisation 1805 durch die marianische Herren- und Bürgersodalität (1615 gegr.); ab 1852 Nutzung durch →Franziskaner, Ende 19. JH stilbereinigt; südl. der Kirche waren einst die Stiftsgebäude, Teile erhalten, interessant der südl. Ausgang. 1990 kam es zu einem Brand in der J., nach 3jähriger Arbeit generalsaniert. (s. Abb. auf Farbtafel IV, m.l.)

Jazzclub, BA e.V., Ob. Sandstr. 18 (Jazzkeller).

Jesuiten, Gesellschaft Jesu, kath. Orden, 1534 von Ignatius von Loyola gegr., Ausbreitung in Europa im 16. JH, Hauptkraft der →Gegenreformation; nach zeitweiliger Ordensaufhebung 1814 wieder eingeführt. FB Joh. Gottfr. von Aschhausen rief die J. ab 1611/12 nach BA. Er übergab ihnen 1611 die Leitung des Gymnasiums, 1613 auch die Führung des Priesterseminars (Collegium Ernestinum). Gebäude und Schule sind eine Gründung des FBs Ernst von Mengersdorf (1583 - 91) von 1587. Die J. errichteten daneben 1611 - 13 für das Gymnasium (späteres →Altes Gymnasium) einen eigenen Schulbau einschließlich der →Aula. Die →Schweden setzten den J. im →Dreißigjährigen Krieg ganz besonders zu: 1632 wurden das Collegium und der Schulbau zum Quartier des Oberst Wildenstein, dann der Bülowschen Reiter; ausgeplündert und verunreinigt. Unter FB Melchior Otto Voit von Salzburg erhoben die J. ihre Schule 1648 zur Akademie Ottonianum (theolog. und philosoph. Fakultät). Die theolog. war im Schulbau, die philosoph. im ehem. Haus zum Bock (auch Seminarhaus) untergebracht. Die Um- und Erweiterungsbauten zwischen 1696 und 1735 führten zuerst Werkleute des Ordens, anschließend der Baumeister Konrad →Finck durch. Bei Umbauten Ende des 18. JHs waren Joh. Lorenz →Finck und Gg. Joseph →Mutschele beteiligt. Unter FB Friedrich Carl von →Schönborn wurde die Akademie 1735 durch Hinzufügung einer jurist. Fakultät im →Hochzeitshaus, unter FB Adam Friedrich von Seinsheim 1749 durch eine medizin. Fakultät ergänzt. Erst nach Aufhebung des J.-Ordens 1773 Anerkennung der 1. BAer Universität als Universitas Ottoniana Fridericiana.

Jesuitenkirche, →Martinskirche.

Jesuitenkolleg, (ehem., Kolleggebäude 1696 - 1735 durch Ordensleute und unter Leitung Konrad →Fincks errichtet), Eingang Zur Universität 2; um einen langgestreckten, rechteckigen Hof hinter der →Martinskirche gruppieren sich die Gebäude des ehem. J.s. Seit 1773 Universitätshaus, seit 1803 im Ostflügel das Lyzeum, im Westflügel war einst die →Staatsbibliothek, im nördl. Verbindungsflügel das →Naturalienkabinett, im südl. Seitenflügel die Pfarrei St. Martin. Vorgeschichte: seit 1238 1. Karmelitenkloster in BA (2. Niederlassung in Deutschland), 1252 Ordenskirche errichtet, 1279 fbliche Erlaubnis, neben der Kirche ein Kloster zu errichten. Die Gründung des Collegium Ernestinum durch FB Ernst von Mengersdorf hatte zur Folge, daß die →Karmeliten in das leerstehende Zisterzienserinnenkloster am Kaulberg umzogen. Heute wieder Nutzung durch die Universität.

Johanniskapelle, 1343 zum ersten Mal auf dem Ob. Stephansberg erwähnt, 1400 eingeweiht, 1803 profaniert; jetzt noch als Lagerhalle genutzt. Sie soll einer sinnvollen Nutzung zugeführt werden.

Johannistempel, im oberen Hain in der Nähe der kleinen →Nepomukstatue.

Josefsanstalt, heute Schülerheim St. Josef, (Jakobsplatz 15), als Lorberhof mit Garten, im Stil eines Schlosses der franz. Spätrenaissance (4 Flügel um einen Hof) im 17. JH erbaut, bis 1809 im Besitz der gleichnamigen Patrizierfamilie, seit 1880 von Salesianern geleitetes Schülerwohnheim.

Josefskirche, an der Balthasar-Neumann-Str., 1969 als Filialkirche von St. Martin eingeweiht, kreuzförmiger Grundriß, Architekt Adolf Jakob.

Juden, haben eine beinahe 1000jährige Geschichte in BA (erste J. im Bautroß für den Heinrichsdom). Im 11. und 13. JH ließen viele J. in BA ihr Leben durch Pogrome (russ., gewaltsame Ausschreitungen gegen andersdenkende Minderheiten). Das Rindfleischpogrom – durch die Anschuldigung des Hostienfrevels ausgelöst – kostete 135 BAer J. das Leben. 1349 wieder J.verfolgungen durch →Friedrich von Hohenlohe. Die J. wurden für die aus dem Orient eingeschleppte Pest verantwortlich gemacht und der Brunnenvergiftung bezichtigt. Schutzgelder wurden an den Bischof gezahlt, ohne dafür echten Schutz zu erhalten. J. durften keiner Innung, Gilde oder Zunft beitreten, also mußten sie sich auf den Handel verlegen. Nach den Vertreibungen ab 1478 überlebten die J. hauptsächlich in Fürth, das im Besitz mehrerer Herrschaften war, und in ritterschaftlichen Dörfern. Bis zum späten 16. JH gab es in BA keine jüd. Gemeinde mehr. Im 17. und 18. JH erst zogen wieder jüd. Familien verstärkt zurück. Sie wohnten überwiegend im Umfeld der Hellerstraße. Nach dem Judenedikt 1813 konnten J. in und um BA seßhaft werden. Nun waren sie anderen Bürgern gleichgestellt. Nach dem Edikt mußten sie sich allerdings auch Nachnamen geben. Dank der abgeschafften Matrikelgesetze, welche die Zahl festlegten, wieviele J. in einer Stadt leben durften, war eine Voraussetzung fürs Seßhaftwerden geschaffen worden. Der europäische →Hopfenhandel fand Mitte des 19. JHs durch die J. in BA ein Zentrum. Das Hainviertel BAs erfuhr durch diese Entwicklung seine Prägung. BA wurde durch jüdische Geschäftstüchtigkeit sehr entscheidend mitgeprägt. So geht die Einrichtung einer →Straßenbahn um die JH-Wende auf jüdische Initiative zurück. 1933 hatte BA 54161 Einwohner, davon 812 Juden. Die BAer Gemeinde war aus wirtschaftlicher Sicht eine der bedeutendsten jüdischen Gemeinden in Deutschland (Banken, Vieh- und Hopfenhandel, Geschäfte). Ab 1935 verbot man Juden das Betreten von Cafés. Trotz ihrer künstlerischen, geistigen und wirtschaftlichen Leistungen mußten die J. aufgrund blindwütiger Rassegesetze im Nationalsozialismus erkennen, daß Flucht die einzige Überlebenschance war, obwohl viele im 1. WK für Deutschland gekämpft hatten. Hauptziele der Flucht waren: USA, England, Palästina und Niederlande. Der vielfach zu spät erkannte Wahnsinn bedeutete für viele grausame Verfolgung und Tod. Die jüdische Gemeinde BAs war nach 1942 durch Flucht, Verschleppung und Tod nahezu verschwunden. Heute gibt es in BA wieder eine jüd. Gemeinde (1996, 350 Mitglieder). Die Israelitische Kultusgemeinde sorgt u.a. für die religiöse Erziehung ihrer Kinder und trägt auch durch sachliche Öffentlichkeitsarbeit zu Verständnis und geschichtlicher Bewältigung bei.

Judenfriedhof

Judenfriedhof, bis zur Vertreibung der Juden 1478 lag der »Judenfreythof« vor dem →Sandtor (hinter dem Haus Sandstr. 29), nach ihrer Wiederansiedlung Begräbnis der Toten im 16. JH in Zeckendorf, 17. - 19. JH in Walsdorf, 1851 entsteht der BAer J., 1855 ein Leichenhaus mit Betsaal an der Hallstadter Straße.

Judenghetto, ehem. Judenviertel zwischen Judenstr. und Schranne bis ins 15. JH.

Judenhof, im 14. JH das Areal zwischen Pfahlplätzchen, Alter Judenstraße, Theresienplatz und Lugbank, dazu gehörte die Synagoge, das Judentanzhaus und die Judenbadstube. Der J. ging durch die große Verfolgung unter FB →Friedrich von Hohenlohe 1349 in dessen Besitz über.

Jüdische Synagogen, 1. ehem. Synagoge, Judenstr. 1, nach Judenverdrängung im 14. JH unter FB Gg. von Schaumberg (15. JH) umgebaut, fortan Marienkapelle, 1803 säkularisiert, dann Kornmagazin, Möbelmagazin, Scherenschleiferei, städt. Schrannenhalle, Turnhalle, Tanzhaus, Badstube und Judenschule, seit 1946 Kirche der evang. Baptistengemeinde.

Ehem. Synagoge, Judenstr. 1

2. ehem. Betraum in der Hellerstraße (vorher Hellergasse 15) bis 1487 genutzt.
3. Synagoge in der Generalsgasse 15 von 1678 - 1852, dann umgebaut; genutzt von 1853 - 1910; 1987 abgerissen.
4. ehem. Synagoge am Synagogenplatz, 1910 von Joh. →Kronfuß erbaut, am 9.11.1938 in der →»Reichskristallnacht« in Brand gesteckt, am 11.11.38 wurden die Reste gesprengt.
Am 9. November 1995 Einweihung des neugestalteten Synagogenplatzes mit dem Mahnmal von Prof. Joachim Bandau, Aachen.

Jugendherberge, Wolfsschlucht, Ob. Leinritt 70 (nahe Bug). Tel. 0951/56002, Mitte Dez. - Ende Jan. geschlossen. Das Haus wird seit 1953 als J. betrieben. Von 1953 - 60 hießen die Herbergseltern Mucha, von 1960 - 72 Gruber, seit 1972 betreibt Familie Schumm die J. Von 1972 an unterzog man die J. mehreren Sanierungsphasen, um sie dem allgemeinen Standard anzupassen. Die J. bietet 84 Betten in 18

Zimmern. (Die zweite BAer J. am Stadion gibt es nicht mehr).

Jugendstil, Epoche von 1895 - 1910, in BA vom sehr eigenwilligen und berühmten »Stadtbaurat« Hans Jakob →Erlwein geprägt (einer seiner Gegner soll geäußert haben: „Es gibt kein Stadtbauamt mehr, sondern nur noch einen Stadtbaurat".), der vom »eigenen Stil« sprach, aber doch aus der Epoche Großartiges hinterließ; z.B. das →Eltwerk, das heut. →Stadtarchiv, den →Schlachthof und die →Luitpoldschule.

Jugendzentrum, Städt., Margaretendamm 12a, Einrichtung von 1977.

Jungfernleite, Flurname (von der Heßlergasse nach S, im Stadtteil Gaustadt).

Jungkraut, Flurname am Steinberg (von der Rothofer zur Vogtstr. im Stadtteil Gaustadt).

Justizgebäude, →Gericht.

Justizvollzugsanstalt, (JVA), um 1760 erbaut, am Leinritt, Zugang Obere Sandstraße, an der Stelle des ehem. →Elisabethenspitals, Zucht- und Arbeitshaus, heute Untersuchungsgefängnis für Männer und Frauen, im BAer Volksmund →»Café Sandbad«.

Synagogenplatz mit dem Mahnmal von Prof. Joachim Bandau und Justizgebäude im Hintergrund

K

Kabarettage, vom 28. Nov. - 14. Dez. 1985 fanden die ersten BAer K. statt. Sie finden seither jedes Jahr um diese Zeit statt.

Kabarettgruppen, Dadavon, Der Rest, Die Tanten, TBC (Totales Bamberger Cabaret).

Kaipershof, auch Keipershof, Wohnhof an der Schützenstraße unweit Kreuzung Ottostraße. Früher altes Ökonomiegut, das »Bauerngut« war im 13./14. JH zweigeteilt: der östl. Teil hieß Erlahof, die westl. Hälfte besaß Fritz Kaiper, Bürger zu BA, letztlich waren beide Hälften im Besitz F. Kaipers, daher die Namensgebung. Als die Kaipers 1525 evang. wurden und nach Nürnberg zogen, kam der K. in die Hände verschiedener Besitzer. Die Nachfahren des jüdischen Besitzers Heßlein (1798) verkauften Grundstücke des K.es und ermöglichten damit die Umwandlung in Bauland für die spätere Entstehung des Hainviertels.

Kaiserdom, Brauerei, Gaustadt, Breitäckerstr. 9, 1718 gegr., um 1900 hieß sie »Müllersche Brauerei zu Gaustadt«, ab 1910 »Brauerei Wörner«, dann »Bürgerbräu Gaustadt«. Die K.-Biere gibt es auf allen Kontinenten; man produziert 11 Biersorten.

Kaiser Heinrich, →Heinrich II.

Kaisergrab, 1499 - 1513, mit Reliefdarstellungen, von der Würzburger Bildhauerwerkstatt des Künstlers Tilman →Riemenschneider aus fränk. Juramarmor geschlagenes Doppelhochgrab (die Vorzeichnungen für die Reliefs sollen von Wolfgang →Katzheimer stammen) im O-Chor des Doms, stand einst etwa in der Mitte des Doms, Wallfahrtsmittelpunkt. Die Deckplatte zeigt das Kaiserpaar →Heinrich und →Kunigunde im Krönungsornat; davorstehend re. Kunigundenseite: Feuerprobe der Kaiserin; das Pfennigwunder bei der Entlohnung der Bauarbeiter von St. Stephan; li. Heinrichseite: Heilung von einem Steinleiden durch den Hl. Benedikt; seine Seelenwägung durch Erzengel Michael; Rückseite: Tod des Kaisers.

Kaisergrab

Kaiser-Heinrich-Gymnasium, heute am Fuß des →Altenburgberges, Neubau vom Anfang der 70er Jahre, →Altes Gymnasium.

Kaiserpfalz, Heinrichs II., →Alte Hofhaltung.

Kaisersaal, Mittelpunkt der →Neuen Residenz am →Domplatz, im 2. Geschoß, vom Würzburger Hofmaler Melchior →Steidl aus Innsbruck 1707 - 09 mit Fresken gestaltet; zu besichtigen im Rahmen von Residenzführungen (tägl.); genutzt für Stadtempfänge, Kunstausstellungen und Konzerte der Symphoniker.

Kaiserstadt, einer der vielen berechtigten Beinamen der Stadt. →Heinrich II.

Kaiserwirt, ehem. Brauerei, Mittl. Kaulberg 30/32.

Kamm, Joh. Bernhard (* 1736, † 1816), letzter fblicher Hofbildhauer, z.B. die Kanzel in der Gangolfskirche, Wächterfiguren an der →Alten Hauptwache, das Rokokochorgestühl in St. Stephan. →Gertraudenspital.

Kammerleiten, auch Kammerlatten, ehem. Weinberge am südl. Abhang des Michaelsberges.

Kammermeister, Flurname (von der Memmelsdorfer Str. nördl. abzweigend).

Kammermeisterhof, neues Wohngebiet nördl. der Memmelsdorfer Str. nach der Unterführung stadtauswärts.

Kanal, →Rhein-Main-Donau-Kanal, →Ludwig-Donau-Main-Kanal.

Kapitelhaus, Domplatz 5, →Metropolitan-Kapitelhaus, →Diözesanmuseum,.

Kapuziner, lat. Ordo Fratrum Minorum Capucinorum, Abk.: OFMCap, kath. Bettelorden von Matteo Basci 1525 als Zweig der Franziskaner gegr. und von Papst Clemens VII. 1528 bestätigt. K. leben in völliger Armut und widmen sich besonders der Volksseelsorge. In Deutschland sind die K. seit etwa 1600 beheimatet. Tracht: braune Kutte mit langer, spitzer Kapuze. K. sind Bartträger.

Kapuzinerkloster, 1636 durch Architekt Giovanni →Bonalino an der Stelle des heut. →Clavius-Gymnasiums erbaut; Kapuziner waren vorher seit 1626 an der Weide ansässig; der Garten des Klosters reichte bis zur Fischerei; 1826 aufgelöst, seit 1835 in städt. Besitz, Kirche 1878 abgerissen.

Karfreitagsbittgang, über 100 Jahre alt, 7 fromme BAer begründeten die noch gepflegte Tradition um das Jahr 1890. Ausgangspunkt →Karmelitenkirche/Zielpunkt →Hl. Grab der St.-Getreu-Kirche.

Karl-May-Museum, Hainstr. 11, bis Herbst 1994 existierendes Museum in BA, das an seinen ursprünglichen Ausstellungsort Radebeul zurückgekehrt ist. Die ehem. DDR hatte Karl May über einige Jahrzehnte verleugnet. Die Rechte an seinen Werken, an den Einrichtungsgegenständen seines Wohn- und Sterbehauses, der Villa „Shatterhand“ in Radebeul, waren nach BA verkauft worden. Im K.M.M. konnte der Besucher Karl Mays Arbeitszimmer, seine Bibliothek und sein Sterbebett sehen; darüber hinaus war eine indianische Sammlung zu bewundern.

Karmel, BAer Kurzfassung für →Karmelitenkloster, vor allem aber für das Schülerwohnheim und Spätberufenengymnasium →Theresianum.

Karmeliten, kath. Bettelorden, aus Eremitengemeinschaft vom Berg Karmel (Haifa, Israel) Mitte des 12. JHs entstanden; Schwerpunkte: Wissenschaft, Seelsorge und Mission. Ordenstracht: Brauner Habit (=Kutte) mit schwarzem Mantel, Kapuze. Frauenbrüder wurden sie wegen der Nähe ihrer Mönchssiedlung zu einer Marienkirche gen.. Um 1273 hatten sie sich an der Stelle des Pfarrhofes der →Martinskirche niedergelassen, Klostergründung: bis 1371 Bau einer →Bettelordenskirche und des Klosters; 1460 Klosterreform durch Bischof Georg I. von Schaumberg; 1589 Umzug ins damalige Zisterzienserinnenkloster am Kaulberg, →Karmelitenkirche, →Karmelitenkloster.

Karmelitenkirche, Karmelitenplatz 1, am W-Abhang des Knöckleins, einst St. Maria und Theodor, ehem. doppeltürmige rom. Basilika des 12. und 13. JHs (Erweiterung), siehe zugemauertes Löwenportal, ältestes BAer Portal.

Unter den Karmeliten 1695 barocker Umbau, Altarraum nach W verlegt, Fassade und Eingang nun stadtzugewandt. Johann Leonhard →Dientzenhofer war am Umbau beteiligt. Fast alle Außenfiguren und Innenplastiken von L. →Gollwitzer (und den Söhnen des Joh. Gg. Götz), frühbarocke Innenausstattung 1804 verlorengegangen. Nördl. Turm 1819 abgerissen, der südl. Turm besteht noch. Kanzel und Josephsaltar 1903 durch Karmelitenorden zurückgekauft, übrige Stücke durch eigene Werkstatt barock angepaßt. 1972/73 außen, 1981/82 innen renoviert.

Karmelitenkloster, am Knöcklein, am Nordwesthang des Kaulbergs, 1157 von Bischof Eberhard II. (1146 - 70) als Spital zum Hl. Theodor gegr. Adelige Nonnen aus dem Zisterzienserkloster Wechterswinkel bei Mellrichstadt/Unterfranken betreuten das Spital, das bis Ende des 13. JHs bestand. Eigentliche Gründerin des K.s war Gertrud von Stahleck, Schwester König →Konrads III.; ihr Mann Pfalzgraf Hermann von Stahleck wegen Landfriedensbruchs durch Kaiser →Friedrich I., Barbarossa, zum Hundetragen verurteilt, verließ schwer getroffen seine kinderlose Frau und trat als Bruder in die Zisterze Ebrach ein. Gertrud vermachte als Zisterziensernonne des Klosters Wechterswinkel Besitzungen ihres 1156 verstorbenen Mannes in und um Höchstadt/Aisch dem K. und brachte die Nonnen mit nach BA. Unter Bischof →Ekbert (1203 - 37) gehörte seine Schwester Mechthild, spätere Äbtissin von Kitzingen, dem K. an. Im 14. JH Umwandlung in ein Benediktinerinnenkloster; 1554 verließen die Nonnen das K. 1589 zogen die→Karmeliten ein, die es, abgesehen von 1803 - 1902, bis heute bewohnen. Die Klostergebäude befinden sich – zisterzienserüblich – südl. der Kirche um einen Kreuzgang.

Karmelitenkreuzgang, der wertvollste Teil des Karmelitenklosters, 1392 von Künstlern der →Parler(schule) mit der für sie typischen religiösen Symbolwelt geschaffen. Säulenkapitelle und Arkadenbögen aus goldbraunem Eisensandstein; rom. Wirkung trotz hochgot. Entstehungszeit durch Rückgriff auf rom. Elemente. Darstellungen aus: Bibel und Fabel. Trotz erheblicher baulicher Eingriffe im Jahre 1803 präsentiert sich der 1974 restaurierte K. als einer der sehenswertesten Kreuzgänge Frankens. Täglich zu besichtigen.

Karolingische Handelsstraße, auch Bernsteinstraße (Steinweg - Königstr.), schon zur Zeit Karls des Großen Handelsstraße: von Bardowiek nördl. von Lüneburg über Erfurt, Hallstadt und Forchheim (Königshöfe) nach Regensburg (Erwähnung im Diedenhofer Capitulare Karls des Großen von 805 beurkundet).

Kater Murr, →Murr.

Katharinenhof, offener Hof mit Wohngebäuden li. am Anfang der Nürnberger Straße in südl. Richtung; Statue der Hl. Katharina mit dem zerbrochenen Rad neben dem Tor. Der Hof gehörte dem →Katharinenspital. 1804 verlagerte man die Spitäler St. Elisabeth und St. Katharina in die Klostergebäude des Michaelsberges, den K. mit dem Spitalgebäude am →Maxplatz trat man an den Staat ab.

Katharinenspital, mit -kapelle, einst an der W-Seite des Maxplatzes, Stiftung der Patrizierfamilie Tockler (1203); es sollte nach FB Friedr. Karl von →Schönborn alle Stadtspitäler in sich vereinigen; Architekt B. →Neumann.

Kathedra, (griech.) →Bischofsstuhl.

Katholikentag, K.e fanden 1921 und 1966 in BA statt; bereits 1870 war eine sogen. Katholiken-Versammlung in BA.

Katzenberg, auch Katzenbuckel, Anstieg von der Dominikanerstr. zum →Domberg, Formation namengebend; möglicherweise flogen auch im sogen. →Immunitätenkrieg katzenförmige Geschosse einst Richtung Bürgerstadt (Insel-

Katzenberg

stadt). Unterhalb des K.es Hinweise auf Gerber durch archäologische Grabungen (1994).

Katzheimer, Wolfgang (* ~ 1430 - 35, † 1508), bedeutender BAer Maler, →»Apostelabschied« im →Historischen Museum, »Feuerprobe« in der →Altdt. Galerie.

Kaulberg, lat. Mons Globorum = Kul- oder Kugelberg (ma. Name), vielleicht von Kulen = Grubenanlagen, oder Berg der Sandgruben oder Keller; der zweite der 7 BAer Hügel von Süden her. Teil der alten ma. Handelsstraße von Würzburg nach Forchheim. Er reicht vom Pfahlplätzchen bis zum Laurenziplatz.

Kaulbergschule, Schulpl. 5, Teilhauptschule.

Keesmann, Brauerei mit Biergarten, Wunderburg 5, seit 1867 im Familienbesitz.

Kegelbahngasse, einstiger Spitzname für die Generalsgasse, der Eingang derselben an der Langen Straße war bis Mitte des 18. JHs mit Schwibbögen überbaut. Durch den Bau höherer Gehsteige entstand die Verengung, daher K.

Keilberth, Joseph (* 1908, † 1968), ehem. Dirigent der →BAer Symphoniker, die unter ihm Weltgeltung erlangten. K. war ein universaler Opern- und Konzertdirigent.

Kelheim, an der Donau, Anfangspunkt des einstmaligen →Ludwig-Donau-Main-Kanals.

Keller, Franz Seraphim Ritter von, Dr. (* 1838, † 1914), Domkapitular und Dompfarrer, Ehrenbürger von BA.

Kellerleben, eine der liebsten Beschäftigungen vieler BAer, die Begeisterung am K. schlägt sich auch in dem markigen Satz des BAer Dichters Gerhard C. Krischker nieder: „Was a echtä Bambercher is, geht auf sein' Keller, bis er schbaid!“ Vom Tal hinauf zieht es in den Sommermonaten viele BAer und Umlandbewohner auf die Bierkeller. Wer will, kann seine eigene Brotzeit mitbringen.

Kemmer, Emil (* 1914, † 1965), Bundestagsabgeordneter und Landrat von BA, er hat besondere Verdienste um den Ausbau der Jugendburg Feuerstein bei Ebermannstadt.

Keßler, alter Handwerkerstand der Topf- und Kesselflicker, die hauptsächlich in der Keßlerstraße wohnten, daher die Namensgebung.

Kettenbrücke

Kettenbrücke, zwischen Hauptwach- und Königstraße, auch Ludwigsbrücke; 1828/29 durch den bayer. Ingenieur Franz Schierlinger innerhalb von 18 Monaten aufgerichtet; 1. Kettenbrücke in Bayern. Die 1891 wegen Sicherheitsbedenken abgebrochene K. war 6 Jahrzehnte lang eines der vorzüglichsten Bauwerke und eine der Sehenswürdigkeiten des Landes. Die heut. K. ist mindestens die 6. Brücke an dieser Stelle. →Seesbrücke.

Kettenbrücksteg, 1. ehem. Notsteg südl. der im 2. WK zerstörten →Kettenbrücke.
2. Während des Wiederaufbaus der Kettenbrücke nördl. Notsteg, »Ludwig-Stocker-Steg«.

Kirchenstadt, Beiname BAs wegen seiner vielen Kirchen. (H.F. Fränkel, s. Quellenhinweis 11, weist einschließlich aller Kapellen und sonstiger kirchlicher Einrichtungen, ca. 100 »Kirchen« nach.)

Kirchgattendorfer Altar, 1919 in Kirchgattendorf bei Hof erworbener, reich geschmückter Flügelaltar im nördl. Seitenschiff des Doms, zwischen der →Marienpforte und dem →Fürstenportal; Renaissancemotive: Maria, Barbara und Katharina (um 1520).

Kirchweihen, →BAer K.

Kirschäcker, Flurname (von der Memmelsdorfer Straße abzweigend).

Klarenaltar, vom K. der ehem. Clarissenkirche sind nur noch die Altartafeln von →Pleydenwurff erhalten, sie sind heute in der →Altdeutschen Galerie in der →Neuen Residenz.

Klarissen- oder Klarissinnenkloster, →Clarissenkloster.

Klassizismus, Epoche des ausgehenden 18. bis Mitte des 19. JHs; in der Baukunst Neubelebung der antiken klassischen Formensprache; BAer Beispiele: die →Trautmannsmauer am →Domplatz, der frühklassizist. Bau des →Erzbischöflichen Palais, Obere Karolinenstr., das →E.T.A.-Hoffmann-Theater.

Kleebaum, ehem. Brauerei, Unt. Kaulberg 7.

Klein Venedig, am O-Ufer des li. Regnitzarmes, ehem. Handwerkersiedlung der Fischer, Schiffer, Färber und Gerber ab dem 14. JH, heut. Baubestand größtenteils aus dem 17. und 18. JH mit malerischen Fischerhäusern entlang der Regnitz; den romant. Namen gab der bayer. König Maximilian II. (1811 - 64) wegen der ehem. Pfahlbauten. Hochwasser gibt es in K.V. nicht mehr, →Sperrschleusen.

Klepperstall, (Klepper = Ersatzpferd), der K. war ein 1stöckiges Stallgebäude mit kleinen Wohnungen neben der ehem. Brauerei Zum Mondschein, Sandstraße. Dort standen die Pferde der fblichen Gendarmerie und der Thurn und Taxis-Post. 1830/50 nutzten die Chevaulegerregimenter die Stallungen. Beim Bau der →Markusbrücke 1887 wurde der K. wegen des Straßendurchbruchs abgerissen.

Klein Venedig

Klinikum, 1984 fertiggestellter und bezogener Krankenhausneubau in der Nähe des →Bruderwaldes, in Nachfolge des →Allgem. Krankenhauses.

Klosterbräu, älteste, noch tätige Brauerei in BA, Obere Mühlbrücke 1 + 3, ehem. fbliches Braunes Bierhaus, 1531 erbaut, seit 1790 in Privathand, dort braut man u.a. das »Schwärzla«, ein dunkles Bier.

Kloster Michelsberg, →Benediktinerkloster Michelsberg.

Kluge und törichte Jungfrauen, Biblisches Gleichnis (Matthäus 25, 1 ff.) in Stein gehauen an der →Brautpforte der →Oberen Pfarre.

Knabenhort, Verein, gegr. 1883, ab 1890 mit eigenem Haus in der Amalienstraße zur Beaufsichtigung und Beschäftigung von Knaben nach Schulschluß bis zum Abend; besteht nicht mehr.

Knoblauchsgasse, die K. gibt es nicht mehr, sie führte von der Heiliggrabstr. 2 östl. direkt in die Flur.

Königreich, am 5. Januar 1806 wird in BA Bayern als Königreich ausgerufen.

Königsmord, 1208 in BA, wahrscheinlich am Ort der heut. →Alten Hofhaltung oder in der →Kurie St. Pauli, Ob. Karolinenstr. 5. Am 21. Juni 1208 fand in BA ein glanzvolles Hochzeitsfest statt. Otto VII., Herzog von Andechs-Meranien, vermählte sich mit Beatrix von Burgund, der Nichte des Stauferkönigs Philipp von Schwaben, der sich die Ehre beim Hochzeitsfest gab. Damit schien der Aufstieg der →Andechs-Meranier in die unmittelbare Nähe der Königsfamilie möglich. Der Stauferkönig hatte sich nach den Feierlichkeiten zur Erholung in den Palast Bischof →Ekberts zurückgezogen, wo ihn der Pfalzgraf Otto von Wittelsbach aus nicht sicher geklärten Motiven (eine Sichtweise: er sah sich vom König in einem Eheversprechen getäuscht) erstach. Die Reichsinsignien wurden vorübergehend auf der →Altenburg verwahrt. Der Hausherr Ekbert geriet ebenso wie Markgraf Heinrich von Istrien (beide Andechs-Meranier) in den Verdacht der Mitwisserschaft. Beide verfielen der Reichsacht, die bayer. Besitzungen der Andechser fielen in die Hände der →Wittelsbacher, ihrer größten Konkurrenten. So gestaltete sich das Jahr 1208 als historische Wende für das Geschlecht der Andechs-Meranier.

Königstraße, sie hat ihren Namen von König Ludwig I. von Bayern (1825 - 48) nach einem Besuch von 1830. →Karolingische Handelsstraße.

Kolb, Joseph Otto, Dr. hc. (* 1881, † 1955), BAer Erzbischof (1943 - 55), unter ihm wurde die →Kunigundenkirche gebaut, Ehrenbürger von BA.

Kollegiatstifte, waren →St. Jakob, →St. Stephan und →St. Gangolf. Das bedeutete: Kollegien von kath. Weltgeistlichen (Chorherren, Stiftsherren), meist von einer Stiftung eingesetzt mit der Verpflichtung zu Chorgebet, Konventsamt und auch pfarreilicher Seelsorge. →Chorherrenstifte.
1. St. Maria und St. Gangolf: von Bischof Gunther 1063 als Stift gegr., vom Edelfreien Reginold aus der Familie der Walpot von Zwernitz und im 16. JH vom Bürger Eberhard reichlich gefördert. Hauptpatronin ist Maria, seit dem 14. JH ist St. Gangolf namengebend; eine bedeutende Persönlichkeit im K. St. Gangolf war der Laie Hugo von →Trimberg. Johannes von→Schwanhausen war Stiftskustos (= Stiftswächter). →Theuerstadt.
2. St. Stephan: als Nebenstift des →Domstifts 1009 von→Kunigunde gestiftet; am Anfang 16 Chorherren, die nach der Regel des Hl. Augustinus lebten. Kanonikerhöfe (Kurien): z.B. »Curia Leupoldi« Eisgrube 20, »Curia Ottnandi« Eisgrube 18, »Curia Braunwardi« Eisgrube 14, mit dem Türknauf →Apfelweib.

3. St. Jakob →Chorherrenstift St. Jakob.

Kolpingshaus, Mittlerer Kaulberg 35, nach Adolf Kolping (* 1813, † 1865), kath. Theologe, Begründer der Gesellenvereine, benannt. Am 2. Mai 1855 besucht »Gesellenvater« Adolf Kolping den BAer Gesellenverein. Gründer des BAer Vereins war der damalige Kaplan der →Ob. Pfarre, Leonhard Endres.

Konkordia, →Concordia.

Konrad III., (* ~ 1093, † 15.2.1152 in BA), Stauferkönig (1138 - 52), Sohn Herzog Friedrichs I. von Schwaben, 1138 als Nachfolger Lothars III. zum König gewählt. K. verstarb nach der Rückkehr von einem Kreuzzug. Brunnenfigur am →Maximiliansbrunnen; Grab in der →O-Krypta des Doms. →Staufer.

Kontributionszahlungen, Zahlungen zur Verhinderung der Zerstörung der Stadt, bspw. im →Hussitenkrieg, u.a.

Konzert- und Kongreßhalle, Mußstr. 1, 1993 fertiggestellte Stadthalle für diverse Veranstaltungen, neuer Spielort für die→BAer Symphoniker. Name: »Sinfonie an der Regnitz«. (s. Abb. auf Farbtafel V, o.)

Konzil, von 1047 - 53 unter Bischof Hartwig Graf von Bogen in BA. Papst Leo IX. kam wiederholt nach BA.

Koppenhof(kaserne), an der Nürnberger Straße, wo die erste »Siedlung« →Wunderburg stand. Aus dem Koppenhof gingen die Gestütshalterei und die Beschälerei hervor, eine fbliche Anstalt für Pferdezucht. Zu ihr gehörte ein Weideplatz für die Koppen oder Fohlen (Fohlengarten an der Strullendorfer Straße). Der Verwalter der Zuchtanstalt war zugleich Vogt der um die »Wunderburg« entstandenen Ansiedlung. 1823 nach Auflösung der fblichen Hofhaltung wurde der Koppenhof zur Kavalleriekaserne. Die heut. K. entstand 1861/62. Im Kriegsjahr 1866 fand die leere K. als Lazarett und Feldspital Verwendung; 1870/71 Gefangenenlager für franz. Kriegsgefangene. 1885 - 86 Erweiterung um die →Holzhof-Kaserne.

Krackhardtshaus, Grüner Markt 31, 1842 ging der südl. Teil der Katharinenspitalgebäude an die Fam. Krackhardt. Friedrich Krackhardt stammte aus Schweinfurt. Er gründete ein Kurzwarengeschäft und war einer der Mitbegründer der Spinnerei in Gaustadt (1856). Das barocke Spital-Teilgebäude trägt heute seinen Namen. Die Nachfahren – seit 1958 die Künstlerfamilie Rudolf und Marga Krackhardt – bewahrten das Erbe durch beide Weltkriege.

Kräutergarten, →Himmelsgarten.

Kragsteine, am Abschluß der Barockseite der →Neuen Residenz zu den Renaissanceflügeln hin springen Steine vor, die den Schluß zulassen, daß die Residenz hier weitergebaut werden sollte. Tatsächlich existierten in der Schönbornzeit Pläne, die Residenz dort baulich weiterzuführen und Teile der →Alten Hofhaltung abzureißen.

Kramersfeld, OT, genauer K.-Hirschknock-Bruckertshof, 1972 im Zuge von Eingemeindungen zu BA gekommen; Kramersfelder, Flurname.

Kranen, in BA stehen noch vier aus dem 19. JH, und zwar Am Kanal und Am Kranen; erwähnenswerte Relikte aus der Kanalzeit des →Ludwig-Donau-Main-Kanals, zum Be- und Entladen der Schiffe. (s. Abb. auf Farbtafel IV, u.l.)

Kranichhaus, ehem., Am Kranen, hölzernes Lagerhaus mit Lastenarm zur Be- und Entladung von Schiffen am Warenstapelplatz »uf der Greden«. (s. Abb. auf Buchrückseite)

Krankenhaus, alt →Allgem. Krankenhaus; neu →Klinikum.

Krautmarkt, einst in der Langengasse (Lange Straße), dann am →Zinkenwörth, dann auf dem Theaterplatz (Schillerplatz), der ausschließlich für die Bauern aus dem Umland vorgesehen war. Angeblicher Hintergrund: ein Interessengerangel und die Behauptung der BAer →Gärtner, daß Bauernkraut nicht gleich Gärtnerkraut sei und deshalb nicht auf dem Gärtnermarkt verkauft werden durfte.

Kredel, Elmar Maria, Dr. (* 24.2.1922), Alterzbischof (Erzbischof von 1977 - 94), Ehrenbürger von BA.

Kreuzform, in K. liegen die vermutlich bewußt so angelegten →Immunitäten bzw. heut. Kirchen St. Gangolf – Dom – St. Jakob – St. Michael und St. Stephan zueinander; die K. interpretativ verstanden meint wohl: auf ewige Zeiten zum Schutz für die Stadt angelegt.

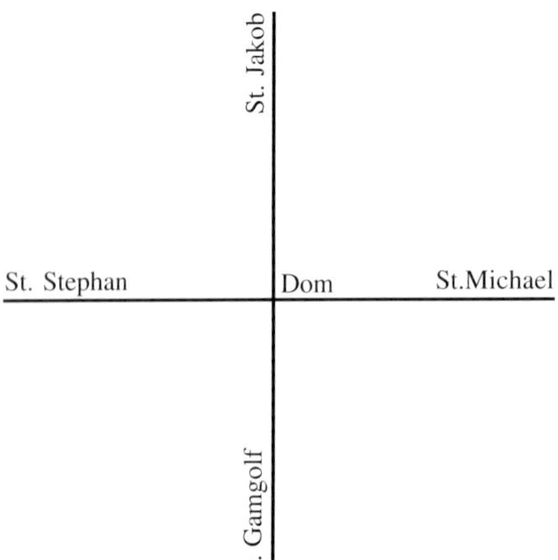

Kreuzform

Kreuzgänge, Karmeliten-, Dom-, Dominikanerkreuzgang und der im ehem. Kollegiatstift St. Gangolf (letzterer nicht allgemein zugänglich).

Kreuzigungsgruppe, 1. von →Gollwitzer auf der →Oberen Brücke 1715 vollendet, mit im Kreuz eingelassenen Reliquien aus dem Kunigundenaltar von Alt-St.-Stephan.
2. von →Glesker im Dom 1648 geschaffen, bei der →Dompurifizierung verkauft, 1915 zurückerworben.

Kreuzweg, ältester K. Deutschlands, er geht von der →Elisabethenkirche im Sand bis in die Kirche →St. Getreu; um 1500 vom begüterten Heinr. Marschalk von Rauheneck gestiftet, der angeblich die Schritte vom Pilatushaus nach Golgatha gezählt und auf den BAer Kreuzweg übertragen hat.

Krieg, die Stadt ist im 2. WK (1939 - 1945) durch Bombenabwürfe in Mitleidenschaft gezogen worden (→Fliegerangriffe). Neben Zerstörungen waren Todesopfer zu beklagen. Im Vergleich zu den Nachbarstädten Nürnberg, Schweinfurt und Würzburg kam BA jedoch relativ glimpflich davon. Nicht zu vergessen ist die Intervention von Weihbischof →Landgraf. Schäden im einzelnen: a) völlig zerstört: ca. 300 Gebäude, 4 Brücken wurden von der dt. Wehrmacht selbst zerstört; b) schwer beschädigt: ca. 360 Gebäude, 5 Brücken von der dt. Wehrmacht beschädigt; c) leichter beschädigt: ca. 3400 Gebäude. Von 16000 Wohnungen waren ca. 10 % unbrauchbar, etwa 2400 beschädigt (Angaben gemäß einer Bilanz durch Oberbürgermeister →Weegmann vom 9. Juni 1946). Die Zerstörungen wären viel geringer ausgefallen, wenn die Feuerwehr nicht durch die zerstörten Brücken am schnellen Eingreifen gehindert gewesen wäre. Eine der Mahntafeln am Alten Rathaus erinnert an 1992 gefallene BAer Soldaten und 1642 Vermißte. Kriegstote in BA: 14.2.45 Angriff auf das Bahngebiet: 94 Tote, 22.2.45 Angriff auf Kaulberg, Stephansberg, Obstmarkt, Grüner Markt, Lange Straße, Haingegend und Erlöserkirche: 216 Tote (davon 54 in den →Stollen des Berggebietes). Die andere Mahntafel gedenkt der Opfer des Nationalsozialismus.

Krippenbauschule, Krippenbauverein, gegr. 1919, 1928 überließ der BAer Weihbischof Dr. Adam Senger (1912 - 35) dem Krippenbauverein die →Maternkapelle als Ausstellungsraum. Seit 1966 selbständiger Verein, seit 1975 K. (Siechenstraße 74), einzigartig in Deutschland.

Krippenstadt, die Krippenkultur verzeichnet in BA eine lange Tradition. In →Alt St. Martin wurde vor ca. 400 Jahren die erste Krippe in Franken eingerichtet. Heute kann der Besucher in ca. 20 Kirchen zur Weihnachtszeit Krippen bewundern. Die erste zusammenfassende Krippenausstellung fand 1932 in der →Maternkapelle statt.

Krippenweg, er will ein Weg der Einstimmung auf das hl. Geschehen an Weihnachten sein. Kreuz und quer über die Stadt verstreut werden dem Besucher 31 Krippenstationen (Stand 1995) geboten. Ein empfehlenswerter, machbarer Rundgang: Marktkrippe – St. Martin – Obere Pfarre – Maternkapelle – Dom.

Krötlein, Flurname am Steinberg (Gaustadt).

Kronfuß, Johannes (* 1872, † 1944), Architekt, erbaute nach 1909 die Stahlbetonkonstruktion vom Kaufhaus Tietz (jetzt Hertie); 1910 die →Jüd. Synagoge (Synagogenplatz).

Krummstab, der Bischofsstab, bischöfliches Amtszeichen zusammen mit dem Bischofsornat. Die Krümme muß dem Volk zugewandt sein. Von den Kronachern, die zum BAer Hochstift gehörten, ist der Satz überliefert: „Unter dem Krummstab läßt sich's gut leben."

Küchel, Joh. Jakob Michael (* 1703, † 69), Architekt, in BA von 1735 - 1769 als fblicher Hofingenieur und Artillerie-Ingenieur Hauptmann tätig, einer der namhaften Baumeister der Schönbornzeit; 1740 Wohnhaus Lange Str. 37. Erbauer folgender Bauwerke: →Erzbischöfliches Palais (1763), Rokokopavillon im →Rosengarten, Helme der östl. →Domtürme, vermutlich auch das zauberhafte Barock-Häuschen, das sich Landgerichtsassessor Balthasar Sauer 1761 inmitten von →Klein Venedig erbauen ließ, u.a.

Kulturraum, gegenwärtiger Name der ehem. →Dominikanerkirche; nach der →Säkularisation Lager und Magazin; ab 1947 bis 1993 Konzertsaal der →BAer Symphoniker.

Kunigunde, Hl. (* zw. 980 u. 985, † 1033), luxemburgische Abstammung, Vater Graf Siegfried I. von Lützelburg (Luxemburg), wahrscheinlich 997 oder 1000 Vermählung mit →Heinrich II., Ehe kinderlos; K. opferte ihr Heiratsgut und gilt als Stifterin der →Stephanskirche; als Stadtheilige und Schutzpatronin verehrt, 10.8.1002 an der Seite Heinrichs in Paderborn zur Königin gekrönt, 1014 Kaiserin; nach dem Tode Heinrichs lebte sie im von ihr selbst 1017 gestifteten Kloster Kaufungen bei Kassel, das sie in ein Benediktinerkloster umwandelte. Am ersten Jahrestag des Todes Heinrichs nahm sie den Ordensschleier. Sie starb am 3.3.1033; 1200 Heiligsprechung. Statue von →Benkert bis 1991 auf der →Unteren Brücke (s. Abb. auf Farbtafel VI, u.l.)

Kunigundenaltar, im nördl. Seitenschiff des Doms, goldener Schrein mit Kopfreliquien der Hl. Kunigunde von 1951.

Kunigundenbrunnen, steht vor der →Kunigundenschule, 1953 Weihe.

Kunigundenkirche, kath. Pfarrkirche in der Gartenstadt, 1953 vom Architekten Joseph Lorenz geplant, wuchtiges Dach, das auch von weitem (z.B. von der →Altenburg) für das Auge ein Anhaltspunkt ist.

Kunigundenringe, werden zu Ehren der Hl. Kunigunde am →Kunigundentag (3. März) aus Hörnchenteig gebacken. Der Legende nach warf K. ihren Fingerring auf die von ihr gestiftete Domglocke, daß sie ein Loch bekam.

Kunigundenschule, Seehofstr. 32, 1939 errichtet, 1960 erweitert, Teilhauptschule.

Kunigundenstift, Mittlerer Kaulberg 38, Altenheim; 1890 von Erzbischof Friedrich von Schreiber (1875 - 90) gegr.

Kunigundentag, Todestag der Hl. Kunigunde (3. März), der würdig begangen wird.

Kunst- und Literaturvereinigungen,
- Berufsverband Bildender Künstler Ober- und Unterfranken, Gruppe Oberfranken e.V.,
- Die Palette (BAer Zeitschrift zur Förderung der Randgruppen Kultur e.V.),
- E.T.A.-Hoffmann-Gesellschaft e.V.,
- Freie Künstlergemeinschaft,
- Fränkische Bibliophilengesellschaft eV.,
- Fränkische Gesellschaft für Philosophie e.V.,
- Gesellschaft Harmonie e.V.,
- Goethe-Gesellschaft e.V.,
- Heimat Bamberger Land (Zeitschrift);
- Kultursprung e.V.,
- Kunstverein e.V.,
- Neue Gesellschaft für Kunst e.V.;
- Sudetendt. Literaturkreis.

Kunz, Carl Friedrich (* 1785, † 1849), lebte von 1806 - 49 in BA, Wein- und Buchhändler, Freund und Verleger von →E.T.A. Hoffmann und »Jean Paul« Friedrich Richter. →Hausnamen 2./Pfahlplätzchen 1.

Kurien, lat. curia, »Herrenhof«, um den Dom gelegene Wohngebäude für die »Domherren« im ehem. Bereich der Domburg (Dom-Immunität). Nachdem ab Anfang des 13. JHs die vita communis (= gemeinsames Zusammenleben) nicht mehr verbindlich war, errichtete man für die einzelnen Domherren K. Auch heute noch wohnen Domkapitulare in den K. (s. Abb. auf Farbtafel IV, u.r., Kapelle in der Kurie St. Johann und Paul, Domstr. 9)

Ehemalige Kurien am Domberg

1 = Kapitelhaus, Domplatz 5
2 = Kurie St. Hippolyt, Domplatz 1
3 = Kurie St. Sebastian u. Fabian, Domplatz 2
4 = Kurie St. Laurentius, Domplatz 3
5 = Domdechantei, Domplatz 4
6 = Kurie St. Kunigund, Domstr. 3
7 = Kurie St. Lampert (Dompropstei), Domstr. 5
8 = Kurie St. Elisabeth, Domstr. 7
9 = Kurie St. Johann und Paul, Somstr. 9
10 = Kurie St. Blasius, Domstr. 2
11 = Madler- oder Erthalshof, Domstr. 11
12 = Truchseßhöflein, Domstr. 13
13 = Missionshaus St. Heinrich, Obere Karolinenstr. 7
14 = Schönbornhof, Obere Karolinenstr. 1
15 = Erzbischöfliches Palais, Obere Karolinenstr. 5
16 = Kurie St. Philipp, Jakob u. Gallus (Schrottenberghof), Obere Karolinenstr. 4
17 = Kurie St. Sebastian (Buseckhof), Ob. Karolinenstr. 6
18 = Langheimer Hof, Obere Karolinenstr. 8

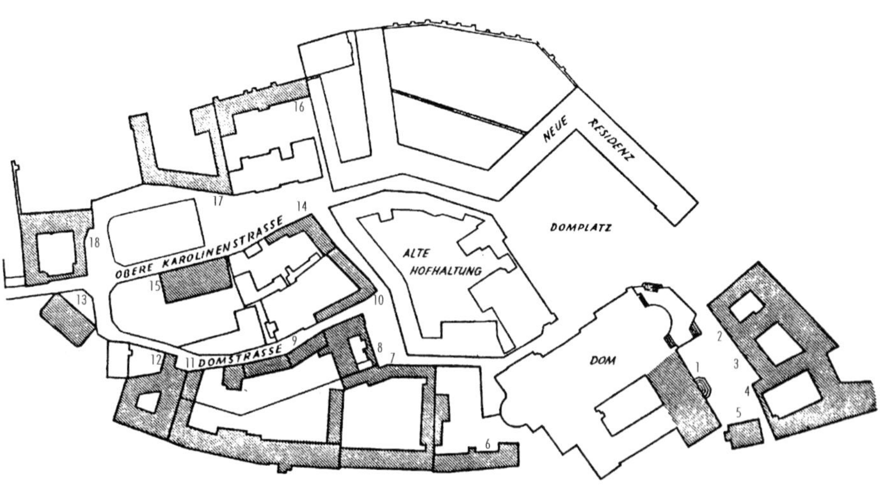

L

Lachender Engel, Teil einer Skulpturengruppe (wo sie ursprünglich stand, und wer sie schuf, ist nicht bekannt); im nördl. Seitenschiff des →Doms, gegenüber dem Hl. →Dionysius steht der L.E., der ihm die Krone des Märtyrers überreicht.

Lagarde-Kaserne, Teil der Kasernen zwischen Pödeldorfer- und Zollnerstraße. →Ulanen.

Landesturnfeste, fanden 1956 und 1989 in BA statt.

Landgraf, Artur Michael, Dr., Weihbischof (1943 - 58), wandte sich gegen Kriegsende mit der Bitte um ein Gespräch an den Nürnberger Polizeipräsidenten, den SS- und Polizeiführer im Wehrkreis XIII General Dr. Benno Martin. In der Nacht des 2.4.1945 kam im Hause des Dekans Weirather in Hollfeld im Beisein des Bayreuther Oberbürgermeisters Dr. Kempffler eine Unterredung zustande, deren Ausgang die Rettung BAs, Hollfelds und einiger anderer fränkischer Dörfer bedeutete und auch die Sprengung des Munitionsdepots Breitengüßbach verhinderte. Dr. Martin ließ sich davon überzeugen, daß eine Verteidigung gegen die heranrückenden Amerikaner sinnlos sei.

Lang, 1. Andreas (Abt von 1483 - 1502), Bauherr an Kirche und Kloster →Michelsberg, verfaßte die Chronik des Klosters, die in der →Staatsbibliothek verwahrt wird.
2. Karl Georg (* 1833, † 89), Stadtbaurat, Ehrenbürger von BA.

Lange Straße, lat. longa platea, ma. geschwungene Straße vom Schönleinsplatz bis zum Obstmarkt; Häuser got. Ursprungs, Fassaden im 18. JH (→Barockisierung) barock gestaltet, Stufengiebel am Wallensteinhaus (s. Abb. auf Farbtafel VI, o.l.). Im 3. Reich Adolf-Hitler-Straße gen. →Hausnamen 2./Lange Straße.

Langgarten, Flurname, im Stadtteil Wildensorg.

Langgaßkaserne, ehem., Anfang des 18. JHs, etwa an der Stelle des vorherigen →Modelhofes; an der Stelle der heut. Anwesen: Lange Str. 48 (Bayer. Vereinsbank), Schönleinsplatz 2 und 4 (BAer Hof) und Zinkenwörth 35, unter Benützung der alten Stadtmauer erbaut; d.h. die zum Schönleinsplatz zeigende Mauer (vorher Stadtmauer) bekam Fenster eingebrochen. Die L. wurde unter FB Franz Lothar von →Schönborn von 1700 - 07 durch Joh. Leonhard →Dientzenhofer 2 Stockwerke hoch für die vom Rhein zurückkehrenden Truppen erbaut. Sie hatte 150 Fenster, bot 400 Mann Platz, architektonisch jedoch nichtssagend. Der Mars-Brunnen war die einzige Besonderheit (letzte

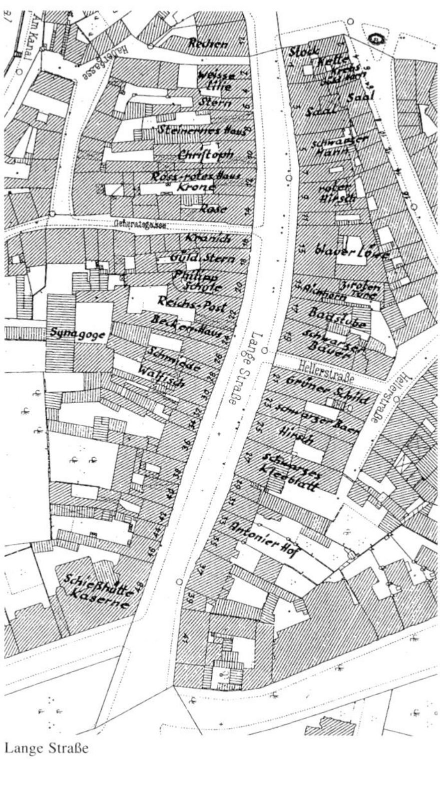

Lange Straße

Reste dürften im →Fblichen Jagdzeughaus liegen). Vor der L. zum Schönleinsplatz hin war ein Vorgarten, den man als Turnplatz nutzte. Ende 1812 wurde die L. Militärhospital; die letzten Jahre ihres Bestehens war die L. mit Infanterie belegt und diente auch als »Marodenstall« für erkrankte Pferde; 1892/93 wurde sie eingelegt. Bei Arbeiten an der Tiefgarage »BAer Hof« entdeckte man Reste der L. (1989).

Langheimer Hof, Obere Karolinenstr. 8, Stadtquartier der drei Zisterzienserklöster Ebrach (1127), Langheim und Heilsbronn (1132), Vermächtnis des bischöfl. Kämmerers Konrad (1154), seit 1274 war Langheim (b. Lichtenfels) alleiniger Besitzer. Quadratischer Innenhof; Wehrgänge im 16./17. JH in Wohnräume mit Zierfachwerk umgestaltet. Der Barocktrakt an der N-Seite ist angeblich von Just. Heinrich →Dientzenhofer nach Plänen B. →Neumanns.

Laon, nordfranz. Stadt mit got. Kathedrale, die W-Türme des BAer Doms verweisen durch ihre Ähnlichkeit auf franz. Bauhütteneinfluß.

Laubanger, Flurname (von der Hallstadter Str. nach W abzweigend), jetzt Gewerbegebiet.

Laurenzikapelle, Ob. Kaulberg; Treppenzugang zwischen Mittl. Kaulberg 26 und 28; Neuweihe 1629; vorher Antoniuskapelle (1317 Ersterwähnung) mit Siechkobel (Krankeneinrichtung) für Befallene und Aussätzige; am 22. Febr. 1945 zerstört, 1954 Wiederaufbau durch den Bürgerverein 3. Distrikt unter Leitung des Architekten Max Hofstetter und des Häckers Georg Motschenbacher. →Liebfrauensiechhaus.

Lausing, (= Wassergraben), frühere Bezeichnung für die heut. Kunigundenruhstraße. Ein Graben mit dem Namen Lausing existierte dort bis ca. 1880; am 31. Mai 1757 (im →Siebenjährigen Krieg) Brandschatzung von 30 Häusern und 26 Nebengebäuden in der L. und in der →Flederwischgasse. Zwei Gärtner und ein Stiftsherr von St. Gangolf kamen dabei ums Leben.

Lebenshilfe e.V., Sonderschule für geistig und mehrfach Behinderte, Beschützende Werkstatt und Wohnheim.

Lehrerbildungsanstalt, (vorher Lehrerseminar), 1790/91 von FB Franz Ludwig von →Erthal dazu erhoben. Eine ähnliche Einrichtung für Lehrerinnen stand unter dem Namen Präparandie am Holzmarkt 2.

Zur Geschichte der L. / des Lehrerseminars:
- 1776 - 1805 im →Schnappaufschen Priesterhaus,
- bis 1826 im ehem. →Waisenhaus,
- bis 1872 im ehem. Kapitelhaus (Stephansplatz 5),
- 1873 - 1935 und erneut bis 1964 an der Sternwartstraße 3,
- 1958 Gründung einer Pädagog. Hochschule,
- 1964 Umzug in die Feldkirchenstraße
- 1972 Gesamthochschule,
- 1980 →Universität.

Leibzoll, die →Juden mußten beim Betreten der Stadt einen L. entrichten. Dies galt im →Hochstift BA und andernorts. Der älteste der bekannten Zolltarife ist vom 22. April 1496 überliefert.

Leinritt, Uferweg am li. Regnitzarm, der Untere L., beginnt bei der Kasernstr. und reicht bis Gaustadt, →Treidelei; der Obere L. reicht von oberhalb der →Concordia bis →Bug.

Leisthaus, →Obstmarkt 5, wegen Baufälligkeit 1972 abgebrochen. 1977 nach »langem Ringen« Fertigstellung des »neuen L.es«.

Lerchenbühl, Flurname (Abzweigung von der Panzerleite).

Leschenbrunnen, Lugbank 5, heut. Bezeichnung für den →Tauchersbrunnen.

Altenburg

Alter Ebracher Hof

Alte Hofhaltung

Altes Rathaus

Aufseesianum

Concordia

Böttingerhaus

Dom

Fischmarkt

Fürstbischöfliches Jagdzeughaus

Freskenmalerei am Alten Rathaus

Geyerswörthschloß

Heinrich II, Detail am Maxbrunnen

Humsera, Brunnenfigur am Grünen Markt

Jakobskirche

Kranen

Kapelle in der Kurie St. Johann und Paul

Konzert- und Kongreßhalle

Luitpoldschule

Lange Straße mit Wallensteinhaus

Matern

Kunigunde, Statue auf der Unteren Brücke

Rottmeisterhäuschen am Alten Rathaus

Rosengarten in der Neuen Residenz

Wunderburger Kirche

Sauersberg

Burgbär Poldi

Schloß Seehof

Volkshochschule im Alten E-Werk

Lessing, Willy (* 1881, † 1939), Kommerzienrat; er wurde 1938 in der →»Reichskristallnacht« von der SA und der HJ (Sturm-Abteilung und Hitler-Jugend der Nazis) so geprügelt, daß er am 17.1.1939 an den erlittenen Verletzungen starb. Er hatte versucht, die Thorarolle in Sicherheit zu bringen. (Wohnhaus Willy-Lessing-Str. 8).

Lettner, lat., Trennwand zwischen dem Gemeinderaum und dem nur den Geistlichen zugänglichen Chor einer Kirche; bis ins 17. JH am →O-Chor im Dom; grenzte die Kanoniker von den Gläubigen ab. Im Naumburger Dom, der Ähnlichkeit mit dem BAer Dom aufweist, ist noch ein Lettner erhalten. Nach dem Trienter Konzil (1545 - 63) entfernte man die L. in fast allen kath. Kirchen.

Lichtenhaide, Flurname, helles Ödland (Sandgebiet), vom Margaretendamm zur Hallstadter Straße, daher Lichtenhaidestraße.

Liebfrauensiechhof, Siechenstr. 88, 90, 92, ehem. Siechenhaus mit Kapelle zu »Unserer lb. Frau«, kurz: Liebfrauen-Siechhaus, Frauen-Siechhaus od. Maria-Siechhaus, ein Armen- und Krankenhaus, wie alle Siechhäuser des MAs außerhalb der Tore der Stadt (Tor bei Siechenstr. 72), 1223 von →Franziskanern als Kloster gegr., 1442 erste Erwähnung des Namens Siechhaus, 1494 umbenannt in »Zu unserer lb. Frau«, 1564 mit dem Friedhof verbunden, 1618 Marienkapelle umgebaut, 1757 von FB Franz Konrad von Stadion im Rokoko-Stil neu errichtet. Vereinigung von L. mit Antoni-Siechhaus (Kaulberg) und St.-Martha-Siechhaus (Untere Königstr. 21). Nach Errichtung des →Allgem. Krankenhauses fanden nur noch Unheilbare Aufnahme, 1803 ganz aufgehoben und verkauft, das Stiftungsvermögen floß seit 1885 dem Antonistift zu. Siechenstr. 94, 96, 98, Pestin-, Leprosen-, →Franzosenhaus, äußeres Kurhaus mit Kapelle zum Hl. Sebastian, kurz Sebastianihaus, vermutlich im 12. JH als Pestinhaus entstanden, 1578 erstmals erwähnt, Kapelle um 1442, im 17. JH umgebaut, im 19. JH durch Architekt Gg. Gottfried Kallenbach (* 1805, † 1865) neugotisiert, über der Tür Figur des Hl. →Sebastian, Inschrift: »1661 von Nicolaus →Lorber gestiftet«. →Siechenhöfe.

Liederkranz, (gegr. 1835), BAs ältester und erster Männer-Gesangsverein. Später fanden auch Frauen im L. Aufnahme. Nach dem L. trägt der Pfarrsaal von St. Gangolf den Namen L.heim.

Linder, Dionys (* 1762, † 1838), BAer Konventuale des Benediktinerklosters Banz, zweiter Begründer des →Naturalienkabinetts.

Link, Peter (†), 1945 - 60 Bürgermeister der Gemeinde →Bug, daher Peter-Link-Straße.

Linker Regnitzarm, von →Bug her im 12. JH künstlich geschaffener Flußarm durch die Stadt, sicher im Hinblick auf die später entstehenden →Mühlen gebaut. Der L.R. fließt ab Bug zwischen dem Oberen Leinritt und dem →Hain, verzweigt sich an der →Walkmühle (→Kanal, →Schleuse 100), durchfließt das ehem. Mühlengebiet, wo heute die Wasserkraft zur Stromerzeugung genutzt wird. Nach dem Wehr an der →Brudermühle umfließt der L.R. das →Alte Rathaus beidseitig und nimmt seinen Weg entlang →Klein Venedig/Leinritt/→Stadtarchiv/ →Konzerthalle, um sich im N der Stadt im Hafen mit dem →re. Regnitzarm wieder zu vereinigen.

Literaturvereinigungen, →Kunst- und Literaturvereinigungen.

Lobenhoffer, Wilhelm, Prof. Dr. (* 1879, † 1945), Chefarzt und Direktor des BAer Krankenhauses. Er wurde am 10.4.1945 wegen Widerstandes gegen die sinnlose Verteidigung BAs verhaftet und sollte vor ein Standgericht gestellt werden. Kreisleiter Lorenz →Zahneisen bewahrte L. vor der Hinrichtung.

Lochhaus, →Drudenhaus.

Löwenbräu, ehem. Braustätte, Ob. Stephansberg 40.

Löwenbrücke, führt über den re. Regnitzarm (Kanal) zwischen Innerer und Äußerer Löwenstraße. Name vom einst nahegelegenen Brauhaus »Zum Goldenen Löwen«.

Löwendurchbruch, in den 60er Jahren geplanter Straßendurchbruch von der Äußeren Löwenstraße in Richtung Bahnhof. 88 Häuser sollten dem L. zum Opfer fallen. Anlieger mußten sich lange einem Bauveränderungsstop (auf Jahre durften keine baulichen Veränderungen an den Häusern vorgenommen werden) unterwerfen. Die betroffenen Bürger, vor allem die Gärtnerschaft, protestierten heftig gegen die Maßnahme. Es kam nicht zum L.

Löwensteg, Notsteg südl. der →Löwenbrücke bis nach deren Wiederherstellung (1946 - 49).

Lohmühle, Obere Mühlbrücke 8, dort wurde einst die Eichenrinde gemahlen, der daraus bereitete Kochsud enthielt Gerbsäure, die in den Gerbkellern ihre Verwendung fand.

Loose, →Marionettentheater.

Looshorn, Johann (* 1831, † 1916), er verfaßte ein mehrbändiges Werk zur Geschichte BAs.

Lorber, eines der bedeutendsten Bürgergeschlechter der Stadt, jahrhundertelang waren Familienmitglieder im Rat der Stadt und traten als Schöffen und Bürgermeister auf.

Lorberhof, ehem., Am Kranen 14, vor dem Hasentörlein (Hasengasse), seit 1490 als Kupferhof erwähnt. Kupfer kam zur Zwischenlagerung in den L., um dann auf dem Wasserweg weitertransportiert zu werden.

Lorberschlößchen, →Josefsanstalt.

Ludwig, König von Ungarn, privilegiert 1366 BAer Kaufleute für Handelsfahrten nach Ungarn.

Ludwig I., Karl August (* 1786, † 1868), König von Bayern (1825 - 48), folgte als König seinen künstlerischen Neigungen, →Ludwig-Donau-Main-Kanal, →Dompurifizierung.

Ludwig-Donau-Main-Kanal, 172 km langer Kanal von Kelheim bis BA, 120-t-Schiffe konnten ihn passieren, 1846 von Ludwig I. nach der alten Idee Karls des Großen erbaut; die aufkommende Eisenbahn, 100 Schleusen und eine zu geringe Profiltiefe schmälerten die Bedeutung des Kanals. Kanaldenkmal am nördl. Eingang von Erlangen am Berg. →Schleuse 100.

Ludwigsammlung, eine Porzellan- und Fayence- (= Tonware, deren Scherben mit einer deckenden weißen Zinnglasur überzogen ist) Ausstellung des Kölner Schokoladenfabrikanten und bedeutenden Sammlers Prof. Peter Ludwig, am 23.7.95 im →Alten Rathaus eröffnet.

Lübeck, Mitglied der →Städtearbeitsgemeinschaft.

Luisenhain, →Hain.

Luitpoldbrücke, sie führt über den re. Regnitzarm, zwischen Luitpold- und Willy-Lessing-Str., nach →Prinzregent Luitpold (* 1821, † 1912), dem jüngeren Bruder König Maximilians II. von Bayern benannt; bis 1945 Sophienbrücke, seit 1950 Luitpoldbrücke gen.

Luitpoldhain, ehem. Erholungsgebiet mit aufgelöstem Licht-, Luft- und Sonnenbad am Kunigundendamm und 2 Sportplätzen (Ballspielclub und Freie Turner; jetzt etwas verlegt).

Luitpoldsäle, 1904/05 vom Kath. Arbeiterverein BA als allgemeines kath. Vereinshaus errichtet. Zwangsverkauf während des Nationalsozialismus, Wiedererwerb nach 1950, 1981 verkauft. Nutzung als Kino und Geschäftsräume; 1996 Umbaupläne zu einem Großkino mit 1700 Plätzen.

Luitpoldschule, Memmelsdorfer Straße 7a, eigentlich Prinzregent-Luitpold-Schule, 1901 von →Erlwein erbaut; nach dem 1. WK Lazarett; nach dem 2. WK vorübergehend Unterbringungsort für Seuchenkranke; imposant restauriertes Ensemble, zeigt eine asymmetrische Dreiflügelanlage um einen etwa quadratischen Innenhof, beschriebene Baugliederung ist Ausdruck für die damals übliche Trennung nach Geschlechtern; Teilhauptschule. (s. Abb. auf Farbtafel V, u.)

Luster, →Bot. Garten.

M

Madlershof, auch Erthalhof, Domstr. 11, eine →Kurie mit schönem Innenhof, Wohnort des FBs von →Erthal; nicht zugänglich.

Maffei, Hugo Ritter und Edler von (* 31.8. 1836 in BA, Frauenstraße 2, † 13.5.1921 in München), ehem. Besitzer der von seinem Onkel gegr. bedeutenden Lokomotiven-Fabrik in München.

Mälzereien, 1. BAer M. in der Theresienstraße;
2. M. →Weyermann in der Brennerstraße.
Die BAer M. liefern Malz in alle Welt.

Mahrsbräu, Wunderburg 10, gegr. 1670, seit 1892 im Besitz der Familie Michel. Zweimal wöchentlich fährt noch die Pferdekutsche und liefert aus.

Maienbrunnen, mit Muttergottesstatue von Bildhauer Joh. Speth († 1929) an der Auffahrt (»Maienbrunnen«) zum nördl. Michaelsberg.

Maisel, Brauerei, Moosstr. 46, gegr. 1894, hier soll das erste Pils in BA gebraut worden sein.

Malerviertel, junges Wohngebiet an der Starkenfeldstr. in südl. Ausdehnung.

Mangsche Wachsbleiche, Letzengasse 5, frühere Wachsfabrik, die hier ihre gelblichen Wachsprodukte zum Bleichen in die Sonne legte. Auffällig im Bereich der M.nW. ist ein kapellenartig wirkender Raum. Die Überreste einer Wandbemalung erinnern in ihrer Art an →Anwander.

Mannlehen, Flurname für Lehensfelder, die einst nur von männlicher Seite vererbbar und erblich waren (von der Schildstr. abzweigend).

Wandbemalung in der Mangschen Wachsbleiche

Mannshalm, Flurname (von der St.-Getreu-Str. südl. abzweigend).

Manz, Heinrich (* 1852, † 1914), Kommerzienrat, Gründer des »Gemeinnützigen Bauvereins«, war für den Ausbau der →Altenburg und den Neubau des Palas verantwortlich (siehe Gedenktafel auf der Altenburg).

Marc, Julia, Nichte des Dr. →Marcus; →E.T.A. Hoffmann entflammte in heißer, aber unerwiderter Liebe zu der 20 Jahre jüngeren Frau, der er Gesangsunterricht gab, Wohnort in der Langen Str. 13 (s. Gedenktafel).

Marchini, Giovanni Francesco, aus Italien, († 1745), Maler, schuf 1714 die imposante Scheinkuppel (die erste dieser Art in Deutschland) in der →Martinskirche.

Marcus, Adalbert Friedrich, Dr. (* 1753 in Arolsen/Hessen, † 26.4.1816 in BA), Leibarzt von FB Fr. Ludw. von →Erthal, mit dem er 1789 das →Allgem. Krankenhaus baute und dann leitete; danach ernannte man ihn auch zum Leiter sämtlicher öffentlichen Kliniken Frankens. M. zeichnet auch verantwortlich für die Verlegung des →Bürgerspitals auf den Michaelsberg (nach 1803) und die Eröffnung einer Anstalt für Geisteskranke in der ehem. Propstei des Klosters Michelsberg. 1801 kaufte er die verfallenen Teile der →Altenburg; zu seinem Freundeskreis, der des öfteren auf der Altenburg tagte, gehörte auch →E.T.A. Hoffmann. Das Wohn- und Sterbehaus von Dr. M. war in der Langen Str. 27; beerdigt zu Füßen der Altenburg im sogen. Marcusgrab. Er konvertierte vom Judentum zum Katholizismus (von FB Ludwig von Erthal 1781 getauft und gefirmt, Taufpate: Dompropst v. Hutten, Firmpate: Oberhofmarschall v. Stauffenberg).

Marcus-Haus, Markusplatz 3, ehem. →Frauenklinik, heute Teil der Universität, der Name geht auf Dr. →Marcus zurück.

Maria Hilf, →Pfarrkirchen, →Wunderburger Kirche.

Maria-Hilf-Anstalt, gegr. 1887, jetzt Berufsfach- und Berufsaufbauschule Mariahilf, Stephansplatz 2; von Dillinger Franziskanerinnen geführt, Erzieherinnen- und Hauswirtschaftsausbildung.

Maria-Hilf-Kirche, →Wunderburger Kirche.

Marianum, Karmelitenplatz 1, seit 1915/16 Studienseminar der →Karmeliten, 1991 aufgelöst, jetzt Bildungshaus M.

Maria Theresia, Kaiserin von Österreich; kaufte 1759 die dem →Hochstift BA angehörenden Teile Kärntens zu einem symbolischen Preis zurück.

Marienaltar, →Veit-Stoß-Altar.

Marienanstalt, auch Marienrettungsanstalt, ehem., Edelstr. 11, Erziehungsanstalt für arme und verwahrloste Mädchen, auf Geheiß der kgl. Regierung gründete man Anfang der 1850er Jahre Anstalten dieser Art.

Marienbrücke, führt über den Kanal zwischen Marienplatz und Wilhelmsplatz, auch Blaue Brücke, nach der bayer. Königin Marie (* 1825, † 1889), Gemahlin Maximilians II. und Mutter Ludwigs II., benannt.

Marienpforte, auch Gnadenpforte, -portal, stark frequentierter Eingang zum Dom mit rom.

Marktstände auf dem Maxplatz

Trichterportal lombardischen Stils; sehenswertes Bogenrelief: Maria mit dem Kind, li. Kirchenpatrone Petrus und Georg, re. Heinrich und Kunigunde, die Bistumsgründer; kleine Figuren am Rand: Bischof →Ekbert und sein Onkel, Dompropst →Poppo. →Dommaß.

Marionettentheater, Leitung: Klaus Loose, Untere Sandstr. 30; bedeutende Sammlung von Puppenbühnen und Bühnenbildern.

Markt, vor 1910 boten die Gärtner auf dem Grünen Markt ihr Gemüse und Grünzeug auf Schubkarren, in Körben, Butten, Schänzen, Kötzen, Kretzla un Metzla an. Seit 1910 Obst- und Gemüsemarkt auf dem Maxplatz, täglich außer Sonntag, ab 1937 auf der →Promenade, seit 1971 wieder auf dem Maxplatz. Heute findet man einheitliche Stände vor, die von der Marktaufsicht kontrolliert werden.

Marktrecht, in BA, 1124 erlangt der Hl. →Otto das Recht, den Marktschultheißen einzusetzen, der für Recht und Ordnung zu sorgen hatte. Nun durfte BA Markt abhalten, die Verleihung des Jahrmarktrechts erfolgte 1245 durch Kaiser →Friedrich II.

Martinskirche

Markusbrücke, sie führt über den →li. Regnitzarm zwischen Markus- und Sandstr., nach Dr. →Marcus benannt; 1887 erbaut, vorher war eine Fähre eingesetzt; →Überfährhaus.

Marschalk-von-Ostheim-Haus, Unt. Karolinenstr. 18, Bau aus dem 16. JH; 1678 - 1782 im Familienbesitz der von Ostheims, aus dieser Zeit sehenswertes Treppenhaus mit Scheinkuppel.

Martha-Asyl, St., ehem., Färbergasse 1a, Aufnahmeort für betagte Dienstmägde, gestiftet von Geistl. Rat Dr. Valentin Loch (1889).

Martha-Seelhaus, 1346 von Joh. Tintner gestiftetes ehem. →Seelhaus, auch Pilgrims- und Rudhartsches Haus, Unt. Königstr. 21, Mitte des 18. JHs samt Kapelle niedergebrannt, als klassizistischen Bau wiedererrichtet.

Martinet, Adam, Dr. (* 1800, † 1877), Geistl. Rat und Lyzealprofessor, wirkte ab 1825 als Prof. für Philosophie. Er gilt als Gönner der Pfarrei →Gaustadt; Mitbegründer des Historischen Vereins.

Martinskirche, 1. alt, →Alt-St.-Martin.
2. neu: als Jesuitenkirche erbaut, ab 1773 Universitätskirche, 1802/03 Patrozinium von Alt-St.-Martin übernommen, Ähnlichkeit mit »Il Gesu« in Rom und St. Michael in München. Die Architekten Georg und Joh. Leonhard →Dientzenhofer erbauten sie in 7jähriger Bauzeit (1686 - 93) unter FB Marquard Sebast. Schenk von →Stauffenberg. Im re. Seitenaltar »Schmerzhafte Muttergottes« (14. JH), Scheinkuppel von →Marchini, →Türmer. Die M. ist der Mittelpunkt der →Inselstadt und stellt den Dekan, der die Aufsicht über die Stadtpfarreien ausübt.

Martinschule, Hinterer Graben 1, der erste Bau wurde im 18. JH auf dem ehem. Garten des →Kapuzinerklosters errichtet, der bis zur Fischerei reichte. Neubau 1961, Volksschule.

Martins-Gansmahl, ehem., zu Martini verzehrte der Stadtrat im →Hochzeitshaus und früher in der Ratsherrenstube des →Alten Rathauses die Martinsgans.

Maternkapelle, wahrscheinlich aus dem 11./12. JH, Wappen der Fam. Tockler (14. JH) in der Wand li. vor der M.; sie könnte das Gotteshaus des alten Domkapitelspitals gewesen sein; 1804 profaniert und versteigert, 1904 von Erzbischof Joseph von →Schork zurückerworben, 1905 dem →Metropolitankapitel übergeben; seit 1932 vor und nach Weihnachten BAer »Krippenausstellungen«, ansonsten geschlossen, →Krippenbauverein, →Krippenweg.

Mathieu, Theodor, Dr. (* 14.3.1919, † 8.9.95), Altoberbürgermeister (Oberbürgermeister von 1958 - 82), Ehrenbürger von BA.

Mattenheimer, BAer Malerfamilie im 18./19. JH; →Treu. M. Karl (* 1791, † 1853), an der Innenausstattung von St. Martin beteiligt.

Maut, →Alte Maut.

Maximilian I., (* 1756, † 1825) König Max I. Joseph (1806 - 25) krönt namengebend den Maximiliansbrunnen am Maxplatz. Er verlieh Bayern 1818 eine konstitutionelle Verfassung.

Maximiliansbrunnen, am Maxplatz, 1888 von Ferdin. von →Miller geschaffen, zuerst in der Mitte des Platzes, danach etwas nach li. versetzt; weitere Figuren neben Maximilian: Heinrich und Kunigunde, der Hl. Otto und König Konrad III. **Details:** - Kaiser Heinrich im reichen Kaiserornat mit Zepter und Krone, hält das Dommodell in der li. Hand. - Kunigunde hält in der li. Hand das Psalter, tritt mit einem Fuß herab (Zeichen der Demut?), streckt die re. Hand gabenspendend aus. - Otto hält das Kreuz in der erhobenen Rechten, Vorkämpfer des Glaubens, Missionar und Apostel der Pom-

Maxplatz mit Maximiliansbrunnen

mern. - Konrad III., Kreuzfahrer, kampfbereit, hält die Fahne in der li. Hand und das blanke Schwert in der rechten. **Am Gitter:** - Wappen des Dt. Reiches, Bayerns, des Bistums und der Stadt; vorne eine zum Schwur erhobene Hand = Symbol des Verfassungseides. - Rückwärtig: 2 Schiffe, Gemüse, Hopfen, Wein, Spindel, Zirkel und Winkelmaß als Zeichen des Handels, der Gärtnerei, der Industrie und des Gewerbefleißes.

Maxplatz, zwischen Fleisch- und Hauptwachstraße gelegen, saalartige Atmosphäre; im S des M.es fallen jüngere Bausünden auf; einige schöne Bürgerhäuser des 18. JHs: Haus zum Eckenbüttner, Haus zum Grünen Sittig (→Hausnamen 2.); im O (re.) Bau des ehem. →Priesterseminars zwischen 1732 und 38, seit 1928 Neues Rathaus; im W (li.) der 1729 - 34 errichtete Bau des →Katharinenspitals; im N begrenzt die Häuserzeile an der Fleischstr. den M.; S-, O- und W-Seite sind teilweise noch von den →Schönborns geprägt, Baumeister waren B. →Neumann, →Küchel und Justus Heinrich →Dientzenhofer. Bis zur Eröffnung der →Fußgängerzone 1976 rollte der Autoverkehr durch die Hauptwachstraße und um den Maxplatz in Einbahnrichtung. →Hausnamen 2./Maxplatz.

Meerrettich, auch Kren, einst wichtiges BAer Gärtnerprodukt, das heute nicht mehr angebaut wird.

Meißen, →Städtearbeitsgemeinschaft.

Meixner, Georg (* 1887, † 1960), Domkapitular und Prälat, Landtagsabgeordneter und Direktor des St.-Otto-Verlages.

Mehlwaage, sie stand im Häuschen Geyerswörthplatz 5, das einst zum städt. Wasserwerk (heute Hotel →Brudermühle) gehörte.

Meranier, →Andechs-Meranier.

Meranieradler, ältestes Steinwappen der Stadt am Turm der →Jakobskirche, daher ist auch der Name Meranierturm gebräuchlich.

Meranierbrunnen, →Rathaus- oder auch Dütthornsbrunnen.

Merkurbrunnen, steht im Michaelsberger Hof, 1710 von Joh. →Dientzenhofer entworfen, von Nikolaus Resch ausgeführt.

Messen, zugleich mit dem Frühjahrs- und Herbstplärrer finden auf dem Maxplatz die Frühjahrs- und Herbstmessen statt. Gärtner und andere Marktleute weichen in die Hauptwachstraße bzw. auf den Grünen Markt aus. In der Weihnachtszeit findet am Maxplatz der BAer Weihnachtsmarkt statt. →Friedrich II.

Messerschmitt, Willy (* 1898, † 1978), Flugzeugkonstrukteur, gründete 1923 in BA die M.-Flugzeugbau Gesellschaft (im Anwesen des heut. Hotels Messerschmitt, Ecke Promenadestr./Lange Str., M. nutzte u.a. Räumlichkeiten der Brauerei →Murrmann, Jakobsberg 7). Bereits 1918 Bau von Segelflugzeugen, 1924 Bau von Motorflugzeugen. 1928 ging M. zu MAN in Augsburg. Nach Zusammenschluß mit anderen Flugzeugwerken gibt es seit 1969 die M.-Bölkow-Blohm GmbH in München-Ottobrunn.

Metropolitankapitel, Bezeichnung für das BAer →Domkapitel; Metropolit (griech.) = einer Diözese bzw. einem →Bistum vorstehender Erzbischof, ursprünglich Bischof einer Metropole.

Metropolitan-Kapitelhaus, 1. ehem., die ersten Domherren (die sogen. Georgenbrüder) des →Hochstifts wohnten in Domnähe in gemeinsamer Wohnung (vita communis).
2. heut. Bau von 1729 - 33 als Versammlungs- und Amtsgebäude des →Domkapitels von B. →Neumann, →Diözesanmuseum.

Metzner, Joh. Caspar († 1726), Bildhauer, schuf 1698 den Figurenschmuck am →Gabelmannbrunnen, die →Nepomukstatue (Original) auf der →Oberen Brücke sowie den →Franziskusbrunnen und Figuren an der →Michaelskirche.

Michaelsberg, einer der 7 Hügel BAs, von den rückwärtigen Terrassen genießt der Besucher eine phantastische Aussicht auf die Stadt, ehem. →Immunität.

Michaelsberger Terrassen, an der O- und N-Seite des ehem. Klosterbergs; einst mit geometrisch beschnittenen Büschen und Obstbäumen besetzt. Die Pavillons baute wahrscheinlich Konrad →Finck nach Plänen →Küchels. Bauherr war Abt Gallus Brockard, den FB F.L. von →Erthal wegen seines umstrittenen Lebenswandels und des hohen finanziellen Bauaufwandes absetzte. Die M.T. erschließen sich über 4 Zugänge: Tor am →Maienbrunnen, Tür in der Unteren Sandstraße, Tor in der Aufseßgasse und oben vom Michaelsberg. So ist es auf unterschiedlichem Weg sehr reizvoll, die M.T. und den Michaelsberg als Gesamtanlage zu begehen.

Michaelsberger Wald, früher Eigentum des gleichnamigen Klosters, jetzt teils Staatsstiftung teils Privateigentum. Der M.W. schob sich einst weit bis an die Regnitz heran, das belegen die Flurnamen an den heut. Waldesrändern. Reizvolle Wanderwege in die Umgebung, z.B. der Königsweg.

Michaelskirche und -kloster, dem Erzengel Michael geweihte Kirche (Turmhöhe 66) auf dem gleichnamigen Berg; spätrom. wirkender 3schiffiger Raum; Stiftung von 1015 durch den ersten BAer Bischof →Eberhard, von →Heinrich II. gefördert. Die Regel für die Michelsberger →Benediktiner war 1014 im obersteierischen Kloster Seckau geschrieben worden. 1021 Einweihung der ersten Kirche in Anwesenheit des Kaisers Heinrich II. und vieler Persönlichkeiten (z.B. der Erzbischöfe Aribo von Mainz und Pilgrim von Köln). 1117 durch Erdbebenausläufer teilweise zerstört; Neubau im 12. JH durch Bischof →Otto, dem zweiten Gründer, von dem am Kloster Cluny (Frankreich) geschulten Baumeister Richolf; Einweihung 1121. Von Ottos Kirche sind vor allem das Chorquadrum, das Querhaus und der Vorchor heute noch erhalten. Bis ins 18. JH war der Michaelsberg als eine Klosterburg zu bezeichnen. Beachtlich war besonders eine in Bleiröhren gefaßte Wasserleitung, die vom Michaelsberger Wald ins Kloster führte. 1435 erlitt der Michaelsberg im →Immunitätenstreit und 1525 im →Bauernkrieg erhebliche Schäden; 1610 durch Unvorsichtigkeit eines Dachdeckers von einem Brand verwüstet. Ab 1696 unter Abt Christoph Ernst von Guttenberg (1689 - 1725) lange Umbauphase durch Leonhard und Joh. →Dientzenhofer, Wirtschaftsgebäude von Balthasar →Neumann. Ehem. Klosterbrauerei (typisch für →Benediktinerklöster), heute das →Brauereimuseum. Innen: barockes Gepräge, nur noch Reste rom.; Hochaltar mit Plastiken (Hll. Benedikt und Maurus) von Balthasar Esterbauer (* 1672, † 1728) aus Würzburg und an den Flanken die Hll. Heinrich und Kunigunde von J.P. →Benkert 1740 geschaffen; Chorgestühl von H.E. Kempel geschnitzt mit Intarsien von Servatius →Brickart. →Himmelsgarten, →Rokokokanzel; in den Seitenschiffen eine größere Anzahl von Bischofsgrabmälern (Renaissance, Barock, Rokoko), die im Rahmen der →Dompurifizierung nach St. Michael gebracht wurden; →Ottograb; reich ausgestatteter Chor (18. JH), 2 Kapellen, eine südl., die Heilig-Grab-Kapelle (um 1725 wahrscheinlich von Joh. Dientzenhofer, Stuckdecke mit Totentanz von 1730 durch M. Grasser; klassizistisches Hl. Grab in der Mitte, 1770 von G. Hofmann). Die Heilig-Grab-Kapelle war die ehem. Sepultur (= Grablege) des Klosters; 1996 Restaurierung beendet. Die andere östl., die Marienkapelle. Am Ausgang der M. ist ein Zyklus von Holztafeln aus dem Leben des Hl. Otto angebracht. In den ehem. Klosterräumen befindet sich heute ein Altersheim, →Bürgerspital. →Refektorium.

Milchkuranstalt, ehem., Am Zwinger 2, gegr. 1878 von Löwenapotheker Fr. Bayerlein; ihr angegliedert war eine Trinkhalle im unteren Hain.

Militärspital, ehem., an der Stelle des Hauses Zinkenwörth 22 war früher ein M.; 1792 unter FB Franz Ludwig von →Erthal für die Stadtpolizei mit Gefängnissen erbaut; dann als Arbeits- und Beschäftigungshaus genutzt; 1880 als M. eingerichtet; heute saniertes Haus Schillerpl. 1.

Miller, Ferdinand von (* 1842, † 1929), Erzgießer, →Maximiliansbrunnen; →Erthalstatue.

Mineralwasserfabrik, die erste ihrer Art in BA gründete 1866 der Pharmazeut und spätere Magistratsrat Ludwig Barlet in der Klosterstraße 9.

Missionshaus St. Heinrich, der Söhne vom Hl. Herzen Jesu (seit 1934) Comboni-Missionare, Obere Karolinenstraße 7; wahrscheinlich von Otto Schumm errichtet, beauftragt von Friedr. Karl Zobel von Giebelstadt (Baustil zwischen Barock und Klassizismus).

Missionsmuseum, der Missionsbrüder des Hl. Franziskus in →Bug, Schloßstr. 30, sonn- und feiertags von 14 - 17 Uhr geöffnet; Sammlungsstücke aus Indien, Paraguay und Bolivien.

Mittfastenmarkt, Holz- und Korbwaren, landwirtschaftliche Artikel; Teil des reichen BAer Marktlebens; findet etwa in der Mitte der 40tägigen Fastenzeit vor Ostern mehrtägig am Grünen Markt statt. Der M. ist bereits seit dem 19. JH belegt. Der frühere Stadtarchivar Schnapp vermutet ein „ganz altes Herkommen". Sein Ursprung soll „mit dem volkstümlichen weltlichen und kirchlichen Begehen des Laetare-Tages (in der Mitte der Fastenzeit) zusammenhängen, zu dem das Volk des Umlandes in die Stadt strömte, um seinen Bedarf für die Feldbestellung zu decken. Der Stadtrat habe an diesem Tag sein Laetare-Mahl (Festmahl) gehalten. Der Tag galt aber auch als Hauptbeichttag."

Modelhof, einst ein städt. Platz mit Steinmetzhütte am östl. Ende der Langen Straße mit Bauhof (16. JH), der dann in den →Burgershof verlegt wurde.

Mohrenapotheke, ehem., Ob. Brücke 14, nach der →Hofapotheke zweitälteste Apotheke der Stadt. Heute Mohrenhaus, originelles Geschäft.

Mohrenpeter, ehem. Gastwirtschaft Ob. Königstr. 40, einstmals eine der ältesten →Brauereien der Stadt.

Molitor, Joh. Caspar (* 1696, † 1786), hatte als Mühlherr die Oberaufsicht über die →Mühlen; M. wird als Wohltäter beschrieben.

Montanahaus, Friedrichsbrunnen 7a, gehörte zum Antonistift und wurde zum 60. Arbeitsjubiläum der Oberin Montana am 4.6.1930 geweiht und nach ihr benannt. Das M. diente als Erholungsstätte für die Schwestern der Antonistiftung. Es war mit Ökonomiegebäuden, Stallungen, Vieh und Landwirtschaft ausgestattet. 1979/80 wurden diese Gebäude abgerissen und an deren Stelle das Mutterhaus der Dillinger Franziskanerinnen errichtet.

Moos, Flurname für ehem. Moosfelder in sumpfigem Gebiet, (von der Nürnberger Str. li. abzweigend), →Hauptsmoorwald.

Morgengabe, Kaiser →Heinrich II. machte BA seiner Gemahlin →Kunigunde zum Hochzeitsgeschenk.

Morper, Hans (* 1907, † 1981), bekannter BAer Mundartdichter (Spitzname Hanslesgörch); z.B. »Lachendes Bamberg«; Redakteur des ehem. Volksblattes.

Mühlen (-viertel), die Oberen und Unteren M. bestimmten in der ehem. Mühlenstadt das Stadtbild; reiche Getreideernten im Umland und die

Wasserkraft der Regnitz schufen die Voraussetzungen für die Entstehung der Mühlen. Heute beherbergt das ehem. Mühlenviertel zwischen der Mühlwörthbrücke und der →Concordia Hotels, Restaurants und Studentenwohnungen. Die Sanierung erfolgte mit großem technischen und finanziellen Aufwand. Zur Geschichte der Mühlen: Man unterscheidet zwischen Ob. und Unt. Mühlen und →Fischmühle. Die »Obere Mühle am Berg unter St. Stephan« war die Stammühle der 7 Ob. Mühlen. Die Mühle »Hinter den Barfüßern« (→Franziskanerkloster) war die Stammühle der 7 Unteren Mühlen. Obere Mühlen: Duschsche M., Winklersche M., Ekkertsche M., Schwalben M., Kressersche M., Loh- und Raulinosche M. Untere Mühlen: Brudermühle, Vogtherrsche M., Sterzersche M. und Huthsche M. (sanierungsbedürftig), von der Bischofs-, Leibels- und Kaufmannsmühle existiert nur noch die Bischofsmühle.

Mühlknechtbruderschaft, einst zunftmäßige Vereinigung der Müllergesellen. →Zünfte traten bei Prozessionen und größeren öffentlichen Aufzügen auf.

Mühlenordnung, wesentlicher Bestandteil der Müllerzunft; die M. von 1529 umfaßte Vorschriften zur Meisterprüfung, schrieb die Teilnahme an Gottesdiensten, Prozessionen und öffentlichen Aufzügen vor, ferner das Einhalten der Sonntagsruhe, das Einstellen der Mühlen an besonderen Festtagen, das Tragen des Degens, u.a.m.

Mühlhausener Altar, spätgot. Schnitzaltar an der W-Wand des nördl. Seitenschiffes im Dom; 1923 aus dem Steigerwaldort Mühlhausen nach BA gebracht.

Müllverbrennungsanlage, 1978 für die Stadt und den Landkreis in Betrieb genommen, seit 1981/82 mit angeschlossenem Fernwärmewerk. 1995 richtete eine Explosion sehr großen Schaden an.

Münze, Judenstr. 12, ehem. Münzprägestätte, 1225 zuerst beurkundet, im 18. JH wahrschein-

Untere Mühlen

lich von →Küchel umgestaltet. Das Münzrecht war ein königl. Recht (Regal), welches man später auch an Stifte, Bischöfe, Äbte, weltliche Fürsten und Städte verlieh. Die Münzmeister verwalteten das Münzrecht und waren gleichzeitig Steuer- und Finanzbeamte. Haus Eisgrube Nr. 2 war noch im 15. JH Eigentum der in der Nachbarschaft ansässigen Münzmeister. Der Name Eisgrube (abgeleitet von Eisen) steht in unmittelbarem Zusammenhang mit der Münzprägung.

Münzmeister, Franz (* 1356) und Katharina, stifteten nach einer Pilgerreise ins Hl. Land die Kirche Heiliggrab einschließlich Kloster in der Klosterstraße, →Dominikanerinnen, →Heiliggrabkirche, →Heiliggrabkloster.

Muntäter, hießen die Einwohner der →Immunitäten. Die Stadtbürger, die außerhalb der Sonderbezirke wohnten, hießen cives (lat., Stadtbürger). Der unter →Immunitäten beschriebene Tatbestand sorgte jahrhundertelang für Spannungen in BA.

Muntäterkrieg, →Immunitätenstreit.

Murr, Kater, Figur aus der gleichnamigen Erzählung des Dichters →E.T.A. Hoffmann, als Vorbild diente wohl eine Nachbarkatze, die in seiner Wohnung herumstrich; E.T.A.-Hoffmann-Denkmal am Schillerplatz.

Murrmann, ehem. Braustätte, Jakobsberg 7.

Museum für Frühislamische Kunst, Austr. 29, Eingang Hasengasse, gegr. 1995.

Musikpavillon, schön gestaltetes Bauwerk an der Festwiese im Hain nahe dem →Botanischen Garten, 1914 aus Teilen des ehem. Badehauses →»Salubritati« gefertigt, das an der Stelle des heut. Bootshauses stand.

Musikschule, Städt., gegr. 1877, ehem. Unterrichtsräume: 1. Kapuzinerkloster, 2. Markusstr. 2, 3. Hinterer Graben, 4. Judenstr. 16, heute in der Luitpoldstr. 24.

Muß, Adam Friedrich (* 1788, † 1864), Kaufmann und Gerichtsassessor, Stifter der →Mußschen Anstalt.

Mußsche Anstalt, Weide 18, ehem. Versorgungsanstalt für alte Dienstboten. Aufnahmefähig sollten alle armen Dienstboten weiblichen Geschlechts und kath. Glaubens sein, die in der Stadt mindestens 6 Jahre bei einer Herrschaft ununterbrochen gedient hatten, guten Leumund besaßen und ein gutes Betragen aufzuweisen vermochten.

Mutschele, Bildhauerfamilie, die in der Nähe von St. Gangolf wohnte und der es ein Herzensanliegen war, an der Ausstattung ihrer Pfarrkirche beteiligt zu sein; 1755 entwarf M. Joseph Bonaventura (* 1728, † 1778), der Begabteste der Familie, die Rokoko-Balkone am →Alten Rathaus. Er starb als Hofbildhauer des russischen Zaren in Moskau. (M. Franz Martin, * 1733, † 1804; M. Georg Joseph, * 1759, † 1817; M. Johann Georg, * 1690, † 1746).

N

Nachtwächterdienst, am 1. Juni 1867 aufgehoben; an seiner Stelle wurde ein Institut von »Schutzmännern« eingerichtet, die ihre Nachtwache ohne Stundenausruf versahen. Sie trugen einfache Uniformen, Gewehr und Signalpfeife gehörten zu ihrer Ausrüstung. 1878 übergab die Stadt die noch vorhandenen Nachtwächterspieße dem Historischen Verein.

Nagaoka, Stadt in Japan, zwischen N. und BA bestehen freundschaftliche Beziehungen.

Nagelfest, gemäß der in Rom für das →Erzbistum BA festgelegten Ritenkongregation wird am 2. Freitag nach Ostern in der →Nagelkapelle der Gedenktag des Hl. Nagels unseres Herrn begangen. Geschichtl. Hintergrund: Das Bistum BA hatte von Kaiser →Heinrich II. neben anderen Berührungsreliquien einen hl. Nagel erhalten, der noch heute im Dom zu BA verehrt wird. Das N. wurde 1353 eingeführt.

Nagelkapelle, benannt nach einer Reliquie eines angeblichen Kreuznagels Christi, 1450 von FB Anton von Rotenhan (1431 - 59) errichtet. Zuerst Kapitelsaal, dann separate Grablege der BAer Bischöfe und Domkanoniker neben dem südl. Seitenschiff des Doms. Ort der Stille; zweischiffiger, got. Raum; vorderer Teil: Kreuzaltar (17. JH); hinterer Teil: bedeutender spätgot. Schnitzaltar ohne Kreuz, das Bildnis »Apostelabschied« (um 1500); die Grabplatten an der Wand lagen einst am Boden; früher bestand von der N. aus ein Zugang zum →Domkreuzgang. 1808 verlegte man die Überreste aller hier Beigesetzten in eine gemeinsame Gruft unter dem Kreuzaltar der N. Nach dem 1. WK fanden in der N. vorübergehend Landtagssitzungen statt. Eingang zur N. im Dom, im südl. Seitenschiff li. vor dem →Veit-Stoß-Altar.

Nagelkapelle

Napoleon, weilte 1806 in BA, nahm bei Herzog Wilhelm am 6. Okt. in der →Neuen Residenz Quartier und erließ die bekannte Proklamation an seine Truppen, die von hier aus nach Jena und Auerstedt marschierten. 1812 besuchte N. BA zum zweiten Mal; bei seinem Einzug vom →Kaulberg her soll er BA und seine Bewohner gar nicht beachtet haben, obwohl sie ihm durch Plakate und Zurufe die Ehre gaben.

Naturalienkabinett, →Naturkundemuseum.

Naturkundemuseum, Fleischstr. 2, 1794 gegr. Naturalienkabinett (ursprüngl. Bezeichnung) als Beifügung zur Universität und Grundlage eines geplanten neuen Lehrstuhls für Naturgeschichte von FB Franz Ludwig von →Erthal; eines der ältesten Naturkundemuseen Deutschlands; der Vogelsaal ist weitgehend ursprünglich erhalten und besticht durch seinen klassizistischen Charakter. 1796 drohte dem N. die Auflösung, als der Saal nach Vertreibung der →Franzosen aus Franken und BA zum Zwecke der Herstellung von Getreidesäcken für die Österreicher ausgeräumt wurde. Dennoch bestand ein Rest der Einrichtung weiter und die säkularisierten Klöster (1803) lieferten gar manche Ergänzung (vor allem das Benediktiner-Kloster Banz). Pater Dionys →Linder gilt als der 2. Begründer des N.s.

Nebinger, Lothar, Dr. (* 1846, † 94), Hofrat, Oberwundarzt am →Allgem. Krankenhaus, berühmter Chirurg; daher Nebingerhof.

Nepomuk, Hl. Johannes von (* ~ 1350, † 1393), Priester, früher unter dem Namen Pomuk in Böhmen bekannt, Generalvikar des Erzbischofs von Prag, von König Wenzel I. nach Folterung von der Karlsbrücke in die Moldau geworfen; 1729 Heiligsprechung, daher der Brückenheilige.

Nepomukstatuen, 1. zwei im BAer Hain; 2. auf der →Oberen Brücke von Joh. Caspar →Metzner (18. JH), Kopie von Hans Leitherer, 1927.

Neptunbrunnen, →Gabelmannbrunnen.

Nervenklinik, wohl auf Anregung von Dr. →Marcus 1805 als Anstalt für Geisteskranke eröffnet; als St.-Getreu-Stiftung der Stadt unterstellt; heute Psychiatrische und Neurologische Abteilung, großes Einzugsgebiet, →St. Getreu.

Neue Residenz, am Domplatz/Obere Karolinenstr., mächtige 4-Flügelanlage im →Renaissance- und →Barockstil (zwei Bauabschnitte). Die westl. zwei Flügel ließ FB von →Gebsattel nach Plänen des Nürnberger Stadtbaumeisters

Neue Residenz

Jakob →Wolf d.Ä. errichten; die zwei Flügel am →Domplatz mit dem →Vierzehnheiligenpavillon entstanden 1697 bis 1703 unter FB Lothar Franz von →Schönborn durch Joh. Leonhard →Dientzenhofer in römischem Barock. Als Mitte der einst fblichen Residenz versteht man den →Kaisersaal. Im Parterre ist seit 1965 die →Staatsbibliothek untergebracht. Im 1. OG des Gebsattelbaues befindet sich die 1968 neu eröffnete →Altdt. Galerie. Bei Führungen werden kaiser- und fbliche Wohn- und Repräsentationsräume, Fürstenzimmer sowie der Kaisersaal gezeigt. Im Gesellschaftszimmer der N.R. steht noch der Schreibtisch, an dem →Napoleon die Kriegserklärung an Preußen unterschrieb. →Rosengarten, →Berthier, →Kragsteine.

Neuer Ebracher Hof, Unterer Kaulberg 4, 2. ehem. Domizil der Ebracher Zisterzienser in BA, →Alter Ebracher Hof; Gebäude mit vornehmer Palastfassade und seitlichen Torhäusern; 1750 unter Abt Hieronymus Held für 30000 Gulden erbaut, Planung von →Küchel; von P.M. Mayer ausgeführt; Figurenschmuck von Ferdinand →Tietz.

Neues Gymnasium, →Franz-Ludwig-Gymnasium.

Neues Palais e.V., kultureller Verein: Lesungen, Musik, Theater, Kleinkunst u.a.; vorher →Schrottenberg-Palais, Kasernstr. 1, jetzt in der Austr. 29, Eingang Hasengasse, mit Innenhof und Kellergewölbe.

Neues Rathaus, am Maxplatz, O-Seite, ehem. →Priesterseminar 1732 - 38 von Balthasar →Neumann erbaut, 1928 Umbau zum N.R., zwischen 1938 und 44 erweitert, heute Haupt-Rathaus.

Neumann, Balthasar, (* 1687 in Eger, † 1753 in Würzburg), Ingenieur, Baumeister und Feuerwerker, bedeutendster dt. Barockarchitekt (z.B. Vierzehnheiligen, Gößweinstein in der Fränkischen Schweiz), ab 1719 fblicher Baudirektor in Würzburg, (Würzburger Residenz), Baukunstlehrer an der Universität Würzburg. N. galt als ausgezeichneter Kenner der europäischen Architektur. Er leitete auch Festungs-, Brücken-, Straßen- und Wasserbauten. In BA sind von ihm: →Domkapitelhaus, →Neues Rathaus, →Fbliches Jagdzeughaus und die Wirtschaftsgebäude des Klosters Michelsberg. N. hatte in Fabrikschleichach/Steigerwald eine Glashütte.

Neumann, Franz Ignaz Michael (* 1733, † 85), Architekt, Sohn von B. Neumann, anfangs Gehilfe des Vaters, restaurierte später den W-Chor des Mainzer Doms. In BA hat er am →Rathausbrunnen mitgewirkt, er war der führende Architekt bei der Umgestaltung des →Domplatzes.

Nickel, →Fleischhalle.

Niederbronner Schwestern, 1872 erste Niederlassung in BA, Schwesternheim seit 1891 am Heinrichsdamm 11, zuvor am Stephansplatz 2 und in der Fleischstr. 6; betreiben ambulante Krankenpflege.

Nonnenbrücke, zwischen →Schillerplatz und Geyerswörthstraße, über einen Seitenarm (Am Kanal) des li. Regnitzarmes, Name erinnert an das einst dort gelegene →Clarissenkloster. Die N. ist eine der ältesten Brücken der Stadt, natürlich unter Berücksichtigung der hölzernen Vorgänger.

Nonnenbrücke 1, Wohn- und Sterbehaus des Justus Heinrich →Dientzenhofer, der als hochfürstl. Hofbaumeister u.a. das →Aufseesianum und wahrscheinlich den Propsteibau von →St. Getreu erbaut hat.

Nonnengraben, heute Am Kanal, alte Bezeichnung N., weil die Nonnen des →Clarissenklosters am Graben ihre Wäsche wuschen.

Nordtangente, 28.11.1986 in gesamter Länge (Memmelsdorfer Str. - Magazinstr. - Europabrücke - Regensburger Ring und Friedensbrükke) durch Oberbürgermeister Paul Röhner eröffnet; Wirtschaftsminister Lang gibt N. frei.

Notgeld, aufgrund eines massiven Mangels an Hartgeld druckten Städte und Gemeinden in der Zeit zwischen 1914 und 1924 das sogen. »Städte-Notgeld«. Der BAer→Stadtrat gab die Herstellung und Herausgabe von eigenen Papiergeld-Gutscheinen frei. Drei Druckereien wurden mit der Arbeit betraut. Viele BAer Firmen ließen eigenes Hartgeld prägen.

Nußbaum, Hans (* ~ 1460, † 1525), Bildhauer, einer von vielen in BA (um 1500) arbeitenden Künstlern, von denen etliche vor allem wegen der →Immunitätenpolitik nach Nürnberg abwanderten. N. starb durch Hinrichtung im →Bauernkrieg.

O

Obelisken, (griech.), allgem.: vierkantiger, hoher Steinpfeiler, nach oben sich verjüngend, pyramidenförmig spitz endend, ursprünglich ägyptisches Sonnensymbol, zahlreiche O. wurden von römischen Kaisern nach Europa gebracht. In BA: an der →Trautmannsmauer am →Domplatz, am Schillerplatz ein Pumpbrunnen (griech. Sockel mit einem Obelisk) von W. Wurzer (1825), an der ehem. Siechenkreuzung gegenüber der →Ottokirche und auf der →Altenburg. Der Obelisk an der S-Seite der Altenburg ist als Symbol der Verbundenheit zum ehem.→Hochstift zu verstehen. Jedes der ehem. BAer Außenämter stiftete 1903 einen Steinblock dazu.

Oberrealschule, →Clavius-Gymnasium.

Obere Brücke, wohl älteste und ursprünglich einzige Brücke über den →li. Regnitzarm. Der Name ergab sich erst durch den Bau einer →Unteren Brücke; markanter BA-Punkt, einstiges Bindeglied zwischen der 1. Bürgersiedlung im →Sand und der späteren →Inselstadt; im 17. JH Widerstandsort während der →Hexenverfolgung; vom→Eisgang 1784 nicht zerstört; Ort der→Kreuzigungsgruppe und→Nepomukstatue. Mehrere Bauten folgten aufeinander, 1. Erwähnung einer Holzbrücke 1157, Brücke von heute aus dem 15. JH, 1453/56 durch Stadtbaumeister Hans Bauer, gen. Vorchheimer, aus Stein erbaut. 1945 gesprengt, 1956 Mittelbogen erneuert. Bis zur Schaffung der →Fußgängerzone rollte der Verkehr über die O.B. Sie ist ein ausgezeichneter Ort, BA-Eindrücke zu sammeln. Beim Anstieg vom→Obstmarkt her ein herrlicher Blick auf die →Obere Pfarre; an der Nepomukstatue Blick auf Schloß →Geyerswörth, die ehem.→Mühlen, St.→Stephan und Teile der →Bergstadt. Wechselt man die Seite, so entzückt →Klein Venedig. Im Torbogen ist der Eingang zur →Ludwigsammlung. Danach beginnt die Bergstadt (die ehem. geistl. Stadt).

Obere Brücke 10, zwischen →Obstmarkt und →Altem Rathaus, Wohn- und Sterbehaus Joh. Leonhard→Dientzenhofers, 1686 - 1707 hochfürstlicher Hofbaumeister in BA. →Templerkapelle.

Obere Mühlbrücke, von der Concordiastraße zur →Nonnenbrücke, die O.M. diente von früher her als Verbindung unter den hier auf beiden Seiten des Flusses dicht beieinanderliegenden Mühlenbetrieben.

Obere Mühlen, →Mühlen.

Obere Pfarre, auch »Zu unserer lb. Frau« gen.,

Obere Brücke

Obere Pfarre von Osten gesehen

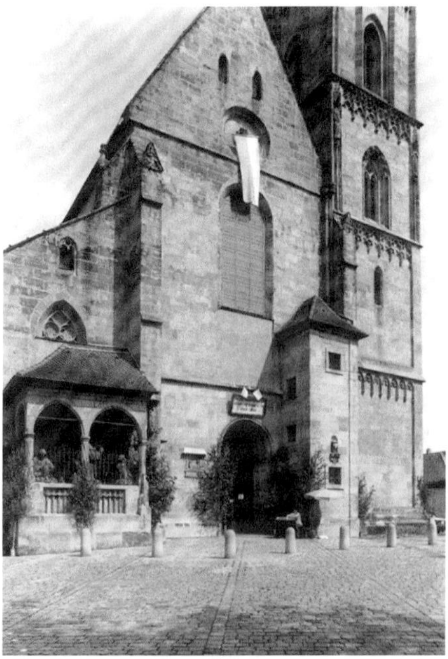
Obere Pfarre (Westfassade) mit Ölberghäuschen

14. JH, größtes bürgerliches Bauprojekt (direkt von Bürgern finanziert, das Bäckerwappen im Turmgewölbe gilt als ein Beleg dafür); bedeutendstes got. Kirchendenkmal BAs; zuvor stand dort eine rom. Kapelle St. Mariae (urkundl. 12. JH), kath. →Pfarrkirche am →Kaulberg; oberster Pfarrherr war einst immer ein Domkapitular; für das Langhaus war wohl 1338 Grundsteinlegung, 1392 Chor angebaut, Vollendung wahrscheinlich um 1420; Turmhöhe 68 m, Turm von 1478 - 1926 als Wachturm genutzt, →Türmer, Türmerwohnung. Besonderes Merkmal der O.P.: welsche Haube (1537). Die böhmischen →Parler waren am Bau beteiligt; Inneres barockisiert, dennoch besitzt die O.P. als einzige BAer Pfarrkirche noch zahlreiche got. Kunstwerke. →Brautpforte, →Tintoretto.

Oberlandesgericht, →Gerichte.

Oberpostdirektion, ehem. von 1905, am Wilhelmsplatz, eigentlich vom Oberpostamt 1907 in eine O. umgewandelt, dann Reichspostdirektion bis 1943. →Post.

Obstmarkt, zwischen →Langer Str., Austr. und Aufgang zur →Oberen Brücke, kleiner Platz, auf den einige Straßen und Gassen münden; einst Ort der BAer →Gärtner und →Häkker, die heimisches Obst anboten. Der O. wurde im 2. WK mit Phosphorgranaten beschossen. Ein Teil des O.s. hieß einst Hahnensteuß, auch »Unter den Krämen«. Der →Reußenturm stand in der Nähe, in der Mitte des O.s war der Goldene Brunnen, ein steinerner Pumpbrunnen, früher ein Ziehbrunnen, der Viereimerige- oder Straußenbrunnen gen. Der O. selbst wurde 1826 auf den Schrannenplatz verlegt.

Ohlmüller, Daniel Joseph (* 1791, † 1839), BAer Bäckerssohn, kgl. bayer. Kreisbaurat und bedeutender Architekt. Geburtshaus in der Kapuzinerstr. 6.

Ohm, Georg Simon (* 1789 in Erlangen, † 1854 in München), großer dt. Physiker, von

1812 - 17 Lehrer am →Alten Gymnasium in BA, Entdecker des Ohmschen Gesetzes.

Ordinariat, (lat.), die Verwaltungsbehörde einer kath. Diözese, einige Ressorts als Beispiele: Bauwesen, Caritas, Finanzen, Priesterseelsorge, Schule und Religionsunterricht. →Domkapitel, →Metropolitankapitel.

Orff, →Carmina burana.

Ortstafeln, die ersten O. wurden in BA 1825 aufgestellt.

Ostchor, Georgenchor, weltlicher Chor mit →Kaisergrab und →BAer Reiter im Dom; liturgisch nicht mehr genutzt. Fresko »Thronender Christus« in der Apsis 1927/28 von Karl Caspar, München, ausgeführt. 1937 führte die Treppe noch in voller Breite zum O. Der Baustil des BAer Doms wechselt bedingt durch den Epochenwandel von der →Romanik im O zur →Gotik im W.

Ostkrypta, im O-Chor des Doms; die O. enthält älteste Teile des Vorgängerdomes, den der Hl. →Otto wiederaufbauen ließ. Sie wird für

Ottobrunnen

Gottesdienste und vor allem Taufen genützt. Die 3schiffige Unterkirche beherbergt neben dem Taufbrunnen aus der Zeit um 1830 das Königsgrab →Konrads III. sowie die Tumben der ersten 6 BAer Bischöfe als auch die Bischof Gunthers (1057 - 65) und Bischof Ottos II. von Andechs-Meranien (1177 - 96); ferner freigelegte Teile des Vorgängerdomes. Nicht allgemein zugänglich.

Ott, Martin, histor. Figur in der Gaustadter Geschichte, opferte sich während der Pestzeit als Pfleger auf und ließ dabei sein Leben.

Ottobrunnen, liegt am nordöstl. Abhang von →St. Getreu in Richtung Gaustadt; Ottofigur wohl aus der Werkstatt des Bildhauers Franz Anton Schlott (* 1697, †1736); 1836 unter Beihilfe der →Häcker restauriert; das Wasser kommt vom Michaelsberger Wald; bis 1881 Pichplatz (Platz, an dem die Brauer ihre undichten Holzfässer mit Pech wieder abdichteten) für alle Brauereien auf dem Jakobsberg. O. auch Gebietsbezeichnung für eine herrliche stadtnahe Naturlandschaft.

Otto d. Hl., (* ~ 1060, † 1139), achter und berühmtester Bischof (1102 - 1139) von BA. Er stammte aus einem wenig begüterten schwäbischen Geschlecht an der nördl. Schwäbischen Alb. Bildung und Erziehung genoß er vielleicht im Kloster Wilzburg bei Eichstätt; Hofkaplan am Polnischen Hof; als Vertrauter Kaiser Heinrichs IV. bekam er die Oberaufsicht über den Dombau zu Speyer; Kanzler des Reiches; 1102 Ernennung, 1106 Weihe zum Bischof von BA; veranlaßt den Wiederaufbau des 1089 niedergebrannten Heinrichsdomes; 27 Klostergründungen (z.B. Heilsbronn) in 7 Diözesen, zahlreiche Kirchenbauten veranlaßt. Er gilt als »geistiger Architekt« des Wormser Konkordats von 1122, mit dem der →Investiturstreit beigelegt wurde. Wegen zwei erfolgreicher Missionsreisen (1124 und 1127/28) ins weit entfernte Pommern (rund um Stettin/Polen) auch »Apostel der Pommern« gen.. Trotz seiner staatsmänni-

Ottograb

Ottokirchturm mit Gärtnerfelder im Vordergrund

schen Größe blieb O. bescheiden und ein Anwalt der Armen und Siechen. Er hatte eine starke Bindung zum →Benediktinerkloster am Michaelsberg, als dessen 2. Gründer er gilt. Es wird berichtet: Jede Stunde der Muße soll O. im Kloster Michelsberg verbracht haben. Oft äußerte er, er möchte lieber ein Mönchlein am Michaelsberg sein als ein Bischof. Als er wieder einmal dem Abt gegenüber so lamentierte, fragte ihn dieser, ob er ihm absoluten Gehorsam schwören würde. O. erwiderte überzeugt mit ja. Darauf der Abt: „Otto, dann bleib', was Du bist, Bischof von BA, dazu bist Du ausersehen." Berühmtes →Ottograb, 3. Stadtheiliger BAs, 1189 Heiligsprechung.

Otto II., Kaiser (973 - 985), überließ 973 durch eine Schenkung die königliche Grundherrschaft inclusive der »Burg Papinberc« seinem Vetter →Heinrich, dem Zänker; er begünstigte dadurch die spätere Entwicklung BAs.

Ottograb, im O-Chor der Kirche St. Michael in einem kryptaähnlichen Raum, versteckt hinter dem Hochaltar. Wer durch das O. gebückt hindurchschlüpft, wird dem Volksmund nach von seinen Kreuzschmerzen befreit; religiöser Hintergrund: Nähe zur Reliquie. Bis zur Errichtung des Hochchores 1725 stand das O. frei in der Kirche. Hinter dem O. an der Rückwand der Krypta ist eine wertvolle Reliefplatte, die Otto mit allen bischöflichen Würdezeichen zeigt.

Ottokirche, kath. Pfarrkirche in der Siechenstraße, 1914 als Tochterkirche der Mutterpfarrei St. →Gangolf entstanden; Stiftung des Pfarrers Hiltner (St. Gangolf); von Orlando Kurz errichtet, als Versuch, einen neuen Sakralstil mit Elementen aus →Romanik, →Gotik und →Renaissance zu schaffen, vereint sie deshalb viele Baustile auf sich; Glasmalereien von Sepp Frank; Plastiken von Valentin Kraus; das Kreuz von Joh. Paul Egell (* 1691, † 1752) am ersten Pfeiler li. stammt aus dem säkularisierten Kloster Michelsberg; Turmhöhe 62 m; über den kleineren zweiten Turm soll der Architekt verbrieft haben, daß die Ungleichheit gewollt sei, weil ja im Leben eines Christen auch nicht alles vollkommen sei. Daher also die ungleichen Türme. 1. Kirche des 20. JHs, die unter Denkmalschutz gestellt wurde. →Spargel.

Ottoniana Fridericiana, →Universität.

Ottonianum, Erzbischöfl. Knabenseminar am Heinrichsdamm 32. →Priesterseminar.

Ottoschweigemarsch, zum Patronatsfest →Ottos um den 20. Sept. alljährlicher O. vom Ottoplatz nach St. Michael, wo die feierliche Vesper (Andacht) gesungen wird. Ein pfarreiübergreifender Anlaß, da der Hl. Otto der 3. Stadtheilige ist.

Ottostatuen, 1. am Ottoplatz vor dem Dümleinschen Haus, gestiftet von den Geschwistern Dümlein. Der BAer Bildhauer Joh. Adam Christ konnte das Werk nicht vollenden, nach seinem Tod Fertigstellung durch Phil. Dorsch (* 1851, † 1923).
2. vor der Ottokirche in der Siechenstraße, monumentale Plastik von 1973.
3. am Kindergarten St. Otto, Jäckstr. 14.

Otto von Griechenland, König O. wohnte von 1863 bis zu seinem Tod 1867, seine Gemahlin Amalie bis zu ihrem Tod 1875 in BA. Nachdem er nach der unblutigen Revolution in Griechenland abgedankt hatte, fand er als →Wittelsbacher in der →Neuen Residenz und in einem eigens für ihn geschaffenen Anbau am →E.T. A.-Hoffmann-Theater Zuflucht.

Otto von Wittelsbach, →Königsmord.

P

Pädagogische Hochschule, →Lehrerbildungsanstalt.

Paketpostamt, ehem., 1932 erbaut, an der Memmelsdorfer Str.; den BAern unter der Abkürzung »HKW« bekannt. Eigentlich HWKW, d.h. Hauptwerkstatt für Kraftpostwagen. Heute noch von Post und Telekom genutzt.

Panzerkaserne, (1935/36 erbaut), zwischen Pödeldorfer Str. und Zollnerstraße.

Papst Benedikt VIII., weilte Ostern 1020 zu einer »Gipfelkonferenz« zwischen Kaiser und Papst in BA, weihte dabei die →Stephanskirche ein. Ein weiterer wichtiger Grund seines Besuches: Bitte um Hilfe bei Kaiser→Heinrich II. gegen die in Unteritalien drohenden Griechen.

Papstgrab, einzig erhaltenes jenseits der Alpen im W-Chor des →Doms, versteckt hinter der →Kathedra. Bischof Suidger (1040 - 46, 2. Bischof von BA) wird 1046 unter dem Namen →Clemens II. zum Papst ernannt. Marmorne Tumba (lat., steinerner, sarkophagähnlicher Grabsockel, oft mit Reliefs geschmückt) mit ausdrucksvollen Darstellungen der Kardinaltugenden: Stärke, Klugheit, Gerechtigkeit, Mäßigkeit an den Längsseiten; östl. Schmalseite: Tod des Papstes mit Erzengel Michael; westl. Schmalseite: Christus als Weltenrichter. Die Reliefs stammen aus der ersten Hälfte des 13. JHs.

Paradies, Flurname (von der Buger Str. zum Oberen Leinritt).

Parküberwachungsdienst, er wurde 1986 von der Stadt gegen die Parkplatznot eingerichtet.

Parler, böhmische Baumeisterfamilie (14. JH), die P. waren bestimmend für spätgot. Baukunst

Papstgrab mit Bischofsstuhl im Dom

und Plastik in Deutschland, Ableitung des Namens wohl von Parlier = Leiter einer Bauhütte (P.-Hütte); in BA P.-Einfluß am →Karmelitenkreuzgang, an der →Oberen Pfarre und am →Dom.

Partnerstädte, Villach (Österreich), Rodez (Frankreich), Bedford (Großbritannien), Esztergom (Ungarn), Prag I (Tschechien) und Feldkirchen (Österreich).

Paschke-Register, komplettes Namensregister zu dem 56 bändigen Werk »Studien zur Bamberger Geschichte und Topographie« von Hans Paschke, zusammengestellt von Norbert Haas.

Patenstädte, Troppau (Mähren), Hallstadt, Baunach. Freundschaftliche Beziehungen zu Kirchdorf a.d. Krems/Österr., Malborghetto/Italien, Wolfsberg/Österr., Tarvisio/Italien.

Patrizier, unter P.n verstand man in ma. Städten Angehörige des wohlhabenden Stadtadels, der sich sowohl nach oben wie nach unten abzugrenzen verstand. Man bezeichnete sie in BA gemeinhin als solche, obwohl es unter der fblichen Herrschaft keine echten P. gab.

Pelzmühl, Flurname (von der Wildensorger Hauptstraße östl. abzweigend).

Perikopenbuch, Heinrichs II., die Perikopen (griech.) = bibl. Abschnitte, sie waren in der kath. Kirche seit dem frühen MA als Leseabschnitte aus dem Evangelium und Briefen des Neuen Testaments für die Vormesse an den einzelnen Sonntagen vorgeschrieben. Das P. Heinrichs war für das Kloster Michelsberg bestimmt und teilweise in Gold geschrieben. Es wurde in der Gräfl. von Schönbornschen Bibliothek in Pommersfelden als Nr. 340 aufbewahrt, weil FB Kurfürst Lothar Franz von →Schönborn es in seiner barocken Sammelleidenschaft wohl 1725 erworben hatte. Aufbewahrungsorte des P.es bis heute: Kloster Michelsberg – Regensburg – Pommersfelden – Staatsbibliothek München.

Pestalozzischule, Pestalozzistr. 10, zwischen 1957 und 61 entstanden, heute Sondervolksschule für Lernbehinderte.

Peterschor, W-Chor des Doms, geistl. Chor mit dem Hochaltar (→Kreuzigungsgruppe von Justus →Glesker), der →Kathedra und dem →Papstgrab, →Chorgestühl (aus dem 14. JH); vor dem W-Chor der →Volksaltar von Klaus →Backmund. Nicht begehbar.

Petrini, Antonio (* 1624, † 1701), Architekt, »Vater des mainfränkischen Barock«, schuf nach dem →Dreißigjährigen Krieg das Langhaus von St. Stephan und vollendete die Kirche; Mitwirkung an →Schloß Seehof.

Peunt, ehem. Flurdistrikt zwischen →Wunderburg, Gärtnerei und re. Regnitzarm; wenig Felder, viel Wiesen in Flußnähe; im weiteren Umfeld der heut. Peuntstraße; darüberhinaus auch das teilweise tiefer gelegene Gebiet zwischen der Peuntstr. und Dr.-von-Schmitt-Straße.

Pfahlplätzchen, auf dem Zweidlerschen Stadtplan von 1602 noch Judenplatz, später auch Hafermarkt bzw. →Häfnermarkt und Kohlenmarkt gen. Der Name P. hat nichts mit Pfählen zu tun. Sprachetymologisch wird das »Pfahl« als Abwehr gegen die dort einst ansässigen Juden erklärt.

Pfarrfeld, nach dem Flurnamen »Pfaffenfeld«, (von der Pödeldorfer Str. re. abzweigend).

Pfarrkirchen, (Pfarreien, Pfarrsprengel), 10 kath. P. stehen 4 evang. P. gegenüber, daran läßt sich auch das Verhältnis zwischen Katholiken und Protestanten in BA ablesen, Pfarrsprengel = Pfarrgrenzen; sind in der Regel auch Schulsprengel. Die Einteilung in Pfarreien erfolgte ab 1806 und war den Stadtdistrikten angepaßt. Kath. Pfarreien: Dom, St. Heinrich, St. Kunigund, St. Martin, St. Gangolf, St. Otto, Maria

Hilf, Obere Pfarre, St. Anna, St. Josef (Gaustadt); evang. Pfarreien: St. Stephan, Erlöser, Auferstehungskirche, St. Matthäus (Gaustadt). Die ersten Pfarreien im Gebiet Regnitz/Obermain waren den Hll. Martin und Kilian geweiht.

Pfeifertörlein, es stand etwa am Fuß des Michaelsberges am →Maienbrunnen; 1804 abgerissen.

Pfennigwunder, Relief am →Kaisergrab im Dom, Kunigundenseite re., →Kunigunde überführt bei der Auszahlung der Arbeiter beim Bau der →Stephanskirche einen unehrlichen Mitarbeiter.

Pfister, Albrecht (Mitte 15. JH), BAer Patriziersohn, →Buchdruck.

Pfistertörchen, einst am Aufgang vom Vorderen Bach her zur →Domburg zwischen Kurie St. Laurentii und ehem. Dompfisterei (ehem. Domdechantei, Domplatz 4).

Pflasterzoll, 1807 eingeführt, die Zölle wurden anfangs verpachtet. Die Stadt BA verfügte frühzeitig über relativ gut gepflasterte Straßen und Gassen. Um diese zu finanzieren, mußte P. erhoben werden.

Pfleger, Robert, Dr. (* 1906, † 71), Arzneimittelhersteller und BA-Gönner in wirtschaftlicher und sozialer Hinsicht.

Philippuskirche, (evang.), am Klinikum, Einweihung 1989.

Philipp von Schwaben, (* ~ 1176, † 1208) König (1198 - 1208), jüngster Sohn →Friedrich Barbarossas, 1195 Herzog von Tuscien, 1196 Herzog von Schwaben. Er wird 1208 während einer Hochzeitsfeier in der →Alten Hofhaltung von Otto von Wittelsbach erstochen; zunächst im Dom begraben, dann nach Speyer überführt. →Königsmord.

Philosophisch-Theologische-Hochschule, einst am Kranen 12, 1923 erhielt die ehem. Universität des 17. JHs (Ende mit der Säkularisation) den Status einer P.T.H.

Pieta, Muttergottesstatue (auch als Schmerzhafte Muttergottes bezeichnet) aus →Alt-St.-Martin, heute im re. Seitenaltar der →Martinskirche.

Pilzberater, →Bolling.

Plärrer, Ort und (fränkische) Bezeichnung für die allgem. BAer Kirchweih, bzw. Frühjahrs- und Herbstplärrer; bis 1980 am Heinrichsdamm (heute P + R-Parkhaus); der P. findet heute an der Breitenau statt, BAer Originalton: „Geh' mer auf'n Plärrer?"

Pleydenwurff, Konrad (15. JH), Maler der Altartafeln der ehem. →Clarissenkirche, die als Klarenaltar heute in der →Altdt. Galerie der →Neuen Residenz zu sehen sind; die Fam. P. wanderte nach Nürnberg ab, →Immunitätenstreit. Zeitweilig war P.s. Vater Cuntz P. BAer Bürgermeister.

Pöppelgäßchen, davon soll es zwei gegeben haben: a) die Franziskanergasse, 1878 umbenannt, von der Aufseßstr. zum Jakobsberg; b) das Verbindungsgäßchen zwischen Josefstr. und Theuerstadt. Der »Pöpel« (ein Gespenst) soll hier sein Unwesen getrieben haben.

Polarbär, ehem. Brauerei, Judenstr. 7/9, Name vom Wirt, →Hausnamen 2./Judenstraße. Heute Studentenkneipe mit Biergarten.

Poldi, berühmtester der BAer Burgbären, 1952 - 82, eierliebender Petz, dessen Tod die →Altenburg um eine Attraktion ärmer gemacht hat; ausgestopfter Kopf im →Naturkundemuseum; letzter Burgbär Deutschlands. Den Namen P. gab man ihm in Anlehnung an den ehem. Oberbürgermeister Dr. Luitpold →Weegmann. (s. Abb. auf Farbtafel VII, u.r.)

Pommernapostel, →Otto d. Hl.

Poppo, von Andechs-Meranien, Bischof von BA, 1237 - 42, (ohne Weihe); ließ als Stiftspropst den Meranieradler, das älteste städt. Steinwappen, an der →Jakobskirche anbringen.

Posaunenengel, Statue im südl. Seitenschiff des Doms, wie die benachbarten Figuren ins Innere verlegt.

Posener Marktbrunnen, in der polnischen Stadt Posen erinnert die »Bambergerin« auf dem Marktbrunnen an die Auswanderung von BAer Gärtnern nach Osten im 18. JH.

Post, 1653 Eröffnung des Thurn-&-Taxis-Reitpostkurses Nürnberg – BA – Coburg, 1696 Postkurs BA – Würzburg, 1852 Oberpostamt, 1891 Postamt 2 gegenüber vom Bahnhof, Neubau von 1976.

Präparandenschule, (Vorbereitungsschule für Lehrer und Lehrerinnen), Stephansplatz 5, Schul- und Kapitelshaus des Kanonikats St. Stephan, 1756 erbaut, die drei Wappen am Haus sind die derer von Aufsees, von Guttenberg und von Erthal. Nach der →Säkularisation war in dem Haus die Benno-Schubertsche-Porzellanfabrik.

Prag, Prag und BA, beide 7-Hügel-Städte, weisen trotz der sehr unterschiedlichen Größe einige Parallelen auf: Goldenes Gäßchen/Matern; Hradschin/Neue Residenz; Kloster Strahov/Kloster Michelsberg. Prag I ist Partnerstadt von BA. Aus der →Dientzenhofer Familie bestimmten in der ersten Hälfte des 18. JHs Christoph (* 1655, † 1722) und sein Sohn Kilian Ignaz (*1689, † 1751) die Prager Architektur. (Matern s. Abb. auf Farbtafel VI, o.r.)

Pranger, Schandpfahl, an dem im MA Missetäter angekettet und öffentlich ausgestellt wurden; in BA an der →Adamspforte des Doms, am Grünen Markt 2a, dem Eckhaus zur Keßlerstraße u.a. Orten.

Prellshaus, →Böttingerhaus.

Preußen, viermaliger Einfall in BA (Hochstift), 1757 Ebermannstadt und Weismain, 1758 fallen 58 Gärtnerhäuser in BA der Brandschatzung zum Opfer, 1759 Plünderung in BA und →Kontributionszahlungen; 1762 erneuter Einfall in BA, die Juden mußten 10000 Reichstaler, die Stadt 182000 Taler zahlen. →Siebenjähriger Krieg.

Priesterseminar, alt: P. am Maxplatz auf der östl. Seite, Baubeginn 1733 nach Plänen B. →Neumanns, heute Rathaus und Stadtsparkasse; das alte P., Hauptwachstr. 1, trug auch den Namen Weihbischofs-Hof, P. und St. Martin waren vereinigt, der Pfarrer von St. Martin war zugleich Weihbischof (Ende der Vereinigung 1802). 1928 ging das P. in den Besitz der Stadt über; neu: Heinrichsdamm 32, 1927/28 als Klerikal- und Knabenseminar →Henricianum-Ottonianum erbaut, heute noch P. →Jesuiten.

Prinz-Ludwig-Hafen, nach Prinz Ludwig von Bayern benannt, 1912 als 1. Staatshafen im N der Stadt eröffnet, löste den Hafen →Am Kranen ab und machte BA zum Endpunkt der staatlichen Mainkettenschiffahrt (bis Anfang des 20. JHs zogen sich die Schiffe von Aschaffenburg bis BA an einer Kette, die in der Fahrrinne lag und über ein dampfgetriebenes Kettenrad auf dem Schiff lief, selbst flußaufwärts, die Kette versank hinter dem Schiff wieder im Fluß; die Mainanrainer bezeichneten die Kettenschiffe als »Meekuh« = Mainkuh). Wichtiger Umschlagplatz. Vorher hatte man erwogen, ein Hafenbecken an der Stelle des ehem. →Kapuzinerklosters zu schaffen.

Prinzregent-Luitpold-Denkmal, am westl. Schönleinsplatz in der Grünanlage, es stand als »falscher Domreiter« früher vor dem →Domkranz am Domplatz. Luitpold als Hubertus-

Ordensritter baren Hauptes; 1898/99 errichtet, Entwurf und Guß von Ferd. von →Miller, Fundament und Sockel von Baumeister Gg. Hofbauer; Prinzregent Luitpold nahm an der Einweihungsfeier seines Denkmals von einem Fenster des →Vierzehnheiligen-Pavillons aus teil. Die Inschrift am P.L.D. lautet: „In unwandelbarer Treue und Liebe von der dankbaren Stadt Bamberg errichtet, den 8. Okt. 1899." 1937 »verläßt« das P.L.D. den Domplatz in Richtung Schönleinsplatz. 1887 besuchte der Prinzregent Luitpold BA und zog vom Bahnhof in die Stadt ein. Ein willkommener Anlaß, die Bahnhofstraße in Luitpoldstraße umzubenennen. →Luitpoldschule.

Promenade, Platz zwischen Willy-Lessing-Str. und Hauptwachstr. bzw. zwischen Schönleinsplatz und ehem. →Alter Hauptwache; bis 1776 ein Teil des Stadtgrabens, bis dieser mit Abraummaterial des Domplatzes aufgefüllt wurde; einst Wochenmarktplatz mit altem Pflaster, heute Zentraler Omnibusbahnhof, →ZOB.

Protestanten, sie sind in BA in der Minderheit (ca. 19 % Bevölkerungsanteil), →Erlöserkirche, St. →Stephan, →Auferstehungskirche, St. Matthäus (Gaustadt), →Philippuskirche.

Prozession, Aufzählung in chronologischer Reihenfolge:

1. Sebastiani-P., »Gärtner-P.«, um den 20. Jan. von St. Otto nach St. Gangolf,
2. Flurumgang der Pfarrei St. Otto, im Mai,
3. Flurumgang der Pfarrei Maria Hilf, Christi Himmelfahrt,
4. Urbani-P., »Häckerprozession«, am Dreifaltigkeitssonntag,
5. große und kleine Fronleichnams-P. (10 bzw. 14 Tage nach Pfingsten),
6. Heinrichs-P., um den 12. Juli,
7. P. um St. Martin, Betstundenbeschluß,
8. Marien-P., 15.August, bei St. Jakob,
9. Mutter-Gottes-P. am Sonntag nach dem 15. August, von der Obere Pfarre nach St. Martin, die Freudenreiche Muttergottes (Obere Pfarre) besucht die Schmerzhafte (St. Martin).

Pulverturm, (-lager), er stand bis Mitte des 19. JHs zwischen →Schützenhaus und →Kaipershof an der heut. Schützenstraße, Ecke Amalienstraße. Das städt. oder kaufmännische Pulverlager stand in der Nähe des →Hohen Kreuzes. Nachdem man aus Sicherheitsgründen ein weiteres Pulverlager in der Nähe der Breitenau gebaut hatte, erfolgte die Räumung des Pulverlagers am Hohen Kreuz.

Puppenbühne, →BAer Kasperl.

Urbaniprozession

R

Radio Antenne Franken, Grüner Mark 14, im Okt. 1987 erfolgte die Gründung eines BAer Lokalradios mit den beiden Sendern »Radio Regnitzwelle« und »Fun Boy Radio«. Ab Juli 1991 gemeinsamer Betrieb unter dem Namen »Radio Antenne Franken«. Das Sendegebiet umfaßt den BAer Raum, Forchheim, Erlangen und Höchstadt. R.A.F. erreicht ca. 280000 Hörer und ist auf 88,5 (UKW) bzw. der Kabelfrequenz 97,7 zu hören.

Radrennbahn, 1928 Eröffnung einer 500-m-Bahn im →Volkspark auf dem Gelände des FV 1912 BA. Die R. war in Ober- und Unterfranken die einzige Anlage, auf der auch Länderkämpfe im Steherrennen stattfinden konnten. 1983 wurde nach Abbruch der Holztribüne auch das Betonoval abgetragen.

Rathausbrunnen

Rathäuser, in BA sind es eigentlich fünf: →Altes Rathaus an der →Oberen Brücke, Haupt-Rathaus oder Neues Rathaus am →Maxplatz, Techn. Rathaus, Untere Sandstraße (Teile der ehem. Krankenhausgebäude), Rathaus Geyerswörth, Gaustadter Rathaus (Umzug in die Moosstraße).

Rathausbrunnen, auch Meranier- oder Düthornsbrunnen, Untere Karolinenstr., 1778 anstelle eines älteren errichtet, Architekt soll Franz Ignaz Michael →Neumann gewesen sein, den Figurenschmuck hat wohl Johann Bernhard →Kamm gefertigt. Der Meranier- oder Reichsadler ziert den Brunnen. Der Name Düthornsbrunnen oder auch Düthörnlein kam vom benachbarten Hausbesitzer Düthorn.

Ratschkatl, BAer Original, mit bürgerlichem Namen Fanny Decker († 1966), gab vor vielen Jahren in fränkischer Mundart im »Fränkischen Tag« Kommentare zu BAer Ereignissen ab.

Ratsstube, auch Kanzleibau gen., Teil der →Alten Hofhaltung, im 16. JH im Renaissancestil geschaffen, Hauptmerkmale der →Renaissance an der R.: Giebel, asymmetr. Erker; erbaut von Erasmus →Braun, Caspar →Vischer und Daniel →Engelhard. Die R. beherbergte einst den bischöfl. Ratssaal, darüber die Fürstenzimmer; heute Teil des →Historischen Museums.

Rattel, Georg, Dr. (* 1882, † 1950), 2. Bürgermeister und Ehrenbürger von BA.

Rauchbier, davon gibt es in BA zwei Sorten, das »Schlenkerla R.« und das »Spezial R.«. Das Rezept ist angeblich durch Zufall entstanden: Ein Wirtsvorfahre röstete die Braugerste zu lange über dem Buchenholzfeuer. Als er dann probierte, schmeckte das Getränk recht rauchig. Tatsächlich ergibt das Rösten der Braugerste über Buchenholzfeuer den rauchigen Geschmack.

Raulinohaus, Grüner Markt 14, Geschäftshaus,

der Holländer Livinus von Wynendael gründete hier 1764 eine Rauch- und Schnupftabakfabrik; das R. ist wahrscheinlich zwischen 1709 und 1711 von Joh. →Dientzenhofer erbaut worden; um 1930 existierte noch eine Rokokoladeneinrichtung aus der Tabakfabrikzeit der Familie Raulino; heute noch sehenswerte, allerdings verglaste Arkaden; gewerblich genutzt; Sitz von →Radio Antenne Franken.

Rechter Regnitzarm, ab →Bug die →Inselstadt von O her umschließend, vereinigt sich im N der Stadt im →Hafen wieder mit dem →Linken Regnitzarm; in den 60er Jahren zum →Kanal ausgebaut.

Recyclinghof, Rheinstraße, Tel. 87-1829.

Refektorium, Speisesaal in Klöstern; meist als zweischiffiger Raum gestaltet. Das R. im ehem. Kloster Michelsberg wird für besondere Anlässe wie Empfänge hoher Gäste genutzt. Stuckarbeiten von J.J. Vogel 1711; drei Deckengemälde 1714/15 von Seb. Reinhard (* ~ 1653, † 1716). Prälatenkapelle mit rot-weiß stuckiertem Altar um 1700 von G.B. →Brenno, Dekkengemälde 1699 von C.L. Castelli.

Reformation, in BA: als Luther in Wittenberg seine Thesen anschlägt, ist →Georg III. Schenk von Limpurg FB von BA (1505 - 1522). Der FB ist vom humanistischen Zeitgeist geprägt und war der Lehre Luthers nicht abgeneigt, zumal am Hof auch noch Förderer der neuen Lehre vertreten waren. Der Buchdrucker Georg Erlinger sorgte durch seinen Druck für die Verbreitung der lutherischen Schriften. Johann von →Schwanhausen predigte vor St. Gangolf unter großem Zuspruch von Volk und Klerus gegen alte hierarchische Verhältnisse. Der folgende FB Weigand von Redwitz (1522 - 56) trat aus Diplomatie vorerst verhalten gegenüber der neuen Lehre auf, dann verwies er Schwanhausen, Joh. Schöner, Hieronymus Cammermeister und den Hofkaplan Ulrich Burchard vom Hof. Etliche BAer Bürger zogen daraufhin nach Nürnberg ab.

Ratsstube

Regensburg, →Städtearbeitsgemeinschaft.

Regnitz, sie entsteht durch den Zusammenfluß von Rednitz und Pegnitz bei Fürth, fließt BA von S her zu, teilt sich vor der Stadt in den re. und den li. Regnitzarm, beide Arme umfließen die →Inselstadt, Zusammenfluß der beiden Arme im N der Stadt; die R. macht durch ihren Zufluß bei Bischberg den Main erst schiffbar, sie ist mit 231 m ü.N.N. BAs niedrigster Punkt.

Reiches Tor, auch Schöne Pforte, →Renaissance, Teil der →Alten Hofhaltung, Hauptportal mit originellem Figurenschmuck von Pankraz Wagner (1573), Relief: Heinrich und Kunigunde, Petrus und Georg und 2 Bischöfe, re. und li. die Flüsse Regnitz und Main als liegende Gottheiten allegorisch dargestellt.

Reichskristallnacht, Reichspogromnacht, 9.11.1938, als Anlaß für die R. diente das Attentat eines jungen Juden polnischer Abkunft auf den Legationsrat Dr. vom Rath der dt. Botschaft in Paris. Man wollte darin einen Anschlag des »Weltjudentums« auf die dt. Nation sehen. In BA: die →Jüd. Synagoge am Wilhelmsplatz wurde niedergebrannt, Gebäude, Geschäfte und Wohnungen angezündet, bzw. verwüstet und mit Parolen beschmiert, SA-Trupps schleppten Männer im Nachthemd auf die Straße und verprügelten sie unter Gelächter der Umstehenden. Auf Befehl aus Berlin nahm man männliche Juden ab 18 Jahren in Schutzhaft. Von 168 festgenommenen Männern überführte man 81 davon in Konzentrationslager. Der Kreisleiter und Oberbürgermeister Lorenz →Zahneisen forderte die Juden auf, BA zu verlassen, da ihre Sicherheit nach dem Pariser Attentat nicht mehr gewährleistet sei. Willy →Lessing, →Juden.

Reider, Martin Joseph von, Prof. (* 1793 in BA, † 1862 in München), seit 1824 Lehrer am polytechnischen Gymnasium, spätere →Oberrealschule, trug eine wertvolle Kunstsammlung zusammen, die ein Ergebnis seiner schon früh beginnenden Leidenschaft war. Er bezeichnete sich als »der BAischen Alterthümer Liebhaber«. Noch zu Lebzeiten veräußerte er die Sammlung und wollte als Gegenleistung eine Leibrente. Die Sammlung gelangte nach München und wurde zum Grundstock des Bayer. Nationalmuseums. R. wohnte am Schillerplatz.

Reiter (-meister), →BA Reiter.

Reiterhäuslein, einst vor dem O-Chor des Doms, der →BAer Reiter stand dort aber nicht; es gab vielmehr einem Reiter-Torso Schutz.

Reithaus, ehem., erbaut 1888 in der Luisenstraße.

Reitschule, im Hof der kgl. Residenz (→Neue Residenz) befand sich im 19. JH zur Zeit des Aufenthalts der bayer. Herzöge eine R. Dort fanden gelegentlich auch Reitvorführungen für den Hof und seine Gäste statt. Eine ehem. fbliche Reithalle befand sich im Rückgebäude der →Domschule (2.). →Fbliches Jagdzeughaus.

Religionsgemeinschaften, (sonstige), Evang.-Freikirchliche Gemeinde (Baptisten), Judenstr. 1, Gemeinschaft der Siebenten-Tags-Adventisten, Siechenstr. 76, Islam. Gemeinde, Tocklergasse 8, Israelitische Kultusgemeinde, Willy-Lessing-Str. 7, Zeugen Jehovas, Kronacher Str. 58, Kirche Jesu Christi der Heiligen der Letzten Tage, Grafensteinstr. 38, Neuapostolische Kirche, Mannlehenweg 6. Prozentuale Verteilung der Konfessionen: röm. kath. 75 %, evang. luth. 19 %, sonstige 6 %.

Rembrandtdeutsche, Bezeichnung für den dt. Schriftsteller und konservativen Kulturkritiker Julius August Langbehn und seine Anhänger. Langbehn verfaßte die Werke: »Rembrandt als Erzieher«, 1890 anonym erschienen; »40 Lieder von einem Deutschen«, 1891 ebenfalls anonym erschienen. In seinen Schriften verbreitet er antisemitisches Gedankengut und fordert den »nordischen Menschen«. Er wohnte vom 25. Feb. 1901 bis April 1902 in der Pfisterstr. 19 (Gedenktafel).

Remeis-Sternwarte, oder Dr.-Remeis-Sternwarte, Sternwartstr. 7, 1888/89 erbaut, am 24. Okt. 1889 eröffnet, gegr. vom BAer Juristen und Amateurastronomen Dr. Karl Remeis. Er hinterließ der Stadt sein gesamtes Vermögen mit der Auflage, eine Sternwarte zu bauen. Seit 1962 Astronomisches Institut der Naturwiss. Universität Erlangen-Nürnberg. Besichtigung werktags nach Vereinbarung. Tel. 0951/57708.

Remeis-Villa, →Villa Remeis.

Renaissance, den Namen hat Vasari (→Gotik) um 1550 geprägt, (R. aus dem ital. Rinascità = Wiedergeburt), Wiedergeburt des röm.-antiken Geistes. Zu unterscheiden sind: Früh-R. 1420 - 90, Hoch-R. 1490 - 1520/30, Spät-R. 1530 - 90. R. in BA: die →Ratsstube der →Alten Hofhaltung, Schloß →Geyerswörth, die Gebsattelflügel der →Neuen Residenz.

Renaissancesaal, Teil des Schlosses →Geyerswörth, sehenswerter Saal mit Wandbemalungen (1605), die noch Allegorien über Künste und Wissenschaften erkennen lassen; der R. dient der Stadt für Empfänge.

Renner, Buchtitel; das Buch mit seinen Lehren sollte durch die Lande »rennen«. In seinen 24472 Versen beschreibt →Trimberg ein Leben nach christlichen Grundsätzen als Vorbild für die Menschen. →Buchdruck.

Residenz, →Neue Residenz.

Residenzgarten, →Rosengarten.

Reuß, Georg Adam (* 1704, † 68), Bildhauer, mitbeteiligt an der phantastischen →Rokokokanzel in St. Michael; er schuf u.a. die Figuren der Engel, die den Altar flankieren, den Hl. Maurus und den Hl. Benedikt in St. Michael, ferner die Marienkrönung (um 1750) an der Ecke der →Hofapotheke.

Reußenturm, ehem. Turm in der Nähe des →Obstmarktes, der Name geht auf die →Altreußen (Schuhflicker) zurück, die alte ausgebesserte Schuhe anboten.

(Rhein-)Main-Donau-Kanal, verbindet nun über die Flüsse Rhein, Main und Donau die Nordsee und das Schwarze Meer, BA liegt mit seinem →Staatshafen am Kanal. →Europakanal.

Riegelhof, ehem. Brauerei, Concordiastr. 11.

Riegeltor, zwischen dem Eck von Hauptwachstr. 9 und 16 unter FB Lothar F. v. →Schönborn, geplant von Antonio →Petrini, erbaute barocke Toranlage. Von Stadtbaumeister Joh. Christoph →Bissing 1697 errichtet. Unter FB Adam Friedrich von Seinsheim wird das R. 1774 aus Verkehrsgründen (!) abgetragen und in den Steinweg versetzt. Nun als Gangolfer Tor bezeichnet, wird es als das am längsten erhaltene →Stadttor 1938 abgebrochen; Reste im →Fblichen Jagdzeughaus.

Riemenschneider, Tilman (* ~ 1460 in Heiligenstadt, Eichsfeld, † 1531 in Würzburg), Bildhauer und -schnitzer, seit 1483 in Würzburg, schuf mit seiner Werkstatt u.a. aus fränk. Juramarmor 1499 - 1513 das kaiserliche Hochgrab (→Kaisergrab) Heinrichs und Kunigundes, im O-Chor des BAer →Doms. R. war Ratsmitglied und 1520 Bürgermeister in Würzburg. Wegen Unterstützung der Anführer im →Bauernkrieg 1525 gefangengenommen und gefoltert.

Ringlein, ehem. Brauerei, Dominikanerstraße 9. Heute Hotel und Gasthaus.

Ringvogelhaus, →Hausnamen 2./Pfahlplätzchen.

Rosengarten mit Kloster Michelsberg im Hintergrund

Ritter vom Hl. Grab, der Ritterorden vom Hl. Grab zu Jerusalem ist ein Laienorden päpstlichen Rechts; ihm gehören auch Priester an. Seit 1655 darf der Ritterschlag auch außerhalb des Hl. Landes vollzogen werden. Auch Frauen werden seit 1871 als Ordensdamen aufgenommen. Zweck des Ordens: Erhaltung und Verbreitung des Glaubens im Hl. Land, Rechte der kath. Kirche zu verteidigen sowie kultische, caritative, kulturelle und soziale Aktivitäten und Einrichtungen der kath. Kirche im Hl. Land zu unterstützen. Voraussetzung für einen Ordensritter: Christliche Lebensführung, Treue zum Papst. Dem Ritterorden v. Hl. Grab gehören weltweit ca. 11000 Ritter und Ordensdamen an; in Deutschland sind es etwa 900; es gibt weltweit 35 Statthaltereien. Bayern ist innerhalb der dt. Statthalterei eine Provinz. Die Komturei St. Heinrich in BA zählt etwa 35 Mitglieder.

Rockenbach, Thomas († 1496), Goldschmied, er schuf 1485/86 das Reliquiar des Hl. Nagels. Es befindet sich heute im →Diözesanmuseum.

Rodez, französische →Partnerstadt.

Röckelein, ehem. Braustätte, Unterer Kaulberg 36, heute Gaststätte mit Biergarten.

Röhner, Paul (* 7.8.1927), Altoberbürgermeister (Oberbürgermeister von 1982 - 94) und ehem. Bundestagsabgeordneter (Parlamentarischer Geschäftsführer der CSU); Ehrenbürger von BA.

Röhrenbrunnen, 1977 aufgestellter moderner Brunnen in der →Fußgängerzone vor St. Martin, der den Unwillen vieler BAer erregte und 1979 wieder abgebaut wurde. 1995 Versteigerung der Einzelteile.

Rokoko, frz. »Muschel«, europ. Kunstepoche etwa 1720 - 75, aus dem Barock hervorgegangen. Beispiele: Kanzel in St. Michael, Putten im →Rosengarten.

Rokokokanzel, unübersehbar in der Kirche St. Michael, die R. gilt als die schönste im →Erzbistum BA, sie wurde ab 1751 von Georg →Reuß und dem Schreiner Anton Thomas aus Nußbaumholz gefertigt; oben der Hl. Michael, unter ihm Luzifer, auf dem Schalldeckel die 4 Kirchenväter Ambrosius, Augustinus, Gregor und Hieronymus, darunter um die Kanzel gruppiert die 4 Evangelisten mit ihren dazugehörigen Symbolen.

Romanik, Stilbegriff von 1000 bis 1. Hälfte des 13. JHs, Name wegen der Anlehnung ans Römische (Rundbogen, Säule), Hauptmerkmal: Rundbogen. Beispiele in BA: St. Jakob, Thomaskapelle, O-Chor (Dom).

Romantik, (= Epoche der dt. Kunst von 1798 bis etwa 1830), in dieser Zeit erblühte wieder das Burgleben auf der →Altenburg, →E.T.A. Hoffmann, Dichter der R., trug wesentlich mit dazu bei. In der →»Hoffmannklause«, an der N-Seite der Burg, schrieb und feierte er gern. Zwei Hauptvertreter der R., die auch BA beschrieben, waren Ludwig Tieck und Wilhelm H. Wackenroder.

Roppelt, Joh. Georg (* 1718, † 97), Architekt und Hofkriegsrat, wirkte an der barocken Gestaltung des Domplatzes mit, schuf 1772 die ehem. →Alte Hauptwache (Hauptwachstr. 16), die die Wende des →Barocks zum →Klassizismus schon erkennen läßt.

Rosengarten, auch Rosarium (lat.), man gelangt durch den Eingang der →Neuen Residenz auf dem Domplatz in den herrlich angelegten R. mit wunderbarem Ausblick auf BA und Kloster Michelsberg. Die Grundform ist von B. →Neumann entworfen, die Anlage selbst dann von Karl von Effner (Architekt König Ludwigs II. von Bayern) gestaltet. Zwischen Tausenden von Rosen (49 verschiedene Rosenarten) haben sich →Küchel – mit dem Pavillon (heute Café) – und Ferdinand →Tietz mit den Rokokoplastiken (Kopien) verewigt. Der FB konnte den R. über einen direkten Zugang von seiner Residenz aus betreten und in der sogen. Orangerie lustwandeln. (s. Abb. auf Farbtafel VII, o.)

Roth, Franz Friedrich, Dr. (* 1835, † 1924), Bezirksarzt und Krankenhausdirektor, Ehrenbürger von BA.

Rothof, bis zum Abbruch 1967 Bauernhof am →Michaelsberger Wald, der Name leitet sich von der Flurbezeichnung Roter Berg ab; die Menschen zündeten dort zu Anfang des 19. JHs Freudenfeuer an, daher auch der Name Feuerberg. Den R. ließ Familie Fortenbach Mitte des 18. JHs erbauen.

Rottmeister (-häuschen), scherzhaft als Bürgermeistershäuslein bezeichnet, Teil des →Alten Rathauses auf der →Oberen Brücke. Der Rottmeister war Anführer einer 10 Mann starken Unterabteilung (Rotte) eines Landsknechtsheeres. Er hatte über die Einhaltung der Sitte von Bürgern und Geistlichen zu wachen und übte seine Tätigkeit im sogen. R. aus; schon im 14. JH erwähnt, Zierfachwerk wohl im 17. JH erneuert, heute Sitz einer städt. Teilbehörde. (s. Abb. auf Farbtafel VI, u.r.)

Rupprechtschule, Neuerbstr. 5, Volksschule aus dem frühen 20. JH, heute nur Grundschule.

S

Sachsenkaiser und -könige, →Heinrich II. war der letzte in der Reihe der Ottonen (919 - 1024), die aus dem Haus der Liudolfinger (sächsisches Adelsgeschlecht) stammten. Heinrich I., Otto I. d. Gr., Otto II., Otto III. und Heinrich II. waren S.

Säkularisation, (lat.), Trennung von Staat und Kirche, die Enteignung kirchlichen Eigentums durch den Staat, Aufhebung der geistl. Stifte, Klöster und Sondergemeinden; 1803 fiel durch den Reichsdeputationshauptschluß auch das geistl. →Hochstift BA der S. zum Opfer. BA kam zu Bayern und verlor an Bedeutung.

Säulenportikus, 1821/22 während einer Friedhofserweiterung durch den kgl. Landbaumeister Joh. Bapt. Eck erbaut; halbkreisförmiger Abschluß vor der alten Aussegnungshalle; seit 1966 ist der Haupteingang zum →Friedhof weiter nördl., dort befindet sich auch die neue Aussegnungshalle. Im Gebäude hinter dem S. das Kolumbarium (lat. »Taubenschlag«, ursprünglich Wand römischer Grabkammern mit nischenartigen Vertiefungen für Ascheurnen), Urnenhalle.

Salb, Amalie (* 1893, † 1988), Rektorin, Ehrenbürgerin von BA.

Salubritati, Name für das ehem. Badehaus (ein Biedermaierbau des Architekten Ferdinand Freiherr von →Hohenhausen) im Hain, zu einem →Musikpavillon umgebaut.

Salzamt, bis zur Auflösung 1867 ehem. kgl. Haus und Magazin in der Geyerswörthstr. 2. Dem S. stand ein Salzbeamter vor, letzter BAer Salzbeamter war Michael Ziegler, † 1859.

Sand, oder Im Sand, das Gebiet unterhalb des Doms bis zum →li. Regnitzarm hin; der Name stammt vom sandigen Untergrund.

Sandbad, Straßenbezeichnung – eine Badeeinrichtung gab der Straße ihren Namen, im Haus Nr. 31 befand sich eine typische Badestube. →Café Sandbad.

Sandgebiet, →Sand.

Sandkerwa, eigentlich Sandkirchweih, seit 1950, sie soll eigentlich an die Weihe der →Elisabethenkirche im Sand erinnern. Durch Initiative des Bürgervereins IV. Distrikt und durch die örtlichen Gegebenheiten am meisten angenommene Kerwa BAs. Die S. ist das Fest der Feste, keine der vielen anderen BAer Kirchweihen kann mit ihr konkurrieren. Viele Gäste kommen aus nah und fern, wenn am Fluß gegenüber von →Klein Venedig und im ganzen Sandgebiet zwischen Markusbrücke und Oberer Brücke gefeiert wird. Höhepunkte: →Fischerstechen, Illumination der Regnitz vor Klein Venedig und Feuerwerk.

Sandschlößchen, Obere Sandstraße 31 gegenüber der →Elisabethenkirche, wuchtiges Barockpalais, 1645 erbaut, Treppenhaus spätes 18. JH, kulturelle Nutzung im Innenhof geplant.

Sandstraße, ma. Straßenzug durch den →Sand, BAs Gastronomie- und Kneipenstraße. Es gibt eine Obere und eine Untere S.

Sauersberg, ein Hügel im Berggebiet, den der Besucher über das Hohe Kreuz und die Viktor-von-Scheffel-Str. erreicht. Am Gipfel steht ein ehem. Schutzhäuschen der →Häcker. Schöner Blick auf die →Altenburg und ihre bewaldeten Abhänge. (s. Abb. auf Farbtafel VII, m.r.)

Scagliolesaal, begrenzt zugänglicher Ausstellungsraum der →Staatsbibliothek; einstiger Gartensaal des FBs, Name vom ital. Begriff für Stuckmarmor.

Sandkerwa

Schätzer Bockl, liebevoller Name für die einst zwischen BA und Scheßlitz (Giechburg und Gügel) verkehrende Lokalbahn, leider ist der Betrieb eingestellt, Gleise existieren nur noch teilweise.

Schellenberger, Augustin Andreas (* 1746, † 1832), Geistl. Rat und einer der größten Wohltäter BAs. Unter FB Franz Ludwig von →Erthal leitete er das Armenwesen in der Stadt. Er setzte das Krankenhaus als Haupterben seines Vermögens ein.

Scheubel, Joseph, der Ältere (* 1686, † 1769) und Joseph, der Jüngere (* 1733, † 1801), BAer Maler. Daher Scheubelstraße.

Schiffbauplatz, von der Markusstraße vor der Markusbrücke re. abbiegend, heute Straßenname; von dort bis in die Weide reichte der S., der auch Not- und Winterhafen war. Dort war die Werft bis zur Zuschüttung des S.es 1895. Die Werft stellte allerlei Wasserfahrzeuge her (vom Fahrkahn oder Schelch bis zum Main-Donau-Schiff); viele BAer bestaunten gern das Stapellassen.

Schild, Flurname für die ehem. Schildfelder (von der Moos- zur Starkenfeldstraße).

Schillerplatz, ehem. Teil des →Zinkenwörths, von 1802 - 59 Theaterplatz gen., zum 100. Geburtstag des Dichters Friedrich Schiller in S. umgetauft. Auf der W-Seite des S.es herrliches Bürgerhaus-Ensemble, das Haus S. Nr. 16 wurde 1745/46 für Hofrat Johann Gg. →Dientzenhofer gebaut.

Schlachthof, städt., an der Lichtenhaidestr., 1903 von →Erlwein erbaute Nachfolgeeinrichtung der →Fleischhalle; am 2. Jan. 1904 eröffnet. In den 80er Jahren unter großem finanziellen Aufwand auf Euro-Standard gebracht.

Schlagfeld, Flurname, Stadtteil Wildensorg.

Schlenkerla, Dominikanerstraße 6, (Brauerei am Stephansberg); seit 1678 unter dem Namen Heller geführt. Bier- und Gaststättenname gehen auf einen Wirt zurück, der mit „seina Arm oder Ba so komisch gschlenkert hamm soll"; eines der beiden histor. Gasthäuser BAs; „sei Brotzeit ka' mer mitbringa". Der Fremde sei »gewarnt« und eingeladen, es zu probieren: „das →Rauchbier schmeckt erst ab dem zweiten oder dritten Seidla". Nach der →Säkularisation breitete sich das S. in einigen Räumen des ehem. →Dominikanerklosters aus. 1926 neu gestaltet.

Schleuse 100, noch funktionsfähig erhaltene Schleuse am Ende des→Ludwig-Donau-Main-Kanals am Mühlwörth bei der →Walkmühle.

Schloß Seehof, auch Marquardsburg gen., zwischen BA und Memmelsdorf, 1687 - 96 für FB Marquard Sebastian Schenk von →Stauffenberg errichtetes Jagd- und Lustschloß. Das nach Plänen von Antonio →Petrini unter Beratung von Georg →Dientzenhofer entstandene kastellartige Schloß diente den BAer FBen als Sommerfrische. Eine Richtung W durch den →Hauptsmoorwald geschlagene Schneise ermöglichte die Sichtverbindung vom Schloß zur →Neuen Residenz und zum →Dom. Besonders reizvoll war der unter Lothar Franz von →Schönborn angelegte Garten, der im 18. JH zu den herausragenden Anlagen Europas zählte. Wachhäuser und Feigenhäuser von →Küchel, Orangeriebauten von →Neumann, Plastiken von →Trautmann; großer Verlust bei den einst 400 Figuren aus der Werkstatt des Ferdinand →Tietz; nach der →Säkularisation Verfall der Gesamtanlage und Verkauf der Ausstattung. Seit 1982 Rekonstruktionsmaßnahmen durch das Bayer. Landesamt für Denkmalpflege, das im Schloß eine Außenstelle eingerichtet hat. Am 22. Juli 1995 »erstrahlten« bei einem Sommerfest die bis dahin seit Jahrzehnten versiegten Wasserspiele (Kaskaden) zu Georg Friedrich Händels »Wassermusik« in neuem Glanz. (s. Abb. auf Farbtafel VIII, o.)

Schleuse 100

Schlüssel, 1. Flurname, wohl von der Geländeform (von der Mußstr. zum Weidendamm).
2. ehem. Brauerei, Ob. Sandstr. 20.

Schmidtsches Porzellan- und Malinstitut, ehem., Jakobsplatz 13/14, im 19. JH bedeutendes Unternehmen seiner Art.

Schmitt, Joseph von, Dr. (* 1838, † 1907), Justizrat und Advokat, Ehrenbürger von BA.

Schmolz, Carl, Dr. (* 1859, † 1928), BAer Apotheker, Gründer des »Vereins zum Schutz der Alpenpflanzen«.

Schnappaufsches Priesterhaus, dann Amtmanns Haus, Karolinenstr. 9 und ehem. →Theresienplatz 10. Stiftung der 7 unverheirateten Geschwister Schnappauf als Wohnstätte für angehende Priester (um dem damaligen Priestermangel entgegenzuwirken). 1749 wurde die Stiftung von FB Joh. Phil. Anton von Frankenstein (1746 - 53) genehmigt, ab 1790 Verwendung als Schullehrerseminarium.

Schneider, 1. Josef, Dr. Dr., Alterzbischof von BA (Erzbischof von 1955 - 76), Ehrenbürger von BA.
2. Peter, Dr., (* 1882, † 1958), Pädagoge, Gründer des Frankenbundes.

Schönborn, Adelsgeschlecht, das BA zur→Barockstadt machte. Unter den FBen Lothar Franz von S. (1693 - 1729), seit 1695 auch Erzbischof und Kurfürst von Mainz, und Friedrich Karl von S. (1729 - 46), seit 1729 auch Bischof von Würzburg und Reichsvizekanzler erfuhr das got. BA barocke Prägung. Die von einer regelrechten Bauwut besessenen („vom Bauwurmb besessen") Schönborns (Onkel und Neffe) ließen barocke Eckpunkte in BA setzen. Willige Bürger wurden für die →Barockisierung ihrer Häuserfassaden steuerlich entlohnt. →Barockachse.

Schöne Pforte, →Reiches Tor.

Schöner, Johannes (* 1477, † 1547) in BA 1515 - 22, Mathematiker, Astronom, Kosmograph, auch Buchdrucker und -binder, er lebte als weltlicher Kanoniker in der→Immunität St. Jakob.

Schönlein, Joh. Lucas Dr. (* 1793, † 1864), bedeutender Arzt, der in der Medizin die naturhistor. Richtung einführte. S. wirkte als Professor an den Universitäten Würzburg, Zürich und Berlin, wo er zugleich Leibarzt der Könige Friedrich Wilhelm III. und IV. war. Der bedeutende dt. Arzt Virchow war S.s Schüler. Nach S. ist der Schönleinsplatz benannt. Sein Geburts- und Wohnhaus war in der Ob. Königstraße 7, sein Sterbehaus in der Ob. Königstraße 50.

Schönleinsdenkmal, dt. Ärzte stifteten 1874 für den berühmten Arzt und Gelehrten Dr. Lukas Schönlein das Denkmal in der Anlage vor der Stadtsparkasse am Schönleinsplatz. Die überlebensgroße Büste aus ital. Marmor fertigte der Bildhauer Prof. Zumbusch aus Wien.

Schork, Josef von (* 1829, † 1905), Erzbischof (1891 - 1905) und Ehrenbürger von BA.

Schranne, ab 1874 war hier die städt. S. (Getreide-, Meß- und Zollstätte), außerdem fand hier Getreidemarkt statt. Bis Anfang des 19. JHs hielt man den Getreidemarkt in der Kapuzinerstraße ab, dort ereignete sich am 24. Juni 1805 der große Getreidekrawall im Streit um die Preise.

Schrebergärten, benannt nach dem Leipziger Arzt Daniel Schreber (* 1808, † 61); 1. Schreberverein 1864 in Leipzig. Zusammenhängende Anlagen in BA: Amselfang, Sendelbach, Gartenanlage Kleintierzuchtverein.

Schreiber, Friedrich von (* 1819, † 90), Erzbischof (1875 - 90) und Ehrenbürger von BA.

Schrottenberg-Palais, Kasernstraße 1, ein Seitenflügel des ehem. Stadthauses (Obere Sandstraße 6) der Adelsfamilie v. Schrottenberg (18. JH).

Schützenhaus, etwa am Ort der heut. Stadtsparkasse am Schönleinsplatz. Neubau von 1892/93 an Stelle des alten Schießhauses nach Plänen des Architekten Gustav Häberle durch Baumeister Jakob Maier. Einweihung am 28. Juni 1893 mit Festakt, Festdiner, Einweihungsschießen und Abendkonzert im illuminierten Garten. 1955 kauft die Stadtsparkasse das S. Noch im gleichen Jahr wird sein Abbruch genehmigt. Die BAer haben dieses Haus geliebt, schließlich war es bis 1954 ein gefragtes Tanz- und Tagescafé.

Schütt, An der S., war die vorherige Straßenbezeichnung für die Untere Karolinenstr. bereits im MA. 1771 wurde sie aufgeschüttet. Ein erheblich über dem Gehsteigniveau liegendes Tor an der Kurie St. Sebastian und Fabian ist beachtenswert. Die Aufschüttungen und Abtragungen machten die Auffahrt bequemer und sollten die Bauwerke am Domberg mehr »hervorheben«.

Schulstadt, ca. 50 schulische Einrichtungen geben BA diesen treffenden Beinamen. Großes Einzugsgebiet, Landkreis BA mit ca. 130000 Einwohner.

Schuster, Anton (* 28.4.1850, † 1.5.1929), arbeitete als Journalist für das BAer Tagblatt; er publizierte in origineller Sprache Beiträge zur Heimatforschung und betrieb Mundart- und Ortsgeschichtsforschung. Bekannt ist seine Reihe »Alt-BA« unter dem Namen »Schusterbändchen«. S. hat damit eine reiche und sorgfältig erarbeitete Geschichtsquelle geschaffen.

Schwanenmutter, mit bürgerlichem Namen Maria Schmidt, die in der Fischerei 35 wohnte und sich rührend um das Wohl der Schwäne kümmerte. Mit Hilfe der Bevölkerung sammelte sie Futter und versorgte am Regnitzufer die Schwäne und Enten. Die S. starb 1986.

Schwanfelder, Agnes, BAer Gärtnersfrau, (15. JH), die schon vor Götz von Berlichingen das berühmte „Leck mich am A…“ gesagt haben soll.

Schwanhausen, Johann von (* ~ 1488, † 1528), der »Reformator Frankens«, studierte ab 1502 in Wittenberg, seit 1508 in BA ansässig. Er predigte vor St. →Gangolf unter großem Zulauf gegen kirchliche Verhältnisse; 1524 aus der Stadt verwiesen, ging er nach Nürnberg. →Reformation.

Schwarze Brücke, sie führt vom Unteren Leinritt über die Regnitz zur ehem. Spinnereiinsel in →Gaustadt.

Schwarzenberg, Johann Freiherr zu (* 1468, † 1528), Hofmeister, Förderer lutherischen Gedankengutes. Verfasser der →BAer Halsgerichtsordnung.

Schweden, sie drangen 1631 durch Thüringen nach Franken vor; der FB gewann durch Verhandlungen Aufschub. 1632 rückten sie jedoch unter General Horn von Würzburg heran; am 11. Februar zogen sie über den →Kaulberg in die Stadt ein und Feldherr Graf von Tilly gelang es nur nach zähem Ringen, die 18000 Schweden mit 8000 Mann aus der Stadt hinauszudrängen. →Dreißigjähriger Krieg.

Schweitzer, Kaspar Anton (* 1806, † 66), Geistl. Rat in St. Gangolf, leistete seinen Beitrag zur Erforschung der BAer Stadtgeschichte.

Sebastian, Hl., starb von Pfeilen durchbohrt als Märtyrer in Rom (4. JH), Pest- und Schutzheiliger der BAer Gärtner, Statue li. vom Pfarrhaus St. →Gangolf, 1780 von Martin →Mutschele geschaffen, →Prozession.

Sebastianikapelle, 1. in der Siechenstr., 1442 erwähnt, seit 1803 in Privatbesitz, Bürgerinitiativen verhinderten schon zweimal den Abbruch. Sie ist im Besitz des Vereins →Gärtner-

und Häckermuseum. →Liebfrauensiechhof.
2. an der Gaustadter Hauptstraße Ecke Dr.-Martinet-Straße. Die S. war das 1. Gotteshaus der Gemeinde Gaustadt, 1731 Feldkapelle mit Sebastianibildstock, 1805 zur Kapelle in der heut. Form erweitert, zwischen 1945 und 1965 den Protestanten zur Verfügung gestellt; an der S-Seite Pestmarter von 1652.

Segerer, die ehem. Domschatzkammer zwischen Veitspforte und nördl. W-Turm wurde als »Segerer« bezeichnet.

Seehof, →Schloß Seehof.

Seelhäuser, Häuser zur zeitweiligen Unterbringung armer Leute, z.B. ehem. →Martha-Seelhaus, Untere Königstr. 21 und am Kaulberg. →Siechenhäuser, →Spitäler.

Seelspitzen, traditionelles Gebäck vor und nach Allerheiligen/Allerseelen, Rezept wie →BAer Hörnchen.

Seeon, Gerhard von (* ~ 1004, † 1028), Kleriker, besingt BA in einem Loblied: „Hier ist das Haupt der Welt, die Wiege jeglichen Ruhms"; der fromme Wunsch nach einer Hauptstadt BA wurde zusammen mit Kaiser Heinrich II. 1024 begraben. →BA Idee.

Seesbrücke, bis zur Erbauung der →Kettenbrücke unter König Ludwig I. (19. JH) hieß der Übergang über den re. Regnitzarm S. Der Name soll auf den Erbauer (FB Friedrich III. von Aufsees, 1421 - 43) einer hölzernen Brücke zurückgehen. 1752 ließ FB Joh. Phil. Anton von Frankenstein die herrliche, vielgerühmte steinerne S. mit viel Zierwerk und Statuen erbauen. Die vierbogige Rokokobrücke wurde von →Küchel geplant; als schönste Brücke Frankens bezeichnet. 1784 wurde sie wie viele andere Brücken BAs ein Opfer des schweren →Eisgangs.

Seilerwarenfabrik, ehem., Jäckstr., 1886 gegr. am Ort der heut. Fa. Schaeffler; die S. bot ihren Mitarbeitern im sogen. Fabrikbau Wohnmöglichkeiten. Zum Margaretendamm hin hatte jeder Bewohner ein Stückchen Nutzgarten. Vor der Erbauung der S. sollen die Felder von der Hallstadter Str. bis zum Fluß gereicht haben.

Sendelbach, im S der Stadt, →Schrebergärten.

Senger, Adam, Dr. (* 1860, † 1935), Weihbischof (1912 - 35), besondere Verdienste um die Pflege des BAer Doms.

Siebenhügelstadt, klangvoller Beiname BAs wegen seiner 7 Hügel, von S nach N: Stephansberg, Kaulberg, Altenburgberg, Domberg, Jakobsberg, Michaelsberg, Abtsberg.

Siebenjähriger Krieg, 1756 - 63, (auch 3. Schlesischer Krieg gen.), Maria Theresia und Graf Kaunitz wollten Schlesien zurückgewinnen, daraus folgte der S.K. →Preußen.

Siechenhöfe, oder auch Siechhöfe, eigentlich Dreiteilung in: Spitäler, Seelhäuser und Siechenhöfe. Spitäler waren für Alte und Kranke als Daueraufenthalte gedacht, in den Seelhäusern fanden Waisen und betagte Dienstboten Aufnahme, während die Siechhöfe zuerst Pestkranke und später Syphilitiker aufnahmen. Die meisten Siechhöfe gab es an der Siechenstraße, dazu gehörten die Baulichkeiten nördl. der →Sebastianikapelle und südl. bis zum heut. →Friedhof. →Liebfrauen-Siechhof.

Siechenscheune, →Fbliches Jagdzeughaus.

Sigismund, dt. Kaiser, er verwirft 1437 seine Goldene Bulle, die 1431 besagte: Aufhebung der →Immunitäten, Schaffung eines bleibenden Stadtrates für die Bürger.

Sinfonie an der Regnitz, →Konzert- und Kongreßhalle in der Mußstraße.

Slawen, siedelten wohl schon im 7. JH im BAer

Raum, Ortschaften mit der Namensendung -itz, z.B. Scheßlitz u.a., weisen darauf hin.

Soden, Julius Graf von (* 1754, † 1831), gründete 1802 das BAer Theater, →E.T.A.-Hoffmann-Theater.

Sondervolksschulen, drei Einrichtungen in BA für Lernbehinderte, geistig und mehrfach Behinderte sowie für Gehörlose, Schwerhörige, Hörgeschädigte und Sprachbehinderte.

Sonnenloch, am O-Chor des Doms außen noch erkennbar, inzwischen von innen zugemauert; nach vorchristlicher Sitte entstanden. An Peter und Paul (29. Juni) fiel der morgendliche Sonnenstrahl durch das S. genau auf den Hauptaltar (→Glesker-Altar).

Spargel, 1. Spezialität, die auf sandigem Boden gedeiht, wird noch von wenigen BAer Gärtnern angebaut.
2. Spitzname für den Ottokirchturm, seiner Form wegen.

Specht, ehem. Brauerei, Austr. 35.

Sperrschleusen, sind 1962 geschaffene Einrichtungen am li. Regnitzarm bei →Bug und am re. Regnitzarm in Höhe der Jahnwiese. Sie regulieren bei Hochwasser den Pegelstand des li. Regnitzarmes und verhindern dadurch Überschwemmungen vor allem im Bereich der ehem. →Mühlen und von →Klein Venedig.

Speyer, →Suffraganbistümer.

Spezial, seit 1536 alte Braustätte in der Oberen Königstr. 10 und Bierkeller am Stephansberg, Bier- und Gaststättenname; eines der beiden histor. Gasthäuser BAs; braut →Rauchbier; der Besucher kann seine Brotzeit mitbringen.

Spinnseyer, Flurname für ehem. Felder im Bereich der heut. →Gartenstadt.

Sperrschleuse an der Jahnwiese

Spital, Vorgänger der späteren ersten Krankenhäuser, →Siechenhöfe.

Staatsarchiv, Ecke Hainstr. 39/Sodenstr. 1, zwischen 1902 und 1905 von Architekt Fritz Fuchsenberger erbaut, Figurenschmuck von Anton Heß, Hauptbau im BAer Barock, Beständehaus von 1959/61 in modernen Formen; nach dem Hauptstaatsarchiv München das größte bayer. Urkundenarchiv (beginnend 1401).

Staatsgalerie, →Altdeutsche Galerie.

Staatsbibliothek, Domplatz 8, im Parterre der →Neuen Residenz seit 1965 (vorher im Jesuitenkolleg, An der Universität); von europ. Geltung mit hervorragenden Altbeständen: ca. 4500 Handschriften, 3400 Wiegendrucke, 70000 graph. Kunstblätter und insgesamt 250000 Druckschriften, derzeit insgesamt 335000 Bände. Die Geschichte der S.: zuerst kurfürstl.-bayerisch, dann königlich, schließlich staatlich.

Staatshafen, eingeweiht am 25. 9. 1962, er liegt am heut. →(Rhein-)Main-Donau-Kanal mit einer möglichen Umschlagskapazität von 2,5 Mio. Tonnen, 2 Hafenbecken, 8 km Verkehrs- und Ladestraßen; Hauptumschlagsgüter: Baustoffe, Getreide, Futtermittel, Kunstdünger, Eisen, Kohle, Heizöl, Kaolin, Granit.

Stadion, →Volksparkstadion.

Stadtachse, →Barockachse.

Stadtarchiv, Untere Sandstr. 30a, in der ehem. Chirurgie (auch →Erlweinbau gen.) des →Allgem. Krankenhauses. Zur Geschichte: – Im 13. JH Erwähnung eines eigenen „Archivs". – 1440 Zerstörung von Archivalien durch Brand →Altes Rathaus. – Stiftungen verfügten über eigene Archive. – 1907 Archiv zur Verwaltung dem →Staatsarchiv überlassen. – 1932 Errichtung eines eigenen Archivs zuerst in der Hainstraße, dann am Domberg, zuletzt in der Franz-Ludwig-Straße. 1991 schließlich Eröffnung des heut. S.s nach intensivem Umbau im Erlweinbau.

Stadtbücherei, auch Volksbücherei, Friedrichstr. 2, vorher im →Deutschen Haus; Träger: Stadt und Erzdiözese BA.

Stadtdenkmal, →Denkmalpflege.

Stadtfarben, →Stadtwappen.

Stadtgebiet, Fläche: 5473 ha; N-S-Ausdehnung: 9,6 km; O-W-Ausdehnung: 9,7 km; größte Ausdehnung (NO-SW): 11,3 km; Höhenlage im Durchschnitt: 240 m ü.N.N.

Stadtmauer, eine S. existierte immer nur in Ansätzen. Die Immunitätenbewohner (→Immunitäten) waren durch Mauern geschützt. Die Stadtbürger forderten über JHe vergeblich vom Bischof (und den Immunitätenbewohnern) eine Beteiligung an den Kosten für eine S. Die Stadtgrenze bzw. S. hatte nach einem Stadtplan von 1631 folgenden Verlauf: Über die Promenade verlief der ehem. Stadtgraben. Die Grenze verlief vom alten Kanal über den →Zwinger und Ende der Langen Straße über die Promenadestraße, Kleberstraße, Markusstraße bis zum li. Regnitzarm. Außerhalb der beschriebenen Grenzen standen einzelne Häuser. →Theuerstadt, Steinweg (und jetzige Königstr.) und Siechenstr. bildeten die Vorstadt.

Stadtrat, Bürgermeister und Stadtrat seit 1306 erstmals beurkundet, von da an gewählter S., der sich aus je 2 quartalweise sich ablösenden Ober- und Unterbürgermeistern und 12 dem Patriziat entstammenden Ratsherren zusammensetzte. Dieser Rat konnte vom Bischof beliebig ein- und abgesetzt werden. 1320 geben sich die BAer Bürger eine erste Stadtordnung. 1946 erste S.s-Wahlen nach dem 2. WK. Der derzeitige Stadtrat umfaßt 44 Mitglieder.

Stadttore, existierten an verschiedenen Straßen der Stadt. Das am besten befestigte S. befand sich am Ende der Langen Str. zum Schönleinsplatz hin, mit innerem Torturm und äußerem Torhaus. Weiterhin gab es noch die Fischerpforte (auch Torhaus an der Unteren Brücke gen.), die Hasenpforte (gegenüber der Uni-Teilbibliothek, Am Kranen), das Martinstor (zwischen den Häusern Grüner Markt 24 und 31), das Keßlertörlein (vermutlich dort, wo die Stadtmauer auf die Keßlerstraße traf), die Pforte im Zinkenwörth (etwa bei Habergasse 24 und Zinkenwörth 1-5 mit der Brücke über den Weißgerbergraben), das →Riegeltor (zuerst »neues Tor vor St. Martin«, 1774 vor der →Alten Hauptwache abgebrochen und bei St. Gangolf am »Steinweg« wieder aufgebaut), das Schanztor an der heut. →Promenade (etwa bei der Rosengasse), das Pfeifertor (oder Äußere Sandtor), das Innere Sandtor (etwa bei der Elisabethenstraße), das Obere Kaulberger Tor und das Untere Kaulberger Tor (am Laurenziplatz und der Oberen Pfarre), die Stadttore in der Siechenstraße, das Tor im Zinkenwörth u.a.

Stadtwappen, im roten Schild ist ein Ritter in silberner Rüstung mit einem roten Kreuz auf der Brust und einem Langschwert am Gurt, in der Rechten hält er eine Lanze mit silbernem Fähnlein, darauf ist ein rotes Kreuz, die Linke ist auf einen blauen Schild mit silbernem Adler gestützt. – Das Wappenbild ist dem Stadtsiegel des frühen 13. JHs nachgebildet. Der Ritter ist wohl der Hl. Georg. Der kleine Adlerschild ist im Zusammenhang mit den →Andechs-Meraniern vielleicht das ursprüngl. Stadtwappen. Die Stadtfarben rot und weiß waren auch die einstigen Farben des Fürstbistums BA. Gelb/weiß als »Kirchenfarben« kamen erst später. Das steinerne Original des BAer S.s ist im Hof von →Schloß Geyerswörth zu sehen.

Städtearbeitsgemeinschaft, sie besteht seit 1973 zwischen BA, Lübeck und Regensburg, mit der Wende kamen 1991 Stralsund, Görlitz und Meißen hinzu. Ziele der S.: Beratung ähnlich gelagerter Probleme der Stadtsanierung und Entwicklung von Initiativen, die der Erhaltung der histor. Altstädte dienen.

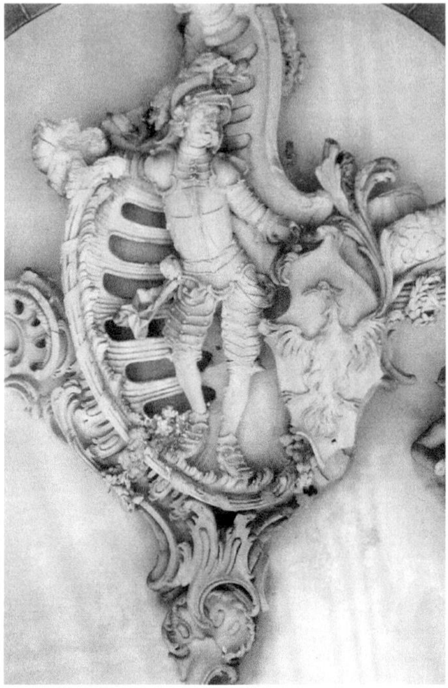

Stadtwappen

Städtisches Museum, ehem., am Michaelsberg, die »Städt. Kunst- und Gemäldesammlung in BA«; Domvikar Joseph Hemmerlein († 1838), dessen Mutter eine Tochter des Malers Jos. Marquard →Treu war, schenkte der Stadt seine ca. 120 Gemälde von meist ital. und niederländ. Künstlern. Gemäß seinem Wunsch wurden sie im Bürgerspital am Michaelsberg aufgestellt. Andere Gemälde kamen hinzu, und die Sammlung wurde als →Altdt. Galerie in die →Neue Residenz überbracht.

Stapfsches Stiftungshaus, Grüner Markt 7, hübsches Barockhaus (Tafel am Haus); auf die Stadtgerichtsratstochter Eva Dorothea Stapf († 24.3.1855) geht eine Stiftung zurück.

Starkenfeld, Flurname, -straße (von der Pfisterbergbrücke parallel zur Pödeldorfer Str.).

Staufer, schwäb. Fürstengeschlecht, 1138 - 1254, dt. Kaiser und Könige, →Konrad III. († 1152) war der erste Staufer auf dem dt. Königsthron. Konrad III. steht als Figur am→Maximiliansbrunnen, sein Grab befindet sich in der →O-Krypta des Doms.

Stauffenberg, 1. Marquard Sebastian Schenk von (FB von 1683 - 93), Bauherr des→Schlosses Seehof (auch Marquardsburg gen.) und der Jesuitenkirche (= →Martinskirche); führte ab 1684 die Ewige Anbetung ein.
2. Claus Graf Schenk von (* 15.11.1907, † 20.7.44 in Berlin), Generalstabsoffizier, Oberst und Stabschef des Befehlshabers des Ersatzheeres; führte 1943 den Widerstand gegen Hitler an, legte am 20.7.1944 die Bombe im Führerhauptquartier. S. wurde standrechtlich erschossen. Er hatte bei den 17er Reitern, dem Nachfolgeregiment des 1. kgl. Bayer. Ulanenregiments in BA gedient. Verwandtschaftliche Verbindungen in den BAer Raum sind vorhanden. Schloß Greifenstein bei Heiligenstadt ist noch im Besitz der Stauffenbergs.

Stehgammler, origineller Stammtisch, der Biertrinker steht an schmalen Tresen an der Wand im Flur der Gaststätte →Mahrsbräu.

Steidl, Melchior (* ~ 1660, † 1727), österr. Maler, →Freskenmalerei im →Kaisersaal der →Neuen Residenz, in St. →Martin und in St. →Stephan.

Steigerwald, Wald- und Hügellandschaft im W BAs, auf seinen Ausläufern ist BA entstanden, mit den Haßbergen und der Fränkischen Alb bildet der S. den Talkessel, in dem BA liegt.

Steinernes Haus, ehem. Brauerei; Lange Straße 8, heute Gasthaus unter anderem Namen.

Steinert, Adam (* 1819, † 99), BAer Kaufmann; stiftete etwa 155000 Mark für die Armen

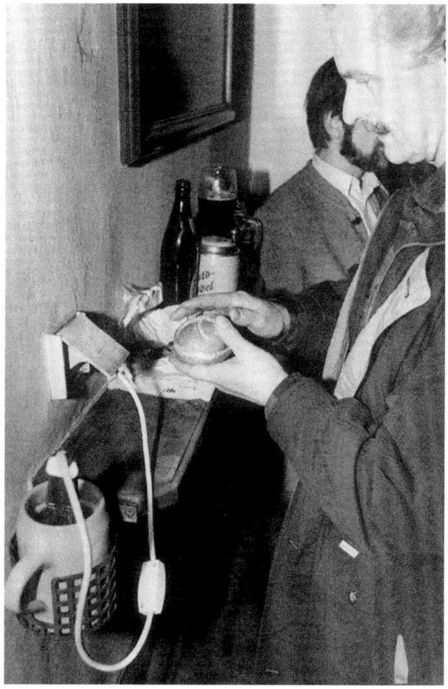

Stehgammler

der Stadt. Daher Steinertstraße.

Steinknock, Flurname, Hinweis auf steinige Hügel, (von der Dürrwächter- zur Zollnerstr.

Steinmeyer, Orgelbaufirma aus Öttingen, viele der BAer Orgeln stammen aus diesem Hause.

Steinsaal, Teil des→Diözesanmuseums, der S. stellt den Sternenmantel Heinrichs II., den Chormantel Kunigundes u.a.m. aus.

Stephan, Hl. (* 969, † 1038), König von Ungarn (etwa 997 bis 1038), Sohn von Géza, hieß bis zur Taufe (wohl in BA) Waik. Er heiratete Gisela, die Schwester Kaiser Heinrichs II.; organisierte Verwaltung, Rechtspflege und Kirche nach dt. Vorbild und machte aus Ungarn einen abendländisch-christlichen Staat. 1087 Heiligsprechung. →BAer Reiter, →Stephanslegende.

Stephansberg, →Siebenhügelstadt, wunderschön gelegene Bierkeller.

Stephanskirche, ev. luth. Pfarrkirche am Stephansberg; die →Hl. Kunigunde trieb den Bau der S. voran; Einweihung am 24.4.1020 durch Papst →Benedikt VIII. in Anwesenheit von 72 Bischöfen. Rings um die S. standen die Kanonikerhöfe des ehem. →Kollegiatstifts St. Stephans. Die Baufälligkeit der Kirche machte 1628 den Neubau von G. →Bonalino notwendig (Unterbrechung wegen des →Dreißigjährigen Krieges), den der Würzburger Barockbaumeister Johann →Petrini (1677 - 80) vollendete, Einweihung erst 1716. Nach der →Säkularisation wurde die S. 1807 der evang. Gemeinde überlassen und war damit BAs erste protestantische Kirche. Davor gehörten die BAer Protestanten zur evang. Gemeinde Walsdorf. Die S. ist heute die evang. Hauptkirche BAs. Sie ist ein frühbarocker Zentralbau über dem Grundriß des griech. Kreuzes (fast gleichlange Kreuzarme); ältester Teil ist der Turm um 1235, der ein Nachfolgebau aus der Zeit →Ottos ist; frühgot. Chor um 1300. Innen: Stuck von Antonio und Jakopo Travelli 1681 begonnen, 1683 von Bernhard Quadri vollendet; Barockausstattung im 19. JH entfernt, zurück blieben: der Hochaltar, vier Gemälde der Seitenaltäre, das Chorgestühl und der Orgelprospekt (Schauseite der Orgel) um 1700. Neuausstattung durch den Karlsruher Bildhauer Jürgen Görz (1983 - 86). Turmhöhe 50 m.

Stephanskirche

Stephanslegende, →Stephan, König von Ungarn, war in BA auf Brautschau. Für den langen Weg verbrauchte er einige Pferde. Vor lauter Erstaunen über den herrlichen Dom konnte er sein Roß nicht in Zaum halten und ritt in den Dom hinein. Dort steht er heute noch als →BAer Reiter. Die von Erfolg gekrönte Brautschau galt Gisela, der Schwester Heinrichs II. Heinrich soll bei der Taufe des heidnischen Stephans als Pate gewirkt haben.

Sternenmantel, der südital. Fürst Melos machte ihn 1020 Heinrich II. zum Geschenk; ausgestellt im →Steinsaal des →Diözesanmuseums. Goldbestickter Seidendamastmantel (im süddt. Raum oder in S-Italien geschaffen); Triumphalkleidung antiker Kaiser; Deutung der Stikkereien: Universum in Raum und Zeit, Christus Anfang und Ende, umgeben von christlichen Heilsweltgestalten und personifizierter Tugend; kurzum: der Kaiser beherrschte die Welt.

Sternwarte, →Remeis-Sternwarte.

St. Getreu, ehem. Benediktiner-Propstei östl. der St. Getreu-Kirche, die einst zum Kloster Michelsberg gehörte und die heute einen Teil der BAer →Nervenklinik beherbergt; Name St. Fides (= Treue – Getreu, Fides, eine in Agen/ Frankreich unter Kaiser Diokletian, 284 - 305, gemarterte Jungfrau), 1124 Einweihung der Kapelle durch den Hl. →Otto. So wie die Verehrung des →Heiligen Grabes lernte Otto den Kult der Hl. Fides in Schlettstadt/Elsaß kennen und brachte ihn mit nach BA. St. G. besaß einst eine Klosterdruckerei, sie stand unter der Leitung von Joh. Sensenschmid und gilt als eine der Wiegen des →Buchdrucks.

St.-Getreu-Kirche, St.-Getreu-Str., ursprünglich Fides- und Marienkirche, Neubau 1660 unter dem Patrozinium St. Fides, Umbauten im 18. JH. Barocke Langhauskirche mit geostetem Chor, der einstmals Gebetsstätte der →Benediktiner war; besonders beachtenswert: spätgot. Madonna am Hochaltar, steinerne Kreuzigungsgruppe und das →Heilige Grab, Passionsrelieftafeln von J. Huber. →Kreuzweg. →Kloster Michelsberg.

Stilepochen in BA, →Domplatz.

Stilreinigung, →Dompurifizierung.

Stollen, unterirdische Gänge unter BAs Hügeln (außer dem Abtsberg, er gehörte einst zur Gemarkung Gaustadt), S. 10 km lang, davon 2 km begehbar, im MA zum Abbau von →Feg- und Scheuersand angelegt, vielleicht auch als fbliche Fluchtwege genutzt; weiterhin dienten sie zur Kühlung von Wein und Bier; im 2. WK zum Schutz vor Kriegseinwirkungen und zur Not- und Waffenproduktion. Zugang über die Kapelle an der Sternwartstraße. Die VHS (Tel. 871108) und das Amt für Umwelt, Brand- und Katastrophenschutz (Tel. 871730) bieten regelmäßig Führungen an (für Gruppen auch nach Vereinbarung).

Storchenbräu, ehem., Austr. 33.

Stoß, Andreas, Prior des Nürnberger Karmelitenklosters, gab 1520 den →Veit-Stoß-Altar bei seinem Vater →Veit Stoß in Auftrag. Andreas siedelte 1526 nach BA über.

Stoß, Veit, →Veit-Stoß.

Stralsund, →Städtearbeitsgemeinschaft.

Straßenbahn, in BA, nach einem Vertrag mit der Elektrizitäts-Gesellschaft Singer + Co. Berlin ratterte am 1. Nov. 1897 zum ersten Mal eine elektrische Schmalspur-S. über BAs Pflaster (blaue Wagen mit gelber Einfassung). Sie startete mit 3 Linien in privater Hand (Elektrische Straßenbahn BA AG), nach dem 1. WK ging sie in städt. Besitz über, 1922 Betrieb ganz eingestellt (schon vor Inbetriebnahme hatte das BAer Original »die Schmalzmaigl« nicht daran geglaubt, daß aus der »Elektrischen Pferdebahn« etwas werden könnte). Die Streckenführungen: Linien: a) Schweinfurter Str. – Herrenstr. – Karolinenstr. – Obere Brücke – Lange Str. – Sophien- und Luitpoldstr. – Bahnhof. b) Theresienhain – Hainstr. – Schönleinsplatz – Lange Str. – Grüner Markt – Hauptwachstr. – Kettenbrücke – Untere Königstr. – Friedhof. c) Infanteriekaserne (Pödeldorfer Str.) – Bahnhof – Bahnhofstr. – Königstr. – Kettenbrücke – Grüner Markt – Obstmarkt – Obere Brücke. Gesamte Länge: 10,6 km. Das Depot befand sich in der Georgenstraße.

Stricker, angeblicher Flurname (Straße von der Nürnberger Str. li. abzweigend).

Strüpf, J.E., (18./19. JH) Gastwirt, Fabrikant, Ratsherr und Bauherr des 1. →BAer Hofes. →Fbliches Jagdzeughaus.

Studentenwohnheim(e), S. Balthasargäßchen 1, S. Obere Mühlen. Obere Mühlbrücke 8-13a,

Straßenbahn am Grünen Markt

S. Rom. Turm, Judenstr. 2, S. St. Anno, Hegelstr. 51, S.e des Studentenwerkes: Pestalozzistraße 9, Keßlerstr. 24 und Hornthalstr. 2.

Sturz, frühere Flurbezeichnung, (Stadtteil Gaustadt).

Sücklein, Flurname, (zweigt von der Viktor-von-Scheffel-Str. ab).

Süßholz, war ein berühmtes Produkt und ein wichtiger Exportartikel der →BAer Gärtner, es galt einst als BAer Markenzeichen, als Bärendreck gelutscht und gekaut, diente es darüber hinaus zur Herstellung von Hustenmitteln und Lakritze. S. wird im Garten des →Gärtner- und Häckermuseums noch angebaut. Das Ausgraben einer unverletzten S.wurzel war Bestandteil der Gärtnermeisterprüfung.

Suffraganbistümer, aus dem Lat., Suffragan bedeutet unterstehen; der Bischof untersteht

Süßholzernte im Gärtner- und Häckermuseum

dem Erzbischof. S. sind die Bistümer Eichstätt, Speyer und Würzburg, die dem →Erzbistum BA unterstehen.

Suidger, →Clemens II., Papst.

Sutri, ital. Stadt, in welcher der BAer Bischof Suidger 1046 zum Papst gewählt wurde. →Clemens II.

Sylvanersee, kleiner See im OT Gaustadt.

Symphoniker, →BAer Symphoniker.

Synagogen, →Jüdische Synagogen.

T

Talstadt, jüngster Teil der Stadt, der sich östl. des re. Regnitzarmes erstreckt, Sitz der meisten Industrieanlagen.

Tännig, Flurname, Hinweis auf Tannen (re. der Sendelbachbrücke am südl. Ausgang BAs).

Tattermannsäule, sie stand vor der →Alten Hofhaltung, 1777 beseitigt, Reste sind im→Historischen Museum; geht auf die Zeit um 1240 zurück und war Nachfolgerin der T., mit der Kaiser Heinrich II. diese Stelle als »umbiculus«, d.h. »Nabel des Reiches« kennzeichnen ließ.

Taubstummenanstalt, Oberer Stephansberg 44, alte Bezeichnung für die heut. Sprachheil- und Gehörlosenschule mit oberfränkischem Einzugsgebiet (Internat), gegr. 1855 (geht auf einen 1835 entstandenen Taubstummenverein zurück).

Tauchersbrunnen, Lugbank 5, ehem. Name für den heut. Leschenbrunnen; der Name geht auf das »Haus zum Taucher« zurück.

Templerkapelle, Ob. Brücke 10, Rückfront zum alten Kanal, erstmals 1845 so benannt; sie dürfte nichts mit dem 1312 aufgegebenen Templerorden gemein haben. →Franziskanerkloster.

Teufelsgraben, bereits im 14. JH als Flurname belegt (von der Sutte li. abzweigend).

Theater, →E.T.A.-Hoffmann-Theater.

Theatergassen, Wohn- und Geschäftsviertel von 1991, zwischen Langer Str., Zinkenwörth und Schillerplatz.

Theiler, Friedrich (* 1748, † 1826), Bildhauer, Schüler Martin →Mutscheles, schuf vor allem Reliefs der →Gönningerkapelle, den Hl. →Sebastian bei St. Gangolf, das Grabmal des FBs A.F. von Seinsheim in St. Michael u.a. Kunstwerke; berühmtester Sohn Ebermannstadts.

Theresianum, Karmelitenplatz 1-3, gegr. 1946 von den→Karmeliten, Abendgymnasium, Studienseminar →Marianum (1915/16) und Spätberufenenschule T. 1959 bzw. 1965 errichtet. Aufgenommen werden Frauen und Männer zwischen 17 und 28 Jahren, die an einer Weiterbildung interessiert sind.

Theresienhain, →Hain.

Theresienplatz, heute Geyerswörthplatz und Schranne, früher auch Polizeiplatz, weil die Polizei schon im 19. JH im ehem. Klostergebäude der →Franziskaner untergebracht war. Der Name T. entstand in Anlehnung an Kronprinzessin Therese.

Theuerstadt, östl. des →re. Regnitzarmes, einer der ältesten Teile der Stadt rund um St. →Gangolf. Das ehem. →Kollegiatstift umfaßte folgende Häuser: T. Nr. 1: das Pankrazhöflein; T. Nr. 3 und 5: Salerihof, einer der schönsten und begehrtesten Chorherrenhöfe; T. Nr. 7: das Gatterhaus, ein altes Chorherrenhaus; T. Nr. 9: das sogen. Stuhlbrüderhaus (kleinere Pfründe, sie hatten niedere Dienste in der Kirche zu verrichten). Ferner gehörten dazu: der Schwanenhof (heute Schwanenapotheke), der Schecketshof, die Kurie zur Weinrebe, der Schindelhof, das Kleinhöflein, die »Steinerne Kemmenate«, der Zuckmantel und der Nikolaihof.

Thomaskapelle, re. des→Reichen Tores in der →Alten Hofhaltung, unterer Teil der Doppelkapelle Thomas und Katharina. Überbleibsel von→Heinrichs II. Pfalz, 1020 von Papst→Benedikt VIII. geweiht. Die T. darf als eines der ehrwürdigsten Denkmäler der dt. Geschichte angesehen werden. Ihre Apsis legte Prof. Dr. Meyer 1935 frei und entdeckte dabei eine Weiheinschrift. Nicht allgemein zugänglich.

Thoracker, angeblich Flurname (von der Hallstadter Str. re. abzweigend).

Tiergarten, ehem. Bezeichnung für den südl. der ehem. Kurie gelegenen Dompropsteigarten (→Dompropstei), fblicher Wildbret- und Geflügelhof.

Tierplastiken, vorherrschende Hauszeichen in BA, Beispiele: Haus zum Krebs, Haus zum Elefanten, Haus zum Sittig, Haus zum Kamel; →Hausnamen 2.

Tietz, Ferdinand (* 1708, † 77), Hofbildhauer unter FB Adam Friedrich von Seinsheim; viele der Figuren im Park von→Schloß Seehof stammen aus seiner Werkstatt, weitere Beispiele: Figuren am →Neuen Ebracher Hof, Jakobsfigur an der →Jakobskirche, Gartenplastiken (Originale im Museum) im→Rosengarten (Kopien); im Kirchhof der Memmelsdorfer Kirche beerdigt.

Tilly, →Schweden, →Dreißigjähriger Krieg.

Tintoretto, Jacopo, eigentlich Jacopo Robusti (* 1518, † 94), ital. Maler aus Venezien; neben seinem Schüler El Greco bedeutendster Vertreter des europ. Spätmanierismus (Stilrichtung der europ. Kunst zwischen →Renaissance und →Barock). Sein berühmtes Gemälde »Himmelfahrt Mariens« hängt seit 1937 im südl. Seitenschiff der →Oberen Pfarre. →Veit Stoß-Altar.

Titus, Nikolaus (* 1808, † 78), BAer Rechtsanwalt, führender Politiker in der Revolution von 1848, Abgeordneter des Frankfurter Vorparlaments, gilt als Initiator der 14 →»BAer Artikel«.

Tivoli, einst Caféhaus in der Pödeldorfer Straße, beliebt bei den BAer Soldaten.

Tivoliweiher, bis 1942 hinter den Gebäuden der Fränkischen Licht- und Kraftversorgung BA in der Pödeldorfer Straße, dann zugeschüttet. Im Winter vergnügten sich die Schlittschuhläufer auf dem T.

Tockler, →Maternkapelle,→Katharinenspital.

Toni, →Burgbären.

Tore, im alten BA, →Burgtore, →Stadttore.

Torschuster, Eckhaus und Engstelle (gefürchtet von Führerscheinprüflingen) am Ende der Oberen Karolinenstr. (alter Name, In der Bürg). Am T. war das ehem. Obere Burgtor der Domimmunität vor dem Halsgraben (Burggraben).

Traumstadt der Deutschen, schwärmerischer Beiname BAs nach einer bundesweiten Umfrage vor einigen Jahren.

Trautmann, Michael (* 1742, † 1809), BAer Gärtnerssohn, Bildhauer, schuf u.a. die Anbetungsengel in der ehem. zweigeschossigen Hauskapelle des →Allgemeinen Krankenhauses, noch erhalten im Hotel Residenzschloß; besonders erwähnenswert sind die →Trautmannsmauer, die Gartenplastiken in →Schloß Seehof und Arbeiten in Schloß und Kirche Tambach.

Trautmannsmauer, östl. Begrenzungsmauer am →Domplatz, in klassizistischem Stil, benannt nach ihrem Erbauer.

Treidelei, in der nicht motorisierten Zeit zogen Pferde auf den Uferwegen wie z.B. dem Leinritt die Schiffe (mit Leinen verbunden) auf Regnitz und Main flußaufwärts (treideln).

Treu, BAer Malerfamilie im 18. JH, Gemälde befinden sich im Kloster →Michelsberg, in →St. Getreu und in der →Neuen Residenz; weitere Bilder in den verschiedenen ehem. →Kurien und in St. →Martin stammen von den

Familien T., Urlaub und →Mattenheimer.

Trimberg, Hugo von (* ~ 1230 in Werna bei Würzburg, † nach 1313), mittelhochdeutscher Lehrdichter; wirkte von 1260 - 1309 als Rektor der Stiftsschule St. →Gangolf in BA, schrieb außer lat. Werken eine volkstümliche Sittenlehre in dt. Versen, »Der →Renner«; Gedenktafel in der Theuerstadt 4.

Trimbergschule, Am Luitpoldhain 59, 1957 - 63 als Grund- und Hauptschule entstanden. Nach Hugo von →Trimberg benannt.

Türmer, war ein ma. Beruf bis ins 20. JH, er bewohnte die Türmerwohnung der →Oberen Pfarre, übernahm dank seiner exponierten Lage Wachfunktion und konnte in der Stadt ausgebrochene Feuer melden. Die Türmerwohnung war nach dem 1. WK noch bewohnt. Auf dem Turm von St. Martin wachte ebenfalls ein Türmer, allerdings ohne Wohnung; dort war einst der Sitz einer Sternwarte.

Turnverein, 1860 Gründung des ersten BAer Turnvereins, TV 1860 BA.

Tympanon, →Fürstenportal.

U

Überfährhaus, bis zum Jahre 1887 diente das Haus Fischerei 43 als Ü.; von dort aus bis zum Bau der →Markusbrücke Fährverkehr hinüber zum →Leinritt.

Uhrrichterhaus, ehem., Hinterer Bach 1, seit 1757 Dienstwohnung des fblichen Hof- und Domkapitelschen Uhrmachermeisters Leopold →Hoys.

Ulanen, (poln., türk.), seit dem 16. JH Reitertruppe, mit Lanzen bewaffnet, nach 1807 in Preußen schwarze Kavallerie, Uniform: blauer Rock und Helm. Ulanen prägten den Ruf BAs als Garnisonsstadt mit Tradition. Das 1. königl.-bayer. U.-Regiment ritt 1914 bei Lagarde die letzte große Reiterattacke der Kriegsgeschichte. Sie waren in der U.-Kaserne in der Nürnberger Str. (→Holzhof- und →Koppenhof-Kaserne, heute als Wohnungen genutzt) untergebracht.

Ulanenplatz, zwischen →Wunderburger Kirche und Bleichanger; der Name geht zurück auf das »BAer« Ulanenregiment, das Traditionsregiment der »17er Reiter« (Denkmal am U.). →Ulanen.

Umweltschutz, BAer Umwelt-Telefon, automatischer Ansagedienst Tel. 19705, Abfallberatung Umweltamt, Tel. 871723.

Universität, 1. Akademie von 1648 (Philosoph.-Theolog.-Fakultät) hinter St. Martin, →Jesuitenkolleg, 1769 zur Volluniversität unter dem Namen »Ottoniana Fridericiana« ausgebaut (juristische und medizinische Fakultät), das Ende der ersten U. kam mit der →Säkularisation, die theolog. Fakultät existierte weiter. Nach 1803 ließ man die theologische und die philosophische Fakultät, mit dem Gymnasium zu einer Einheitsschule verbunden, als Lyzeum weiterbestehen. Die jurist. Fakultät wurde aufgehoben, die medizinische in eine medizin.-chirurgische Schule (Bader-Schule) umgewandelt. Deren 1. Direktor war Dr. Adalbert Friedrich →Marcus.
2. 1980 entsteht aus der Gesamthochschule von 1972 BAs zweite U. mit geisteswissenschaftlicher Ausrichtung. Neben dem Hauptgebäude an der Feldkirchenstr. umfaßt die U. viele historische Gebäude verstreut in der →Inselstadt: das ehem. →Jesuitenkolleg, das →Hochzeitshaus, die ehem. →Frauenklinik u.a. Neben Bayreuth ist BA die zweite U.s-Stadt in Oberfranken (derzeit über 8500 Studierende, Stand 1996). Der Name »Otto-Friedrich-Universität« geht auf die FBe Otto Voit von Salzburg und Friedrich Karl von Schönborn zurück.

Untere Brücke, an der N-Seite des →Alten Rathauses über den →li Regnitzarm, 1396 urkundl. als Holzbrücke erwähnt (→Fischerstechen), der Steinbau von 1739 mit Plastiken (5 überlebensgroße Figuren: Heinrich, Kunigunde, Friedrich und Karl Borromäus und Joh. Nepomuk) von Joh. Peter →Benkert 1744/45 geschaffen, wurde 1784 ein Opfer des →Eisgangs. Die neue Stahlbetonkonstruktion von 1911/12 von Oberbaurat Wilhelm Schmitz wird im April 1945 von den Nationalsozialisten gesprengt, 1967 Bau der neuen, architektonisch mißlungenen und ungeliebten Stahlbetonbrücke.

Untere Mühlbrücke, ehem., südl. vom Geyerswörthsteg, Verbindung zwischen den dicht beieinanderliegenden ehem. Mühlbetrieben. 1945 wurde der Teil zum Schrannenplatz (zwischen Brudermühle und ehem. Schrannenkloster) gesprengt und nicht wieder errichtet.

Untere Mühlen, →Mühlen.

Untersuchungsgefängnis, →Justizvollzugsanstalt.

Urban, Bonifaz von, BAer Erzbischof 1842 -

58, Augustiner, unterstützte Arme aller Konfessionen; Ehrenbürger von BA.

Urbankirche, kath. Kirche St. Urban am Babenbergerring, Filialkirche der Pfarrei Obere Pfarre; am 18.6.1989 eingeweiht.

Urbar, das U. versteht sich als eine Art Rechtsbuch, in dem hochstiftliche Besitz- und Ertragsverhältnisse in überwiegend lat. Sprache beschrieben werden. Das älteste BAer Bischofs-U. stammt von 1323 - 28, allerdings nicht genau datiert. Das zweitälteste U. veranlaßte 1348 FB →Friedrich von Hohenlohe.

V

Veit Stoß, (* ~ 1445 wahrscheinlich in Nürnberg, † 1533 in Nürnberg), Bildhauer, Maler und Kupferstecher, neben →Riemenschneider bedeutendster Bildhauer der dt. Spätgotik, vor allem in Nürnberg, aber auch in Polen tätig. 1477 - 96 lebte er in Krakau und schuf dort in 12jähriger Arbeit den Hochaltar (Flügelaltar) für die Marienkirche in Krakau.

Veit-Stoß-Altar, Werk des V.S. im südl. Seitenschiff des Doms, auch Marien-, Weihnachts- oder BAer Altar gen., aus Lindenholz gearbeiteter Flügelaltar, der für das Karmelitenkloster in Nürnberg bestimmt war. Wegen der→Reformation gelangte der 1520-23 geschaffene Altar 1543 auf Betreiben von Andreas →Stoß nach BA in die→Obere Pfarre; im Tausch gegen das Gemälde »Himmelfahrt Mariens« von→Tintoretto kam der V. 1937 in den BAer Dom. Im Mittelteil eine »Krippendarstellung«; die Flügelreliefs zeigen: Verehrung der Hl. Drei Könige, Darstellung im Tempel, Flucht nach Ägypten, Geburt Mariens. Der V. ist nicht ganz vollständig erhalten (Fragmente im →Diözesanmuseum); die dunkle Holzfärbung ist das Ergebnis einer Firnißung.

Veit II., von Würtzburg, FB von BA (1561 - 77), Bauherr der →Renaissance- →Ratsstube (1568) an der →Alten Hofhaltung.

Veitspforte, →Dompforten.

Veranstaltungssäle, Kulturraum, Freizeitwerk St. Heinrich, Zentralsaal, Großer Harmoniesaal, Grüner Harmoniesaal, Auditorium maximum (Universität), Kaisersaal, Jugendzentrum, VHS, ehem. Dominikanerbibliothek, Palais Schrottenberg, Hotel Residenzschloß, Sängerheim Gaustadt, ehem. Haas-Säle, Kongreßhalle, Neues Palais, Fischerhof, Bootshaus u.a.

Verfassung, →BAer Verfassung.

Vereine der Denkmal- und Heimatpflege,
- Bewahrt die Bergstadt e.V., Jakobsberg 15;
- Historischer Verein e.V., Untere Sandstr. 30a;
- Altenburgverein e.V., Treustr. 61;
- Frankenbund, Abtsberg 17;
- Remeiskreis e.V., 1946, Hauptwachstr. 28;
- Schutzgemeinschaft »Alt BA« e.V., Schillerplatz 9;
- Verein Gärtner- und Häckermuseum, e.V., Gundelsheimer Str. 51;
- Verkehrs- und Verschönerungsverein e.V., Ludwigshöhe 6;
- BAer Schleichwegla e.V., Dr.-Rattel-Str. 8;
- Siedlergemeinschaft Gartenstadt, Ferdinand-Tietz-Str. 26.

Viehhof, Lichtenhaidestraße, Gebäude und Gelände, 1911 durch Oberbaurat Wilhelm Schmitz re. vom →Schlachthof, erbaut. Auf dem Gelände stehen heute Kühlhallen. Ca. 70 Jahre lang war dort wöchentlicher Viehauftrieb (Viehwaage); heute steht dort noch eine Gaststätte und ein Wohnhaus.

Vierkirchenblick, wunderschönes Kirchenpanorama vom Spezialkeller (Stephansberg), auf die Türme von St. Stephan, der Oberen Pfarre, des Doms und von St. Michael.

Vierzehnheiligenpavillon, er bildet den erhöhten re. Abschluß der →Neuen Residenz am Domplatz, vom obersten Geschoß Blick nach Vierzehnheiligen (bekannteste fränkische Wallfahrtskirche nördl. von BA).

Villach, →Partnerstädte. V. in Kärnten gehörte bis 1759 zum →Hochstift BA.

Villa Dessauer, →Dessauer-Villa.

Villa Remeis, St.-Getreu-Str. 13, Dr. Karl Remeis († 28.5.1882) hat u.a. auch seine Villa (klassizistischer Stil) auf dem Rothenberg der Stadt BA vermacht. Hinweis im Vermächtnis:

das unveräußerliche Eigentum soll mit seiner schönen Aussicht als Kaffeehaus der Allgemeinheit unverändert zur Verfügung stehen.

Vincentinerinnen, Barmherzige Schwestern vom Hl. Vincenz von Paul, Schwestern in →St. Getreu; sie sind seit 1869 in BA. Vincenz von Paul (* 1581, † 1660) organisierte besonders in den Jahren 1617 und 1620 das Caritaswesen; 1633 gründete er mit Louise de Marillac die Genossenschaft der V. Die 1833 von Antoine Frédéric Ozanam in Paris gegr. Vinzenzvereine (üben caritative Werke aus) gehen auch auf Vincenz von Paul zurück.

Vischer, Caspar (* ~ 1510, † 1579), Architekt, plante zusammen mit Daniel →Engelhard die →Ratsstube und das →Reiche Tor der →Alten Hofhaltung.

Voegleinsleite, Flurname, Stadtteil Wildensorg.

Vogelsaal, →Naturkundemuseum.

Volkfeld, im V.-Gau lag das damalige BA in seiner Entstehungszeit, das ältere Hallstadt gehörte dem Radenzgau an.

Volksblatt, →Zeitungswesen.

Volksbücherei, →Stadtbücherei.

Volkshochschule, in BA seit 16. Okt. 1946; erste Kurse in Räumen des damaligen →Neuen Gymnasiums und im →Engl. Institut, dann in der damaligen →Oberrealschule und angrenzenden Schulhäusern; seit 1954 in der damals neuen Berufsschule, seit 1956 teilweise Nutzung des Alten Rathauses (für künstlerische Kurse). Seit 1951 ist die VHS eine städt. Einrichtung; 1966 Ausbreitung der VHS im Alten Rathaus. 1988 Umzug ins ehem. →Eltwerk, das der Nutzung als VHS-Gebäude seine Erhaltung verdankt. Vorausgegangen war eine Hausbesetzung, die für großen Wirbel sorgte und einen Umdenkprozeß einleitete. In einem sehenswerten Industriedenkmal hat die VHS eine wohl dauerhafte Heimat gefunden. In der VHS wird eine Vielzahl von Kursen angeboten, die jedermann zugänglich sind; darüber hinaus breites Angebot an Vorträgen. (s. Abb. auf Farbtafel VIII, u.)

Volksschulen, es gibt z.Zt. in BA 16 Grund- (Klasse 1 - 4), Teilhaupt- (Klasse 1 - 6) und Hauptschulen (Klasse 1 - 9). Die Volksschulen in BA sind namentlich im Lexikon aufgeführt, darüber hinaus gibt es 3 V. in den Stadtteilen Bug, Gaustadt und Wildensorg.

Volkspark, Sport- und Erholungszentrum am östl. Stadtrand, 1925 Baubeginn unter der Leitung des städt. Gartenbaudirektors Viktor Luster; zwischen Pödeldorfer- und Moosstraße: Hauptkampfbahn (→V.-Stadion) mit davorliegender Festwiese, Reiterstadion, Rollschuhbahn, Schießständen, Schwimmbad u.a. Sportplätzen.

Volksparkstadion, früher auch Hauptkampfbahn, städt. Anlage, faßt ca. 20000 Zuschauer, mit 400-m-Laufbahn.

W

Wächter, Adolf (* 1873, † 1954), Geheimer Rat, hat sich zunächst als Rechtsrat, dann als Oberbürgermeister (1913 - 23) um die Stadt BA verdient gemacht; Ehrenbürger von BA.

Wagnersleite, Flurname, Stadtteil Gaustadt.

Waisenhaus, ehem., Unterer Kaulberg 30, eine der ältesten Stiftungen der Stadt, 15. JH erste Nennung unter dem Namen „Seelhaus auf dem Kaulberg". Bereits ab 1610 ist ein eigener Lehrer für Beaufsichtigung und Unterricht im Haus eingesetzt. 1671 Errichtung des W.es unter FB Philipp Valentin Voit von Rieneck. 1803 fiel das W. der →Säkularisation zum Opfer. 1824/28 Wiederherstellung der Stiftung, 1829 Weiterführung bis weit ins 20. JH; dann vorübergehende Unterbringung der Stadtbildstelle (Medienausleihstelle für alle BAer Bildungseinrichtungen) und der Lebenshilfe für geistig Behinderte e.V. im W.

Walkmühle, Mühlwörth 17, einstige Industriewerkstätte mit Turbinenbetrieb, 1780 von der BAer Tuchmacherzunft erbaut; bis 1868 gemeinsames Zunfteigentum, geht dann in den Besitz des Zunftmeisters Georg Hartling über, der die anderen abfindet. 1890 Ausstattung mit einer Turbinenanlage. Heute Gästehaus eines Industrieunternehmens aus dem Umland.

Wallensteinhaus, →Hausnamen 2./Lange Straße, →Haus zum Saal.

Wallensteinpassage, Wegverbindung von der Langen Str. durch die Häuser zur Keßlerstraße.

Warner Barracks, engl./amerikan. Bezeichnung für die erweiterten Kasernen an der Zollner- und Pödeldorfer Str. für die amerikan. Garnison.

Wasserleitung, 1888 gingen die Sammelbrunnen auf der →Geyerswörthinsel in städt. Besitz über. Ein Jahr später waren 32 km Rohrnetz verlegt. 1914 Bau eines neuen Wasserwerkes am →Hauptsmoorwald. Heute bekommt BA Fernwasser von der Ködeltalsperre im Frankenwald.

Wassermann, August Paul von, Prof. (* 1866 in BA, † 1925 in Berlin), Prof., jüdischer Herkunft, Bakteriologe und Serologe, Begründer der modernen Blutforschung. Er fand 1906 die nach ihm benannte Wassermannsche Reaktion.

Wasserschloß, →Concordia.

Weegmann, Luitpold, Dr. (* 1885, † 1966), Altoberbürgermeister von BA (Oberbürgermeister von 1924 - 34 und 45 - 58), Ehrenbürger von BA. 1933 mußte W. seinen Stuhl für die Nationalsozialisten räumen. Wenige Tage nach Übernahme der Befehlsgewalt (1945) setzte die amerikanische Besatzungsmacht W. wieder als Oberbürgermeister ein. W. stellte in der Nachkriegszeit die Weichen für die Entwicklung der Stadt. Die Brückenwiederherstellung, Wohnungsnotbekämpfung und Flüchtlingsunterbringung waren die ersten Aufgaben.

Wein, von den →Häckern bis um 1800 auf BAs Hügeln angebaut. Nachdem der Weinanbau aufgegeben worden war (der W. soll zu sauer gewesen sein), pflegte man vorübergehend den Hopfenanbau, →Hopfen.

Weihnachtsaltar, →Veit Stoß-Altar.

Weiße Taube, ehem. Braustätte, Zinkenwörth 17. Von hier aus wurden die letzten jüdischen Mitbürger in KZ verschleppt.

Welsch, Maximilian von (* 1671, † 1745), berühmter Architekt in der Schönbornzeit (z.B. Haus Obere Sandstr. 6, ehem. Schrottenbergisches Haus; außerhalb BAs Beteiligung an Schloß Weißenstein in Pommersfelden).

Weltkulturerbe, Blick vom Geyerswörthturm auf die Bergstadt

Weltkulturerbe, 1993 von der UNESCO (u.a. Kulturförderung der Vereinten Nationen) verliehener Titel. BA ist damit in die Reihe weltweit bedeutsamer Kulturerbestätten aufgenommen und muß diesem Erbe gerecht werden. Das UNESCO-Papier lautet: BA ist ein gutes Beispiel für eine Stadt im Zentrum Europas mit einem frühmittelalterlichen Grundriß und vielen noch erhaltenen Gebäuden aus dieser Zeit, die den mittelalterlichen Planungsgesichtspunkten entsprechen. Die Stadt wurde wie ein Kreuz ausgebreitet mit den Kirchen St. Michael, St. Stephan, St. Gangolf und St. Jakob in den vier Himmelsrichtungen. Von besonderem Interesse ist die Art und Weise, in welcher die heut. Stadt die Verbindung zwischen Landwirtschaft (Gartenbaubetriebe) und städtischem Handelszentrum veranschaulicht. Die Architektur von BA übte während der Gotik einen starken Einfluß auf Norddeutschland und Ungarn aus, während die barocken Elemente tief mit den Entwicklungen in Böhmen verbunden sind. Das Gebiet, das auf der Liste des Weltkulturerbes steht, umfaßt drei Siedlungen, die sich bei Stadtgründung miteinander verbanden. Diese sind die Bergstadt (mit ihrem Dom und den dazugehörigen Gebäuden, der früheren Residenz des Erzbischofs, und dem Bürgergebiet mit seiner bürgerlichen Kirche »Unsere liebe Frau« sowie der einstigen Weinhändlersiedlung); die Inselstadt (begrenzt durch die beiden Regnitzarme, die im 12. JH durch einen Markt und eine vorstädtische Siedlung entstanden ist) und die Theuerstadt (ein spätmittelalterliches Gebiet von Gartenbaubetrieben, mit weitgestreuten Häusern und großen unbebauten Flächen, die ihre Wesensart bis zum heut. Tage erhalten hat).

Westchor, →Peterschor.

Westkrypta, unter dem →W-Chor des Doms, allerdings nicht zugänglich.

Westtürme, →Laon, →Domtürme.

Wetzel, Friedrich Gottlob, Dr. (* 1779, † 1819), in BA: 1809 - 19, Schriftsteller und romant. Dichter, Wohnung am Schulplatz 5, beerdigt auf dem Ob. Stephansberg (der Friedhof wird seit 1846 nicht mehr genutzt).

Weyermann, Brennerstraße 17/19, gegr. 1879, Farbmalz- und Karamelmalzfabrik, die sich aus kleinsten Anfängen zum größten Unternehmen seiner Art auf der Erde entwickelt hat.

Weyermann, Rudolf, Dr. phil. h.c. (* 1880, † 1946), Fabrikant, Wohltäter der Stadt, Ehrenbürger von BA.

Wickingsche Bleicherei, Färberei und Appreturanstalt, später Kalikofabrik an der Mußstraße; heute steht an dieser Stelle die →Konzert- und Kongreßhalle. Die Kalikofabrik hat ihren Sitz nun im neuen Gewerbegebiet an der Kronacher Straße.

Wildensorg, 1435 zuerst erwähnt, einst Dorf am westl. Fuß der →Altenburg; seit 1972 als OT nach BA eingemeindet.

Wilde Rose, ehem. Brauerei, Keßlerstr. 7, heute Hotel und Gaststätte. Wilde Rose-Keller am Stephansberg.

Willo, Abt des Klosters Michelsberg, (1082 - 85), Komponist des Ezzoliedes. →Ezzo.

Wittelsbacher, die bayer. Herzöge bezogen nach der →Säkularisation neben Schloß Banz auch vorübergehend die →Neue Residenz in BA (1805 - 37). Herzog Wilhelm mit seinem Sohn Pius und Schwiegertochter Prinzessin Amalie von Arenberg sowie seiner Tochter Marie Elisabeth und Schwiegersohn Marschall Alexander →Berthier hielten sich hier auf. König Max Joseph hatte Herzog Wilhelm für die Abtretung des Herzogtums Berg Schloß Banz und die BAer Residenz zugewiesen. Ab 1863 hielten sich König →Otto von Griechenland († 1867) und seine Gemahlin Amalie († 1875) bis zu ihrem Lebensende in BA auf. 1900/01 lebten Kronprinz Rupprecht von Bayern und seine erste Gemahlin Gabriele ebenfalls in BA.

Wölfel, Hans, BAer Rechtsanwalt, 1944 als Vorsitzender der Kath. Aktion als politischer Gegner des Nationalsozialismus vom Volksgerichtshof abgeurteilt und am 3.4.1944 in Brandenburg hingerichtet.

Wolf, Ignaz, Dr. (* 1845, † 1911), Landgerichtspräsident; reiche Stiftung für Wohltätigkeit und Stadtverschönerung.

Wolff, d.Ä., Jakob († 1612), Nürnberger Stadtbaumeister, der unter FB Johann Philipp von →Gebsattel (1605 - 11) die beiden Westflügel der →Neuen Residenz im Renaissancestil erbaute.

Wolfgangskirche, kath., am Wolfgangsplatz nahe dem OT →Gereuth, 1967 Einweihung, Architekt war Adolf Jakob, Filialkirche von Maria Hilf, Wunderburg.

Wolfram, Abt (von 1112 - 23) des Klosters Michelsberg; nach dem Erdbeben vom 3. Jan. 1117 Bauherr des Klosterneubaues Michelsberg.

Wolfskeelmeister, Bezeichnung eines Würzburger Meisters (wohl Otto von Wolfskeel, † 1345), dem vielleicht die kunstvolle Plastik des FBs →Friedrich von Hohenlohe am südl. Pfeiler des W-Chores im Dom zu verdanken ist.

Würzburger Bistum, →Bistum, →Suffraganbistümer.

Wunderburg, OT BAs, der in seinem jetzigen Erscheinungsbild aus dem 19./20. JH stammt. Die Ersterwähnung der W. geht auf das 14. JH zurück. FB →Friedrich von Hohenlohe ließ dort seinen Forstmeister Friedrich von Rotenstein 1350 verschiedene Baulichkeiten errichten (man spricht auch von einem Schlößchen), was offensichtlich Verwunderung auslösen sollte. Daher möglicherweise der Name W. Sie unterstand dem Schutz des FBs.

Wunderburger Kirche, kath. Pfarrkirche, auch Maria-Hilf-Kirche, Wunderburg 4, ein neugot. Backsteinbau von Chrysostomus Martin (Einweihung 1889), 3schiffige Halle mit eingezogenem Chor und Fassadenturm. An der Stelle der W.K. stand vorher die barocke Maria-Hilf-Kapelle, 1686 unter FB Schenk von →Stauffenberg errichtet. (s. Abb. auf Farbtafel VII, u.l.)

Wunderburgschule, Eröffnung der ersten W. durch FB Franz Ludwig von →Erthal (1790); die heut. W. (Nachfolgebau) in der Holzgartenstr. 2 ist eine Teilhauptschule und beherbergt eine Födereinrichtung mit sogen. Diagnoseklassen.

Y

Y-Haus, am →Luitpoldhain, erstes Hochhaus aus den 50er Jahren (12 Stockwerke blieben in BA die Obergrenze). →Hochhäuser.

Z

Zahneisen, Lorenz, 1935 - 45 Oberbürgermeister der Stadt BA in der Zeit des Nationalsozialismus.

Zeitungswesen, in BA (chronologische Übersicht). Am 1. Jan. 1754 erscheint die 1. Zeitung, herausgegeben von Joh. Gg. Gertner. Ihr Titel: »Neue, Doch Gemeinnutzliche Hochfürstlich-Bambergische Wochentliche Frag- und Anzeige-Nachrichten«; Gerard Gley, französ. Priester, gibt 1795 die »Bamberger Zeitung« heraus. Ab 1809 erscheint sie unter dem Titel »Fränkischer Merkur«, namhafte Redakteure: Gley, Dr. Hegel, Dr. Wetzel. 1834 erscheint das »Bamberger Tagblatt«, Gründer und Verleger Joh. Michael Reindl. Mit der Gründung des »Bamberger Volksblattes« (bewußt kirchennah), 1874, entfacht sich mit Unterbrechungen (NS-Zeit) ein fast 100jähriger »Konkurrenzkampf« mit dem »BAer Tagblatt«. 1902 kauft Freiherr von Michel-Raulino das BAer Tagblatt von der Gründerfamilie Reindl. Das eigentliche Geburtsjahr des »Fränkischen Tages« ist 1946, das aufgedruckte Jahr 1834 erklärt sich aus obigen Ausführungen. 1969 kauft der Fränkische Tag das Volksblatt auf. Seitdem ist der FT (mit Untertitel »Volksblatt«) in BA die einzige Tageszeitung. 1993 gab es mit der Wochenzeitung »Fränkischer Merkur« den Versuch, eine 2. Zeitung in BA einzuführen. Daneben geben verschiedene BAer Verlage diverse Fachzeitschriften heraus.

Zentralsäle, bzw. Zentralsaal, der Turnerbund Jahn ließ im Jahr 1888 einen großen Saalbau errichten. 1889 Eröffnung der Z. an der Promenadestraße. 1901 kaufte der Evang. Verein den Z. für 130000 Mark und eröffnete die »Herberge zur Heimat«. 1955 Renovierung; 1976 Neueröffnung nach Umbau.

Zeuß, Joh. Kaspar (* 1806, † 56), BAer Geschichts- und Sprachforscher.

Ziegelhof, auf dem Michaelsberg, ehem. Ökonomiegebäude des Klosters Michelsberg, heute noch durch ein Torhaus begehbar. Die Stadt tauscht 1804 den Z. gegen den →Katharinenhof ein. Weitere Z.e existierten in der →Wunderburg und am Fuß der →Altenburg.

Zinkenwörth, den alten Z., einen der ältesten Stadtteile, bewohnten einst hauptsächlich Tuchmacher, Weiß- und auch Rotgerber (Wassernähe). Der Z. meinte nicht nur den einen Straßenzug, sondern schloß den späteren Schillerplatz mit ein und reichte bis an die Stadtgerichtsgrenze und die →Stadtmauer.

Zinner, Ernst (* 1886, † 1970), Direktor der BAer Sternwarte. →Remeis-Sternwarte.

ZOB, Zentraler Omnibusbahnhof an der Promenade. Inbetriebnahme des ZOB am 21. April 1987.

Zollnerisches Schwesternhaus, ehem., Sandbad 9, seit 1547 so bezeichnet, Haus für alte und arme Dienstboten.

Zollner von Brandscher Hof, auch Krampertsches Haus, Dominikanerstr. 5, auffallend hohe Giebel, im 13. JH im Besitz der Patrizierfamilie Z.v.Brand mit einer sogenannten kaiserlichen Freyung, d.h. die Bewohner waren von allen Abgaben frei und durften alle Gewerbe ausüben, ohne Mitglied einer →Zunft sein oder etwas versteuern zu müssen.

Zopf, Bezeichnung für den Kunststil im Übergang vom→Rokoko zum→Klassizismus (etwa 1760 - 80); benannt nach der damals dominierenden Zopfmode.

Zum Prinz Karl, ehem. Brauerei, bis 1995 noch gleichnamige Gaststätte, Hinterhaus Untere Königstr. 11.

Zum Wilden Mann, 1. bis nach 1600 bedeutendes Gasthaus an der Stelle des →Hochzeitshauses, es beherbergte neben Fürstlichkeiten auch andere hohe Gäste (z.B. Albrecht Dürer, s. Gedenktafel, in der Austraße).
2. Wilder Mann, Gasthaus, Untere Sandstr. 9.

Zünfte, waren meist pflichtmäßige, fachliche Vereinigungen der Handwerker in einem Ort. (Zunftzwang). Z. entstanden im 12. JH, Handwerker schlossen sich zusammen, um Unabhängigkeit vom Hof zu gewinnen. Das soziale Ansehen der Handwerker wuchs, so daß sie sich mit den →Patriziern zu Trägern ma. Städte entwickelten. Z. pflegten Bräuche und hatten strenge Satzungen, die die Zahl der Meister, die Lehrlingsausbildung, die Zunftwappen, Preis und Qualität beschrieben. In BA entstanden bei den Stadtbürgern Z. im 13./14. JH, die Immunitätenbewohner blieben unorganisiert. Vertreter der Z. kamen im 15. JH in den Rat. Die Industrialisierung führte zum Verfall der Z.

Zunfthäuser, z.B. die Malerzunftstube, Karolinenstr. 25, ist Erinnerungsstück an eine jahrhunderte alte Tradition. Sie ist Museum, Archiv- und Sitzungszimmer zugleich. Die Malerzunft versteht sich als Nachfolgerin der Tünchnerzunft. →Fischerzunft(stube).

Zweidler, Peter (* ~ 1570, † 1613), Maler und Kartograph aus Teuschnitz/Frankenwald, schuf den berühmten 1. Stadtplan von BA 1602, der unter dem Namen Zweidler-Plan bekannt ist.

Zweiter Weltkrieg, →Krieg.

Zwerchhäuser, »Dachgaubenhäuschen« an den ehem. Wirtschaftsgebäuden (15. JH, spätgot.) im Hof der →Alten Hofhaltung; zum Beladen der geräumigen Dächer für die Vorratswirtschaft (Getreideeinlagerung); zwerch = entgegengesetzt zum Dach.

Zwiebeltreter, noch gültiger Spitzname der BAer, geht auf den stark prägenden Gärtnerstand zurück, der u.a. auch Zwiebeln anbaute. Man trat die Schlutten (das Grün) der Zwiebeln hinunter, damit der Saft nicht ins Kraut schoß und die Frucht sich besser entfalten konnte. Daher Zwiebeltreter! Heute bauen nur noch wenige BAer Gärtner die Zwiebel an, da Großproduzenten billiger liefern. Obwohl sich die BAer Zwiebel (klein und birnenförmig) durch würzigen Geschmack und einen besonders hohen Gehalt an ätherischen Senfölen auszeichnet, hat sich die ergiebigere »Metzgerzwiebel« (groß und rund) durchgesetzt.

Zwinger, die Straßenbezeichnung »Am Zwinger« erinnert an den ehem. Stadtgraben und die →Stadtmauer, die sich hier entlangzogen. Der Z. bildete den Raum zwischen Stadtmauer und Graben.

Quellenhinweise:

1. Adreßbuch Bamberg, 1992
2. Ament Wilhelm, Bamberg, Bamberg 1929
3. Baedeker Karl, Bamberg, Freiburg 1987
4. Bamberger Volksblatt, Bamberg Jgg. 1951, 54, 55
5. Beck Georg, Kleiner Führer durch Bamberg, Bamberg 1949
6. Berichte des Historischen Vereins, Bamberg 1926, 53, 80, 84, 90, 94
7. Breuer T., Gutbier R., Die Kunstdenkmäler von Oberfranken. Stadt Bamberg, Bd. 5 Innere Inselstadt, München 1990
8. Breuer T., Hennig L., Denkmalkunde in Bamberg, Bamberg 1990
9. Dengler-Schreiber Karin, Bamberg für alte und neue Freunde, Bamberg 1990
10. Erzbischöfliches Ordinariat Bamberg (Hg.), Schematismus des Erzbistums Bamberg, Bamberg 1993
11. Fränkel Heinz F., Bamberg-Werden und Sein, Bamberg 1988
12. Fränkische Blätter für Geschichtsforschung und Heimatpflege, Bamberg 1954
13. Fränkischer Tag, Bamberg Jgg. 1949, 51, 53, 58, 63, 64, 72, 75, 76, 77, 83, 84, 85, 86, 87, 88, 89, 94
14. Freise-Wonka Christine, Bamberg - Wegweiser durch Stadt und Umgebung, Mannheim 1991
15. Gümbel Miryam, Bamberg: Mittefastenmarkt und Honig, in: Charivari 10, München 1984
16. Haake Paul, Unsere Stadt Bamberg, München 1964
17. Hoehl Gudrun, Bamberg, Erlangen 1957
18. Hofmann Michel, Kleine Bamberger Heimatkunde, Bamberg 1956
19. Hofmann M., Baumgärtel R., 400 Jahre Seminarium Ernestinum, Bamberg 1986
20. Insel-Rundschau, Bürgerverein Bamberg-Mitte, Bamberg 1993
21. Klemm Elisabeth, Der Bamberger Psalter, Wiesbaden 1980
22. Maierhöfer Isolde, Bamberg, Weißenhorn 1973
23. Mayer Heinrich, Bamberg als Kunststadt, Bamberg 1952
24. Mayer Heinrich, St. Michael Bamberg. Ehemalige Benediktinerabtei, Grabkirche des Hl. Otto, München/Zürich 1978
25. Meidinger-Geise Inge, Frauengestalten in Franken, Würzburg 1985
26. Moser Peter, Bamberg - Ein verlorenes Stadtbild, Gudensberg-Gleichen 1995
27. Orff Carl, Hofmann Michael, Briefe zur Entstehung der Carmina Burana, Tutzing 1990
28 Paschke Hans, Die Lange Gasse zu Bamberg, Bamberg 1958
29. Röhrig Hans-Günter (Hrsg.), Dieses große Fest aus Stein, Bamberg 1987
30. Sandkerwa-Festschriften, Bamberg 1989, 92
31. Schuster Anton, Alt Bamberg, 13 Bände, Bamberg 1897-1915
32. Schutzgemeinschaft Alt-Bamberg, Informationen, Bamberg 1987 - 96
33. Stadt Bamberg, Bamberg, Weltkulturerbe, Eine Information, Bamberg 1995
34. Suckale R., Hörsch M., Schmidt P., Bamberg, Bamberg, 1989
35. Urban Josef, Das Bistum Bamberg in Geschichte und Gegenwart, Teil 1 u. 2, Straßbourg 1992/94
36. Zeißner Werner, Das Bistum Bamberg in Geschichte und Gegenwart, Teil 3, Straßbourg 1992

Fotos:

Erich Weiß
mit Ausnahme von:
Emil Bauer: Seite: 47, 51
Sammlung H.F. Fränkel: Seite: 72 u., 125
Werner Kohn: Seite: 43, 126, Farbtafel VII, u.r.
Sammlung Manfred Krems: Seite: 6
Wolfgang Wußmann: Farbtafel III, o.l.

Umschlag vorne:

»Humsera«: Salzgebäck von Ursula Panse
Foto: Erich Weiß

Umschlag hinten:

Zeichnung aus »Heimatkundliche Lesebogen«, Bamberg 13/1966; Zeichner unbekannt.

Kurzbiographie des Autors

Wolfgang Wußmann ist 1948 in Bamberg geboren. Nach dem Besuch der Volksschule und des Gymnasiums studierte er an der damaligen Gesamthochschule Bamberg Pädagogik. Seit 1972 arbeitet er als Volksschullehrer in Grund- und Hauptschulen. Er ist verheiratet und hat zwei Söhne. Von 1974 bis 1994 Mitglied des Pfarrgemeinderates St. Otto, davon 8 Jahre in der Jugendarbeit. Von 1989 - 1993 war er ehrenamtlicher Schöffe am Amtsgericht Bamberg. Seit 1988 ist der Autor Gästeführer für die Stadt Bamberg. Über diese Tätigkeit kam er zum Schreiben von Stadtführern und Stadtspielen.

Bisherige Veröffentlichungen:

- Bamberg – kurz und bündig, Verlag K. Urlaub, Bamberg 1990
- 555 x Bamberg und Umland + 111 Zusatzfragen, Frage- und Antwortspiel, Verlag Fränkischer Tag, Bamberg 1992
- Mit Poldi durch Bamberg, Ein Stadtführer für Kinder, Erich Weiß Verlag, Bamberg 1994

Erich Weiß Verlag, Bamberg

Georg Pöhlein: JAKARTA. Bildband,
112 S., ISBN 3-928591-01-0, DM 29,80

Werner Kohn: VERKEHRSZEICHEN.
Bildband,
120 S., ISBN 3-928591-02-9, DM 49,80

Günter Hildenhagen: TAGESANBRUCH
Fotografien von Menschen. Bildband,
120 S., ISBN 3-928591-30-4, DM 59,80

Wolfgang Limmer (Hg.): WAHNSTATT
Autos in ... (Bamberg). Bildband,
110 S., ISBN 3-928591-32-0, DM 24,50

Arbeiterfotografie Bamberg: BENÄT-KEES-KÖHL-STAZINÄRI Bamberg seine Gärtner und Häcker. Bildband,
160 S., ISBN 3-928591-33-9, DM 39,80

Reymann: FOTODOKUMENTARISTEN DER BERGSTADT FREIBERG 1865-1945. Bildband,
112 S., ISBN 3-928591-51-7, DM 19,80

Rudolf Sünkel: GEDICHTE.
68 S., ISBN 3-928591-34-7, DM 19,80

Rudolf Sünkel: WAS GIBT ES? Ein Traktat.
60 S., ISBN 3-928591-50-9, DM 19,80

Franz Joachim Schultz: WOANDERS Fragmente aus der Fremde zwischen Weimar Tokio und Kinshasa.
74 S., ISBN 3-928591-37-1, DM 19,00

Franz Joachim Schultz: AUF DEM LAND, BISWEILEN / A LA CAMPAGNE, PARFOIS. Gedichte, deutsch/französisch
50 S., ISBN 3-928591-55-x, DM 14,80

Jules Champfleury/Léon Bloy: RICHARD WAGNER IN PARIS. deutsch/französisch,
72 S., ISBN 3-928591-39-8, DM 19,80

Elmar Engert: WIE LANDSTRICHE.
40 S., ISBN 3-928591-56-8, DM 12,80

Martin Neubauer: DER GNADENHÜGEL
Ein Bühnenweihlustspiel.
48 S., ISBN 3-928591-53-3, DM 15,00

Peter Braun: DIE ZAUBERIN SOLLST DU NICHT LEBEN LASSEN. Ein Hör - Spiel,
50 S., ISBN 3-928591-57-6, DM 14,80

Wolfgang Wußmann: MIT POLDI DURCH BAMBERG Ein Stadtführer für Kinder.
36 S., ISBN 3-928591-36-3, DM 9,80

Wolfgang Limmer (Hg.): DIE TANTE HANNA Gschichtla und Gedichtla aus Staanich.
186 S., ISBN 3-928591-31-2, DM 19,80

Sigurd Göttlicher: LANGSAM LEBEN
Gedichte für den Alltag.
164 S., ISBN 3-928591-52-5, DM 19,80

ARBEITERFOTOGRAFIE Forum für Engagierte Fotografie. Fotozeitschrift, erscheint 4 mal im Jahr.
ISSN 0173-9530, Einzelheft: DM 9,-/
Jahresabo DM 35,-

INFuGIANA – Schriften und Kunstbücher aus dem Scriptorium des Instituts für Untersuchungen von Grenzzuständen ästhetischer Systeme (DAS INSTITUT)
Friedolin Kleuderlein/Bernhard Kümmelmann/Hubert Sowa
Liste und Preise auf Anfrage.